122 [COLECCIÓN TRÓPICOS]

Edición exclusiva impresa bajo demanda
por CreateSpace, Charleston SC.

© **Inés Quintero, 2008**
© **alfadigital.es, 2016**

Editorial Alfa

Apartado postal 50304. Caracas 1050, Venezuela

Telf.: [+58-212] 762.30.36 / Fax: [+58-212] 762.02.10

e-mail: contacto@editorial-alfa.com

www.editorial-alfa.com

ISBN: 978-980-354-413-3

Diseño de colección

Ulises Milla Lacurcia

Diagramación

Yessica L. Soto G.

Corrección

Sol Miguez Bellán

Fotografía de solapa

Lisbeth Salas

Imagen de portada

Vendedor de gallinas caraqueño (1843), de Ferdinand Bellermann.
Reproducción tomada del libro *La mirada del otro*, de Elías Pino Iturrieta y
Pedro Calzadilla (Fundación Bigott).

Printed by CreateSpace, An Amazon.com Company

INÉS QUINTERO
(Coordindora)

ÁNGEL RAFAEL ALMARZA - JOSÉ BIFANO - LIONEL MUÑOZ -
ENRIQUE RAMÍREZ-OVALLES - LOURDES ROSÁNGEL VARGAS -
ANA JOHANA VERGARA SIERRA - ALEXANDER ZAMBRANO

Más allá de la guerra
Venezuela en tiempos
de la Independencia

EDITORIAL
ALFA

Índice

Introducción

¿Qué pasó en Venezuela durante los años de la independencia? ¿Cómo fue el día a día de las personas que vieron sus vidas intervenidas por la disputa que dio origen a nuestra nacionalidad? ¿Se dividió efectivamente la población en dos sectores irreconciliables: patriotas y realistas? ¿Estuvo todo el mundo comprometido, a sangre y fuego, en la definición del conflicto? ¿Qué tipo de preocupaciones estaban presentes entre quienes, en medio de la guerra, tuvieron que atender sus asuntos cotidianos? ¿Qué sabemos de la vida, angustias, padecimientos, alegrías, pareceres, sentimientos y vivencias de la gente común, de todos aquellos que no ingresaron al panteón de los héroes, de todos aquellos que no quedaron plasmados en los libros de Historia como constructores de la patria? ¿Dejaron algún rastro de su presencia? ¿Qué pasó con toda esta gente durante esas dos largas décadas?

Los años transcurridos entre 1810 y 1830 son, sin lugar a dudas, el período de nuestra historia que mayor atención ha recibido por parte de la historiografía venezolana. Se trata, ni más ni menos, que de la época durante la cual se definió el nacimiento de Venezuela como entidad independiente, años fundamentales en los que Venezuela dejó de ser una provincia perteneciente al imperio español y dio comienzo a la difícil, comprometedora y contradictoria tarea de edificar una nueva nación bajo la orientación de los principios republicanos, desechando o procurando dejar atrás los valores y premisas que normaban la sociedad de Antiguo Régimen.

El proceso que tuvo lugar durante ese breve pero comple-jísimo período modificó la vida de todos los venezolanos. Los habitantes de Venezuela dejaron de ser súbditos de la Corona y se convirtieron en ciudadanos, vieron abolir los fueros y privile-gios y sancionar constitucionalmente la igualdad de todos los ciu-dadanos; desaparecieron los cargos hereditarios y venales y se dio inicio al ejercicio del voto y a las prácticas republicanas. También hubo un dramático descalabro económico, pérdidas materiales de proporciones considerables, muchas de las viejas fortunas colonia-les quedaron sensiblemente disminuidas, los sectores desposeídos no vieron mejorar sus condiciones de vida, la población disminu-yó en proporciones inimaginables; enfermedades, calamidades y carencias de diferentes tipos fueron parte de la vida cotidiana de los venezolanos durante esos años de violencia y guerra.

Esta diversidad de situaciones y de contrastes, de contra-dicciones y paradojas, de incertidumbres e indefiniciones ha sido escasamente trabajada por las obras que se refieren a los años de la Independencia. Durante mucho tiempo el interés se concen-tró en la descripción pormenorizada de las campañas militares y en la narración de los logros y la épica gloriosa que permitió final-mente la conquista de la libertad; numerosas obras en el pasado y en el presente se ocuparon de la vida y semblanza hagiográfi-ca de los héroes de la guerra, de los hombres que hicieron posible la hazaña de la independencia; también del discurso y los proyec-tos políticos, de las ideas y las nuevas constituciones, así como de las disputas por el poder y las intrigas y conflictos que caracteriza-ron el período. La vida de esos años aparece circunscrita, de mane-ra exclusiva, a la política, a la guerra y a la vida y trayectoria de los protagonistas que condujeron los ejércitos y definieron el rum-bo político de las nuevas naciones. No hubo espacio para más. Durante muchos años estos temas determinaron la agenda histo-riográfica y, desde cierto punto de vista, esta manera de construir nuestro pasado resultó necesaria en la medida en que permitió construir algunos de los referentes básicos de la nacionalidad a lo largo del siglo XIX y durante las primeras décadas del siglo XX. Allí se fijaron muchos de los cánones historiográficos que todavía hoy forman parte de la memoria colectiva de los venezolanos, para bien y para mal.

Pero este panorama relativamente uniforme, por suerte, se ha modificado de manera sustantiva. En las últimas cuatro décadas del siglo pasado y en lo que va de este nuevo siglo han surgido numerosos y calificados estudios que, de manera crítica y responsable, han problematizado y dejado al descubierto la complejidad y contradicciones que suscitó entre nosotros el proceso de la independencia. No solamente se han visto atendidos nuevos tópicos de estudio, sino que también los personajes protagónicos de nuestra independencia, las fechas emblemáticas, los episodios indiscutibles, las batallas, las ideas, los discursos, han recibido el escrutinio acucioso de los historiadores, dejando al descubierto la diversidad de pareceres y lecturas que cada uno de estos aspectos permite y exige en el tiempo presente. No es posible, a estas alturas, ofrecer miradas uniformes sobre nuestro pasado y mucho menos insistir en todos aquellos tópicos y convenciones que durante más de un siglo forjaron el discurso pretendidamente inmutable de la llamada «historia patria».

Desde las más diversas perspectivas y con sugerentes resultados, se han hecho importantes reflexiones que nos muestran la riqueza y posibilidades que ofrecen estas dos décadas y que nos invitan a profundizar sobre nuestro pasado y a desentrañar numerosos y variados aspectos capaces de darnos nuevas pistas para la comprensión de lo que fuimos y de lo que ahora somos.

Esta investigación se hizo cuando nos aproximábamos velozmente a la conmemoración del segundo centenario de nuestra Independencia, resultaba entonces particularmente relevante insistir en el estudio de este período crucial de nuestra historia, con la finalidad de continuar ampliando y profundizando nuestra mirada hacia problemas, situaciones y episodios desatendidos o subestimados por la historiografía. Fue en esa orientación que nos propusimos trabajar para ofrecer este libro a los lectores.

Desde marzo del 2007 hasta junio del 2008, los autores de este libro nos constituimos en grupo de trabajo, en seminario permanente de discusión. La primera tarea que nos propusimos fue ir a los archivos con el propósito de localizar los rastros, vivencias, preocupaciones y situaciones vividas por quienes se encontraban aquí, en Venezuela, durante los años de la Guerra de Independencia, tanto los que se vieron involucrados en la contienda, como aquellos que permanecieron al margen de esta. Queríamos saber cómo era vivir en Venezuela durante esos años que, de acuerdo con la historiografía épica solo contó con héroes y villanos, batallas y campañas, triunfos y reveses.

Rápidamente surgieron las huellas, las inquietudes, las experiencias, padecimientos y rutinas de la gente común, cuyas vidas transcurrieron fuera del campo de batalla, al margen de los debates políticos y sin participar en lo más mínimo en las agrias disputas de poder que nutren nuestros libros de historia.

Pero junto a ellos estaban también aquellos individuos cuyas vidas, sin proponérselo, se vieron inevitablemente intervenidas por la confrontación, la violencia y la polarización características de esos años. Lo que une las experiencias de unos y otros es precisamente el hecho de compartir una circunstancia histórica y un espacio geográfico comunes: a todos ellos les tocó vivir en Venezuela durante la Guerra de la Independencia, sin posibilidad alguna de elección: fue ese su tiempo y circunstancia.

Los personajes que nutren las páginas de este libro son de la más diversa condición y procedencia, no están definidos por el bando o partido del cual formaron parte, no son los hechos de la guerra los que determinan su existencia, ni las novedades políticas las que rigen su conducta y pareceres; allí están sus rutinas del día a día, los asuntos que estuvieron dispuestos a atender, sus afectos, sus conflictos, sus pasiones y también sus convicciones políticas, cuando el caso y circunstancias lo exigieron así. También a través de sus testimonios, de la documentación, de los expedientes, de la correspondencia es posible conocer la destrucción, la incertidumbre, la devastación y los estragos que ocasionó la guerra, así como los efectos que ello tuvo en la vida de los habitantes de Venezuela. Se trata, pues, de una investigación que pretende ofrecer una lectura de los años de la Independencia cuya finalidad última es responder a la pregunta ¿qué pasaba en Venezuela, más allá de la guerra?

Fueron las diferentes experiencias que localizamos en los archivos las que nos permitieron hacer una primera selección de casos, situaciones y problemas a fin de que cada quien pudiese procesar un grupo de expedientes y presentar al grupo el contenido y la manera de abordar el tema. Progresivamente, cada quien tuvo bajo su responsabilidad la redacción de la versión inicial de un capítulo que se discutió en entregas sucesivas por parte de todo el grupo, de manera que en cada reunión le fuimos dando forma a cada historia de manera colectiva. Ha sido, sin duda, un proceso enriquecedor para todos los que participamos en el proyecto. La decisión fue mantener el libro como una obra colectiva, sin distinguir cada artículo con el nombre de un autor, aun cuando en cada caso hubo alguien que tuvo a su cargo la elaboración de la primera versión y se encargó de incorporar los comentarios, observaciones y sugerencias del resto del equipo. Esta responsabilidad convinimos en expresarla en esta introducción.

El primer capítulo está dedicado a los esclavos que lucharon en la Independencia. *Con el arma en la mano* aborda las experiencias concretas de seis soldados esclavos que participaron en la guerra y ofrecieron sus brazos y sus vidas en defensa del rey o de la causa republicana atraídos por la oferta de obtener su libertad. Sus acciones de guerra y los tortuosos y complicados caminos transitados para convertirse en hombres libres dan cuenta de lo que significó para ellos vivir en tiempos de la Independencia. Johana Vergara fue quien se encargó de analizar y redactar este capítulo.

Los juegos de azar, las contravenciones al orden, el abuso de la bebida y la vagancia fueron prácticas que no desaparecieron durante la guerra. *Fuera de combate* estudia varios casos de vagos y mal entretenidos que no se expusieron a los peligros de la guerra pero sí a la persecución y castigo de las autoridades que procuraban evitar los excesos cometidos por los contraventores del orden público, bien encerrándolos en la cárcel, obligándolos a trabajar o amenazándolos con enviarlos al servicio de las armas, el menos deseado de los destinos en tiempos de guerra. Su autor fue Lionel Muñoz.

Camino al altar, escrito por Alexander Zambrano, narra las vicisitudes amorosas y las historias personales vividas por quienes, en medio del conflicto, trataron de contraer matrimonio recurriendo para ello a las más disímiles argumentaciones y a los más riesgosos mecanismos, con la finalidad de vencer los obstáculos que dificultaban la posibilidad de santificar su unión frente al altar.

Le sigue el capítulo que lleva por título *Amores contrariados*. Allí puede advertirse cómo durante la Independencia no desaparecieron las prácticas y valores establecidos desde antiguo respecto a la conveniencia de evitar la celebración de enlaces desiguales. Las parejas que pretendieron casarse contraviniendo este principio vieron contrariados sus deseos por la intervención de sus familiares, quienes buscaron la manera de impedir que sus parientes consumaran un matrimonio inconveniente, con prescindencia absoluta del conflicto bélico. La redacción de esta parte estuvo a cargo de Inés Quintero.

Tiempo para rezar narra la permanencia de las prácticas religiosas establecidas durante la colonia entre los habitantes de la provincia. La participación en los oficios religiosos ocupaba a los fieles no solamente los domingos y días festivos consagrados por la Iglesia, sino también dentro de los hogares, en los cuales era común destinar un espacio para la oración. La violencia e inseguridad de la guerra motivó a muchos habitantes a procurarse un espacio de recogimiento en sus casas, a fin de poder dedicarse a la oración y al recogimiento, durante los años en que ir a la iglesia bien podía costarles la vida. El capítulo, redactado por Rosángel Vargas, estudia estas peticiones, así como las preocupaciones y argumentaciones expuestas por los solicitantes.

Enrique Ramírez se ocupó de estudiar el *Desorden en la casa del Señor*. El conflicto bélico alteró la vida de los sacerdotes, quienes tomaron partido por uno y otro bando. Las autoridades civiles y eclesiásticas se vieron enfrentadas por la actuación de los curas, quienes fueron perseguidos, encarcelados y juzgados por su participación activa en el conflicto. El artículo narra las experiencias concretas de varios sacerdotes, así como las consecuencias que tuvo para cada uno de ellos el haber abandonado sus tareas espirituales para incorporarse a los asuntos más terrenales de la política.

Entre dos fuegos se ocupa de analizar la manera en que el conflicto bélico afectó la vida universitaria. Ángel Almarza fue el responsable de elaborar este capítulo. Aquí se narra cómo desde el inicio de la revolución, la Universidad de Caracas se comprometió con el proceso de independencia y de qué forma se vio involucrada en la conflictividad política, militar e ideológica que dividió a los venezolanos en estos cruciales años. Alumnos y profesores de la Universidad fueron miembros de la Junta Suprema de Caracas y del Congreso Constituyente de 1811; a la caída del primer intento republicano, muchos de ellos fueron perseguidos por las autoridades realistas, se suspendieron las actividades y se vigilaron sus actividades, a fin de impedir la propagación de las ideas subversivas hasta su ocupación militar por Morillo, en 1815. El artículo atiende los enfrentamientos ocurridos en la Universidad desde la Declaración de la Independencia hasta el fin de la guerra.

El último capítulo, *Piedra sobre piedra*, se refiere a los destrozos ocasionados por la guerra a la vida material en medio de la contienda, el equipamiento de las tropas, la vida en los campamentos, las deserciones, la administración de los recursos, la destrucción y devastación que deja la guerra a su paso. Recurriendo a una exhaustiva revisión de corrrespondencia, informes y testimonios coetáneos; José Luis Bifano tuvo a su cargo elaborar este panorama desolador y a la vez decidor de lo que significó humana y materialmente la Guerra de Independencia.

Cada uno de estos capítulos que han sido descritos brevemente están fundamentados en un sólido soporte documental; en todos los casos la información proviene de documentación de archivo, expedientes, informes y causas judiciales que dan cuenta de cada uno de los casos que se analizan. Hemos optado por colocar al pie de página un mínimo de referencias, con la finalidad de dar cuenta de cada uno de los expedientes, sin reiterar la información proveniente del documento cada vez que se hace una cita textual del mismo; igualmente, se acordó no colocar referencias bibliográficas al pie, a menos que fuesen absolutamente necesarias para afianzar o aclarar algún detalle o determinada información. Se decidió colocar al final del libro los expedientes de archivo y las referencias documentales de cada uno de los capítulos, seguidos de las fuentes documentales impresas. Para concluir, se colocó una sola bibliografía común que sirvió de soporte al equipo en la discusión y redacción de cada una de las partes de este libro.

Desde que comenzamos a trabajar en este proyecto nos acompañó Joselin Gómez, estudiante de la Escuela de Historia, quien apoyó a todos los investigadores en la localización de expedientes y en el levantamiento y transcripción de información con un enorme interés, un contagioso entusiasmo y una gran responsabilidad. Todos sin excepción le estamos ampliamente agradecidos por su apoyo.

Me tocó a mí, la autora de esta introducción, coordinar la investigación de este grupo extraordinario de jóvenes historiadores, egresados todos de nuestra Escuela de Historia de la Universidad Central de Venezuela.

Fue este, sin duda, el seminario de trabajo más prolongado que hayamos tenido; en cada una de nuestras reuniones no solo aprendimos a conocernos un poco más, sino también a disfrutar la posibilidad de intercambiar nuestros pareceres en un ambiente de amistad y respeto. Para mí ha sido un privilegio maravilloso compartir con quienes fueron mis alumnos en tiempos recientes esta enriquecedora experiencia entre colegas.

Esta investigación contó desde el primer día con el soporte de la Fundación Bigott. Antonio López Ortega y Miriam Ardizzone, en su momento, fueron absolutamente receptivos y entusiastas con la propuesta y, posteriormente, Marta Apitz y Adriana Manrique, cuando quedaron a cargo del proyecto, nos manifestaron su más absoluta confianza y su apoyo sin restricciones.

Cuando se publicó por primera vez, en 2008, fue a través de la colección Bigoteca de la Fundación Bigott; en esta oportunidad ha sido gracias al interés de Editorial Alfa y su indoblegable compromiso con nuestro país y nuestra historia, que publica una nueva edición. Nuestro más sincero agradecimiento a Ulises Milla y a todo su equipo editorial por el empeño y el cariño que pusieron para que esta edición llegue a manos del público, otra vez.

Con el arma en la mano

Ramón Piñero: soldado esclavo defensor de la justa causa del rey

«YO HE SERVIDO CON MUCHO AMOR Y FIDELIDAD a mi Rey, y no quiero perder la gracia que su soberana clemencia concede a los que como yo han defendido sus derechos con el arma en la mano…»[1], con estas palabras inició el esclavo Ramón Piñero su petición de libertad en 1815, después de servir dos años en el ejército del rey. De acuerdo a su testimonio, la guerra llegó a él un mes de septiembre de 1813, cuando laboraba en el hato San Diego perteneciente a su señor, en los llanos centrales de Calabozo. Ese día, los insurgentes llegaron a dicho lugar y, sin mediar explicaciones, tomaron preso a su amo, don Juan de Rojas, y lo colocaron en la cárcel de esa ciudad.

Un mes atrás, Simón Bolívar había restablecido el segundo intento de gobierno republicano, después de completar su exitosa Campaña Admirable con la toma de Caracas en agosto de 1813. Unos meses antes –en junio de 1813– Bolívar dictó el *Decreto de Guerra a Muerte* en la ciudad de Trujillo, en el cual establecía la persecución y exterminio de todo aquel identificado con la causa realista o que fuese indiferente con el proyecto republicano.

---

1   «Ramón Piñero, esclavo del Doctor don Juan de Rojas pide su libertad por haber luchado en los ejércitos reales», Caracas, 1815, ANH, 1815 OP, expediente 5.

La repentina detención de Juan Rojas evidenciaba que se encontraba comprendido en los principios de esta proclama. Frente a este escenario, Piñero y otro esclavo llamado Miguel, tomaron la deliberación de enlistarse en los ejércitos comandados por José Tomás Boves, impulsados por el agravio cometido ante la persona de su dueño y atraídos por la oferta de libertad si tomaban las armas a favor de la causa del rey.

En ese entonces, la leva de esclavos y el ofrecimiento de libertad que le acompañaba era un procedimiento de reciente práctica, surgido durante la coyuntura bélica. Antes de los sucesos de la independencia, los esclavos solo podían lograr su libertad si la compraban, se las otorgaba su amo o escapaban y se convertían en cimarrones. La toma de las armas era considerada un deber y, por tanto, no merecía otro premio que la gratitud. Sin embargo, con el inicio de la guerra, desde ambos bandos surgió la necesidad de engrosar sus filas con los esclavos ofreciéndoles la libertad para de esa manera garantizar la incorporación de estos a la guerra.

Domingo de Monteverde, jefe de las fuerzas realistas, ingresó a Venezuela procedente de Puerto Rico en 1811; sus órdenes eran someter militarmente a los insurgentes. No se conoce que haya emitido ningún bando ofreciendo la libertad a aquellos esclavos que salieran en defensa de Fernando VII; no obstante, diversas denuncias de propietarios dan fe de que sí sucedió. En el caso de José Tomás Boves, este recurso sí estuvo presente y contribuyó decididamente en la conformación de su gran ejército.

Ramón Piñero, animado por la oferta de obtener su libertad, entró en acción un mes después de su enlistamiento, en la sabana de Mosquiteros, frente a los batallones comandados por Vicente Campo Elías el 14 de octubre de 1813. Allí participó en su primer encuentro y en una de las muchas derrotas que le provocaron heridas y padecimientos que mellaron más tarde su salud. Los 2 500 hombres enlistados por José Tomás Boves fueron vencidos de manera contundente, además de las bajas propias de la contienda. La mortandad fue mayor cuando los prisioneros fieles a la causa del rey fueron ajusticiados por órdenes de Campo Elías, inclusive aquellos que no eran españoles y que no se encontraban comprendidos en el Decreto de Guerra a Muerte. Ramón, entre tanto, emprendió la retirada con los demás sobrevivientes en dirección al poblado de Guayabal, ubicado a las riberas del río Apure, lugar que había sido establecido como punto de encuentro en caso de que la contienda no resultase favorable.

Tras la primera derrota transcurrieron dos activos meses en la vida de Ramón. Mientras la temporada de lluvias inundaba los llanos en Guayabal, Boves preparaba su ejército con nuevas estrategias y arsenal fabricado con los materiales que los pobladores de la zona se veían forzados a entregar. Paulatinamente se iban incorporando nuevos soldados al ejército. Fortalecidos con el ganado y municiones que arribaron de Guayana de la mano de Francisco Tomás Morales, Boves emprendió la segunda campaña por los llanos, empresa que registró un nivel mayor de crueldad al demostrado en el último enfrentamiento. Cuando Boves avanzaba con la intención de apoderarse de Calabozo, el paso de San Marcos hacia esta ciudad se encontraba pobremente guarnecido por el español y republicano Manuel Aldao, quien contaba con unos pocos soldados que en pocas horas perecieron bajo la arremetida de la caballería realista.

Despejado el paso, ese 8 de diciembre de 1813, Calabozo cayó en manos de Boves y de sus efectivos, quienes cumplieron al pie de la letra las órdenes impartidas en Guayabal: todo blanco de la recién conquistada ciudad fue pasado por cuchillo. Desconocemos si Piñero fue uno de esos verdugos. Obviamente, su petición de libertad no incluiría una confesión de este tipo, menos cuando el juez que decidiría su causa era el señor gobernador y capitán general Salvador de Moxó, funcionario destinado por el Pacificador Pablo Morillo para atender administrativamente estos asuntos.

Con la contundente victoria sobre los insurgentes en la batalla de La Puerta el 15 de junio de 1814, el ejército de Boves se dividió en dos, uno se dirigió a Caracas y otro comandado por él mismo tomó Valencia. De acuerdo con la declaración de Piñero, él estuvo en este último grupo y el 16 de julio de 1814 entró a Caracas como parte del ejército realista. Para ese momento en la modesta ciudad capital, alabada por su belleza por viajeros y visitantes extranjeros, reinaba la desolación. Además de los daños aún presentes del devastador terremoto de 1812 y los casi cuatro años de guerra, a la nueva fisonomía de la ciudad se agregaba la soledad que dejaron sus pobladores tras su huida en dirección a Oriente, inducidos por el temor de ser las nuevas víctimas de las legendarias degollinas promovidas por el otrora comerciante asturiano y sus seguidores. De acuerdo con la declaración brindada por Piñero, permaneció poco tiempo en la capital y regresó con Boves a Calabozo, donde se planearía la persecución de los republicanos.

En ese momento, tras diez meses de marchas y batallas, Piñero cayó enfermo en los hospitales de la villa de Calabozo, un año permaneció enfermo en ese lugar. Apenas sintió una mejoría, en el mes de noviembre, se dirigió a la capital para exigir la libertad que le habían ofrecido a cambio de sus servicios. Desde el 11 de mayo de 1815 Caracas se encontraba bajo la dirección del brigadier español Pablo Morillo y la ofensiva republicana había sido sofocada en gran parte del territorio, colocando al movimiento insurgente en su más mínima expresión.

Boves murió el 5 de diciembre de 1814 en Urica y con su muerte quedaron sin efecto los ofrecimientos de libertad hechos a los esclavos, lo cuales en su gran mayoría no estaban respaldados por una credencial escrita. El nuevo régimen veía con suspicacia las solicitudes de libertad adelantadas por este tipo de soldados, quienes frente a las nuevas y antiguas autoridades realistas eran los sospechosos inmediatos de la llamada *guerra de colores* que caracterizó el año de 1814. No obstante, la participación y colaboración de estos contingentes no podía ser obviada, y las Instrucciones de Fernando VII encomendadas a Morillo para la recuperación de la posesiones ultramarinas establecieron una serie de requisitos y normativas en torno a esta delicada materia.

Se otorgaría la libertad solo a aquellos soldados que comprobaran sus servicios por medio de informes emitidos por sus superiores, los cuales debían destacar las acciones militares en las que participaron, las labores que desempeñaron y su disposición a dichas tareas; finalmente, debían continuar sirviendo en sus unidades el tiempo que durase la guerra. Por ello, una vez revisada la solicitud de Piñero por el asesor general y el entonces capitán general Salvador Moxó, concluyeron apegándose a los principios de esa disposición

> … deben quedar libres los esclavos que estén, con las armas en la mano indemnizándose a los dueños el valor de ellos del real erario, pero con calidad de que queden sirviendo de soldados en el ejército; por esta misma disposición opino que Ramón Piñero, aunque son ciertas y recomendables los servicios militares que alega no esta comprendido en aquella gracia, por haberse separado de la milicia, sin que hasta ahora conste causa o impedimento legítimo para este…

Conocido este fallo desfavorable, Piñero apela afirmando que sí era merecedor de la gracia otorgada por el rey, pues defendió con amor y fidelidad la causa, tanto que su precaria salud era resultado de ello. Solicita ser reconocido por un *facultativo,* para que certifique que su «…curación es algo larga, y para otro temperamento que no sea tan destemplado, como este…».

Piñero permanece varios meses en Caracas, pero el clima frío no favorece su recuperación, y más allá del clima curativo de Calabozo, su deseo era regresar libre a su hogar. Inmediatamente el tribunal autorizó la revisión del esclavo a cargo del protomédico don Joseph Joaquín Hernández, quien observó que el entullecimiento de las coyunturas de Ramón no tenía curación. El esclavo Piñero era un hombre *baldado e inútil.*

Al diagnóstico lo respalda el testimonio de su amo, Dr. don Juan de Rojas, quien no se opone a la petición –en espera de que el real erario reintegre el precio de su esclavo– asegurando que «... este esclavo ha sido siempre sano y las enfermedades que ha tenido han sido adquiridas en la campaña por las humedades, trabajos, vigilias y (ilegible) que son consecuentemente, pues antes de entrar en el servicio, fue siempre sano, de buenas costumbres, y eficaz...». Sin mayor oposición de su amo, a Ramón Piñero se le declaró persona libre de esclavitud y servidumbre el 23 de diciembre de 1815, por sus comprobados servicios a la justa causa del rey, y su amo se vio beneficiado con el monto otorgado a cambio de un esclavo inútil y baldado.

No fue Ramón Piñero el único soldado esclavo que obtuvo esta gracia a cambio de sus servicios militares a favor de la Corona española. También está el caso de Juan José Ledezma, quien siendo esclavo llegó a ser oficial de los ejércitos del rey.

Juan José Ledezma: jefe de división del ejército de Su Majestad

Juan José Ledezma aspiraba lograr su libertad en 1815 por servir en los ejércitos de Su Majestad con el grado de jefe de división, bajo el mando de José Tomás Boves, en 1813 y 1814. Juan José, oriundo de la población de San Rafael de Orituco, en las planicies de Guárico, pertenecía a los bienes de don Pedro Ledezma, reconocido patriota desde los inicios de la independencia.

En 1813, restablecida la República después de la culminación de la Campaña Admirable por Simón Bolívar y el éxito de la Campaña de Oriente por el general Santiago Mariño, desde los llanos se conformaban fuerzas opuestas al nuevo gobierno, los ejércitos patriotas reforzaban sus filas y pertrechos con la colaboración de sus más fieles y acaudalados seguidores, quienes aportaban dinero y esclavos aptos para el servicio. Don Pedro, el amo de Juan José, siguió este ejemplo y colocó a su esclavo bajo las órdenes del republicano José Manuel Torres. Junto a la división comandada por este oficial sirvió un tiempo. No obstante, abandonó la causa que le obligaron defender y, voluntariamente, se incorporó en el mes de octubre del año de 1813 al ejército fidelista comandado por Manuel Ramírez, para seguir la sagrada causa del rey en defensa de *sus justos derechos contra los insurgentes de esta provincia*[2]. En ese momento el ejército realista, a diferencia de las comandancias patriotas, sí contemplaba la libertad como forma de pago para aquellos esclavos que brindaran destacadas acciones; quizás esto último tuvo decisiva influencia en la determinación de Juan José de enlistarse en el ejército del rey.

De acuerdo con la declaración de su superior Manuel Ramírez, el esclavo tuvo destacadas acciones que le valieron el ascenso a jefe de división. Su labor específica consistía en la recolección de ganado, mulas, yeguas y burros que se venderían posteriormente para ser invertidos en ropas y pertrechos para las distintas divisiones, o que simplemente se emplearían en el alimento de las tropas movilizadas. De esta forma, el esclavo Juan José se convirtió en hábil practicante de la forma de exacción más empleada en las milicias dirigidas por Boves, mecanismo controvertido que dejaba en total ruina a las haciendas y hatos ganaderos sin importar la facción que defendieran sus propietarios.

En julio de 1815, cuando Juan José hace la petición de libertad, cumplía con todos los requisitos para alcanzarla, contaba con la certificación de su superior directo Manuel Ramírez, continuaba en servicio y –afortunadamente para los golpeados fondos del rey– su amo era perseguido y sus bienes se encontraban en poder de la junta de secuestros, por lo que no se debía indemnizar a

---

2   «Juan José Ledezma, esclavo de Don Pedro Ledezma, solicita su libertad por haber militado en los ejércitos realistas», San Rafael de Orituco, 1815, ANH, 1815 LM expediente 1.

ningún mortificado propietario. Como no posee dinero para cancelar las costas de los procedimientos legales de su solicitud, solicita que estos sean pagados de los bienes embargados a su amo cuando el tribunal lo determinase. Lo único que empañaba su solicitud era su militancia inicial en el ejército patriota, lo cual ponía en duda su lealtad. Sin embargo, él señalaba que desde el instante en que desertó de la misma expuso su propia existencia a favor del rey y mayor demostración de lealtad era imposible.

Desconocemos si Juan José obtuvo su libertad, pues el expediente se encuentra incompleto; posiblemente logró carta de libertad pues cumplía con todos los requisitos y era un soldado activo para el momento de su acreditación. Sin embargo, un posible atenuante en esta decisión podría estar sujeto a los nuevos dictámenes de las autoridades coloniales empeñadas en restituir el orden. Tal como menciona Germán Carrera Damas en su trabajo *La crisis de la sociedad colonial,* con la llegada a Venezuela de Pablo Morillo se procedió a destituir de sus cargos a estos hombres pertenecientes a bajos estamentos y que habían alcanzado grados militares durante el mando de Boves. Dicha situación provocó el descontento entre las milicias y desencadenó deserciones masivas aniquilando la base popular del ejército del rey.

Así como Piñero y probablemente Ledezma consiguieron su libertad luego de arriesgar su vida al servicio de la Corona, de igual forma y con mayores tropiezos, un reducido número de esclavos obtuvo su libertad combatiendo a favor del ejército republicano.

Sobre libertad de los esclavos

Para el momento en que fueron expulsadas las autoridades coloniales, tras la instalación de la Junta Conservadora de los Derechos de Fernando VII, el 19 de abril 1810, no se planteó la liberación de los esclavos; estos siguieron realizando exactamente las mismas actividades impuestas siglos atrás. Las *esclavas de casa* continuaban caminando detrás de sus señoras, sosteniendo en sus manos la alfombra donde estas se posarían en los servicios religiosos. Aquéllos que laboraban en las plantaciones, día tras día, se despertaban con el llamado de sus caporales, antes de salir el sol, para iniciar sus extenuantes faenas.

El nuevo gobierno no contempló la liberación de los esclavos ni la incorporación de estos a las fuerzas republicanas, básicamente porque no existía un cuestionamiento del sistema esclavista, debido a que en su gran mayoría eran poseedores de esclavos. Esta rutina poco se había alterado cuando Miranda, atendiendo a la gran deserción de soldados en 1812, dispuso la incorporación de 1 000 esclavos al ejército, ofreciéndoles la libertad solo a aquellos que militasen cuatro años y tuviesen destacadas acciones militares. De esta forma, durante los breves períodos de gobierno republicano conocidos como Primera y Segunda República, no se legisló ni se tomó decisión respecto a otorgar libertad a los esclavos que se sumasen a la causa patriota; la veían como una iniciativa altamente desestabilizadora. Esta situación cambió a partir de 1815.

Después de peregrinar por diversos puertos caribeños tras la caída del segundo intento de gobierno republicano, en julio de 1814, Simón Bolívar en compañía de otros patriotas como Gregor MacGregor, Manuel Piar y Santiago Mariño parte de Los Cayos de San Luis, en Haití, para dirigir varios encuentros navales en la isla de Margarita. De este sitio Bolívar desembarca en Carúpano y emite el 2 de junio de 1816 el *Decreto sobre libertad de los esclavos a los habitantes de Río Caribe, Carúpano y Cariaco*; en él se le ofrecía la libertad y ciudadanía a los esclavos capacitados para el enlistamiento inmediato, es decir, hombres en edades comprendidas entre los 14 y 60 años de edad. Esta proclama es reconocida como una iniciativa propuesta por Alejandro Petión a Simón Bolívar como condición para la ayuda financiera que estaba dispuesto a brindar el presidente de la primera nación americana edificada en 1791 sobre una exitosa revuelta esclava.

De acuerdo con cartas de Bolívar dirigidas a Petión, el Libertador le señaló el poco alcance de estos ofrecimientos en las esclavitudes, de igual manera lo señalaría posteriormente José de Austria en su *Bosquejo de la historia militar de Venezuela,* quien describió el recibimiento de estos decretos en la población como fríos, asegurando además que la presencia esclava en las filas patriotas era un evento excepcional, y esta frialdad continuó en 1818 con la ratificación del ofrecimiento de libertad en los decretos dirigidos a los habitantes de los valles de Aragua el 11 de marzo, a los de La Victoria el 13 del mismo mes, y el día siguiente a los pobladores de los valles del Tuy. Sin embargo, el brigadier inglés James Hackett, quien partió de Inglaterra en 1817 para reforzar las fuerzas patriotas sudamericanas, hacía referencia de la importante presencia de esclavos y pardos en las filas patriotas.

Posiblemente no hubo una adhesión masiva de esclavos, si se compara a las descripciones de la composición de las milicias de Boves, pero el reclutamiento esclavo voluntario no fue un evento extraño en las filas patriotas, así lo evidencian las peticiones de libertad de esclavos realizadas después de consolidado el proyecto republicano; es el caso del esclavo Anastasio Romero, quien reclamaría 10 años después la libertad que le ofrecieron a cambio de la toma indefinida de las armas.

Los buenos servicios prestados por Anastasio Romero a favor de la República

El 10 de enero de 1826, Anastasio Sosa se dirigió al intendente departamental de la ciudad de Caracas a fin de hacer valer los servicios prestados bajo la bandera republicana y conseguir así su carta de libertad. De acuerdo con su relato llegó a la capital de manera clandestina desde la hacienda de su amo Domingo Sosa, ubicada en Choroní, de allí pasó a San Sebastián de los Reyes y posteriormente a Turmero en búsqueda de los testimonios de sus antiguos superiores: Juan José Liendo y La Rea y Francisco de Paula Alcántara. Ambos eran reconocidos oficiales del ejército patriota, ostentaban la Orden de Libertadores de los Ejércitos de Colombia y conocían de manera detallada las acciones en las que intervino Anastasio, así como la herida recibida por el esclavo en una de tantas campañas, por ello ante el pedimento verbal realizado por Anastasio el 1 de marzo de 1825, no dudaron en asentar por escrito sus buenos servicios.

Anastasio se incorporó al ejército en 1816 después de ver desfilar por las estrechas calles de Choroní a los seiscientos sobrevivientes patriotas del combate de Los Aguacates, llevado a cabo el 14 de julio de 1816. El general de división escocés Gregor MacGregor y el coronel Carlos Soublette encabezaban esta retirada, quienes a su paso trataban de reunir tropas ratificando el decreto de libertad emitido por el Libertador a su llegada a Carúpano en el mes de junio. Anastasio, seducido por esta propuesta, se enlistó inmediatamente. Anastasio partió de Choroní bajo las órdenes del comandante del «batallón Barlovento» Francisco Piñango, bajo su dirección participó en las cruentas acciones del 2 de agosto en Quebrada Honda, donde se logró repeler al coronel realista Juan Nepomuceno Quero y sus quinientos hombres. Un mes más tarde, el 6 de septiembre, Anastasio estaba peleando en Oriente en la batalla de Los Alacranes. Allí recibió un balazo en la pierna izquierda, la cual fue asistida de forma exitosa en el hospital instalado en el convento de la ciudad de Barcelona. Veintiún días después de haber sido herido, Anastasio retoma las armas al lado de sus antiguos compañeros del batallón Barlovento en la batalla de El Juncal, ahora bajo la dirección del general de división Manuel Piar, quien dos días antes había arribado a la ciudad con una vanguardia de 700 hombres para tomar el control de los batallones ahí asentados, formando una fuerza militar de 1300 soldados que recibieron el nombre de ejército del centro.

Después de la derrota de Francisco Tomás Morales, Anastasio fue trasladado al batallón Orinoco o Río Claro y bajo las órdenes de Piar peleó en las acciones previas a la toma definitiva de Guayana, en 1817. El 16 de marzo de 1818, Anastasio servía en los ejércitos dirigidos por Simón Bolívar en la batalla de Boca Chica Semén contra las unidades conducidas por Pablo Morillo; la contundente derrota provocó la dispersión de gran parte de los efectivos republicanos sobrevivientes. A Anastasio, acorralado por el enemigo en las cercanías del pueblo de San Mateo, no le queda otra alternativa que enrumbarse a su pueblo de Choroní. De acuerdo con su testimonio, allí fue reincorporado de nuevo por su señor Domingo Sosa. En un principio no pudo acreditar sus servicios hechos a la República, pues para aquel entonces la mayor parte del territorio seguía bajo el dominio de la Corona española y admitir su militancia en la insurgencia lo convertiría en reo de alto crimen, más tarde, cuando se instauró el gobierno republicano en 1821, la sujeción y potestad de su amo Domingo impidió cualquier intento de acreditación.

Cuando Domingo Sosa, dueño de Anastasio, se entera de la causa iniciada por su esclavo, cuenta a los tribunales otra historia completamente distinta. Primeramente, asegura que no se opone a que su esclavo acceda a su pretensión de que sea declarado persona libre de servidumbre como premio de sus distinguidos servicios a las patria, siempre y cuando el estado indemnice su valor como lo exige la Resolución de 14 de octubre de 1821 sobre los esclavos que hubiesen servido a las armas republicanas[3]. Dicha resolución, sancionada por el Congreso General de Colombia, emanaba de una consulta hecha por el vicepresidente de Cundinamarca sobre el dilema de qué hacer con los esclavos que tomaran las armas y la forma de indemnización a sus propietarios.

El asunto lo resolvió el Congreso declarando que los esclavos debían ser aceptados en las filas bajo los pactos y condiciones

---

3   «Resolución de 14 de octubre sobre los esclavos que abracen el servicio de las armas», en *Materiales para el estudio de la cuestión agraria en Venezuela (1810-1865). Mano de obra: Legislación y administración*, vol. 1, p. 45.

que decidiera el gobierno en cada circunstancia; en ningún apartado de esta decisión se menciona de forma expresa la libertad como retribución a los esclavos por sus servicios. Sin embargo, la norma era precisa al aclarar la situación de los propietarios ante esta situación: debían ser indemnizados con preferencia de los fondos de manumisión de la República. Sosa, conocedor de la ley, quería el valor de su esclavo; no obstante, su reclamo no termina allí, asevera que los fundamentos con que Anastasio apoya su solicitud son falsos.

Primeramente, el esclavo había mentido sobre la manera en que recaló en su hogar. En su declaración, el esclavo asevera que él lo incorporó a su propiedad en 1818, cuando la verdad era que se encontraba en la isla de San Tomas en calidad de exiliado desde 1814. En todo caso, fue su esposa quien le brindó refugio y no sujeción. Según dice Sosa en su alegato, «La acogida que le franqueó mi mujer, en semejantes circunstancias, fue una exposición manifiesta respecto a toda mi familia, por repuntarse el gobierno español por un criminal o reo de muerte, la que sin duda sufrieron todos los dispersos que fueron descubiertos, y por consiguiente sobre estar desmentido su aserto por hallarme yo ausente en el tiempo a que se refiere, debía tributar las gracias a mi casa, que lo salvó y libertó su vida…»[4]. En pocas palabras, Anastasio era un esclavo mentiroso que en lugar de agradecer el riesgo que tomó su familia al protegerlo mientras era perseguido por el enemigo, su respuesta había sido la ingratitud.

Agrega que Anastasio se encontraba en su hacienda de Choroní por su propia voluntad, ya que su mujer e hijos eran sus esclavos. Desde hacía ocho meses se encontraba en la capital, trabajaba por su cuenta, *provecho y utilidad propia,* lo que desmentía la supuesta oposición a la acreditación de sus servicios. Si Anastasio no lo había hecho era porque no había querido.

---

4   «Anastasio Romero, esclavo del señor Domingo Sosa, que se le declare libre en virtud de haber servido en los ejércitos de la República», Caracas, 1825, ANH, caja 19, 1825, expediente 4.

El esclavo ante esta declaración no emitió escrito alguno que desmintiera las afirmaciones de su amo y permaneció bajo su servicio hasta que llegó la sentencia del intendente interino. El dictamen establecía que el servicio prestado por Anastasio fue con anterioridad a la ley de 14 de octubre de 1821, por lo que su solicitud no emanaba de ella, no obstante, considera que el valor del esclavo sí debía salir de los fondos de manumisión después de que se realizase el justiprecio. Anastasio tenía 48 años, y un esclavo de su edad alcanzaba un valor de 230 pesos, pero «… la quebradura que padece en la ingle derecha…» le rebajaba el precio a la mitad, por lo que Domingo Sosa recibió un valor total de 115 pesos. De esta manera, Anastasio quedó libre en Caracas, mientras su mujer e hijos seguían siendo esclavos de Domingo Sosa en Choroní.

Las vicisitudes padecidas por Anastasio fueron totalmente distintas a las de otro esclavo soldado llamado José Ambrosio, quien por haberse cambiado el nombre se vio en serias dificultades a la hora de demostrar los servicios que había prestado a la causa republicana.

José Ambrosio Hernández: esclavo con apellido de hombre libre

En mayo de 1828 llegó a la oficina de la jefatura general en Caracas un oficio procedente de la comisaría del puerto de La Guaira. La notificación solicitaba la comprobación del testimonio ofrecido por unos de sus reos, quien había sido apresado por sospecha de ser uno de tantos esclavos fugitivos que protegiéndose del desorden de la guerra privaron a sus amos de sus servicios.

Luis Ambrosio Surruarregui no ocultó su antigua condición de esclavo, de la cual había sido librado mucho tiempo atrás, cuando su difunto amo le otorgó carta libertad que extravió durante las tropelías de la guerra. Relatos como estos no eran inusuales a los oídos de las autoridades que lidiaron con la inmensa responsabilidad de reorganizar el sistema esclavista, sin embargo, la declaración de su antigua militancia en la marina republicana hizo su relato inusual y ameritó su inmediata comprobación.

En el mes de junio el jefe policial general de la capital ordenó el traslado del nominado esclavo José Ambrosio Surruarregui, con el propósito de comprobar los servicios que supuestamente lo hacían libre. En ese momento, el trecho que dividía a Caracas de La Guaira sería uno más de los tantos caminos que recorrería José Ambrosio desde que abandonó las riberas del Orinoco, en su Angostura natal.

En 1810, cuando ocurren los sucesos del 19 de abril, la provincia de Guayana permaneció fiel a la monarquía, caso contrario a las zonas septentrionales de la provincia que cargaron con el mayor peso del conflicto. Desde su fundación por las misiones de capuchinos, sus vastas extensiones de tierras sirvieron para la cría de ganado, y en menor cuantía para el cultivo de la tierra. Por ello la presencia esclava era modesta, encargada en gran parte del servicio doméstico y artesanal, distinta a la población esclava de los valles centrales, destinada a la economía de plantación.

En este ambiente vivió José Ambrosio, quien era propiedad del vizcaíno Luis Surruarregui y recibió –como era costumbre desde el día de su nacimiento– el llamativo apellido que años más tarde renegaría. En 1817 fue que los Surruarregui y los demás habitantes de la provincia experimentarían los devastadores trastornos de la guerra. La ciudad que sirvió de leal financista a la causa del rey y de zona de resguardo a los realistas perseguidos conocería los estragos del asedio militar republicano.

Desde mayo de 1815, las fuerzas realistas asentadas en la ciudad lograron vencer varias embestidas patriotas en sus propias puertas, pero esto no disminuyó el impulso de los rebeldes, quienes guiados por Manuel Piar planificaron la arremetida definitiva que se prolongó por siete largos y tortuosos meses. Las líneas de abastecimiento de alimentos fueron cortadas y los civiles acudieron a medidas desesperadas para suplir sus carencias; cuando la situación se hizo insostenible estos huyeron por el río logrando solo un desenlace fatal. Uno de esos tantos hombres que recurrieron al exilio cuando la ciudad no podía defenderse fue Luis Surruarregui, quien antes de partir —asegura José Ambrosio— dejó en total libertad a su esclavo José Ambrosio. Para los dueños de esclavos era preferible convertir a sus siervos en hombres libres responsables de su propia suerte, ya que cargar con ellos representaba un peso al momento de huir, un esclavo era una boca más que alimentar o un espacio adicional que ocupar en una embarcación.

Mientras su amo se enrumba a su destino final en la isla de Martinica, José Ambrosio se enlista voluntariamente en los ejércitos republicanos recién establecidos en Angostura. Al momento que se le tomaron los datos de su filiación y el comandante le dio a conocer las penas y ordenanzas que implicaba su nueva militancia fue ingresado a la marina con el nombre de: José Ambrosio Hernández. Con este apellido aparecería en todos los listados de las embarcaciones que abordó en los distintos puertos necesitados del auxilio patriota.

Su primera experiencia como marinero se limitó a la protección del río Orinoco, posteriormente partió a los demás puertos controlados por la causa republicana. Recién llegado a La Guaira, siguiendo las órdenes de su comandante José María García, se embarcó en compañía de otros marineros a la isla de Margarita con la delicada labor de trasladar el correo. Esta actuación y positiva disposición le valió el reconocimiento de sus superiores, quienes años más tarde recordarían con facilidad sus buenos servicios.

Tres meses después de llevarse a cabo la batalla de Carabobo, ocurrida el 24 de junio de 1821, José Ambrosio fue enviado a la Nueva Granada. El 5 de octubre se embarcó en la polacra *Constantinopla,* comandada por el capitán Daniel como parte de las últimas tropas que se incorporaron al asedio establecido por el almirante José Prudencio Padilla al gobernador de Cartagena de

Indias, brigadier Torres y Velasco. Desconocemos si José Ambrosio llegó a tiempo a Cartagena para ser partícipe del cerco, ya que cinco días más tarde la resistencia se rendía tras haber soportado un año y tres meses del bloqueo iniciado el 14 de julio de 1820. De la recién conquistada Cartagena fue trasladado de nuevo a La Guaira en una embarcación de la cual no supo precisar nombre, si *La Voladora o Libertador,* allí se incorporó a las milicias que se organizaron bajo la mirada del capitán de ese puerto, Matías Padrón. Tres años más tarde, el 8 de noviembre de 1823, estaba presente en la toma de Puerto Cabello, el último bastión de los realistas en Venezuela.

Finalizada gran parte de las contiendas bélicas encontró en el puerto de La Guaira su punto de retorno, y el lugar donde trataría de reconstruir su vida como caletero, tomando por hecho la libertad que le había dado inicialmente su amo y la cual quedaba ratificada por su participación en la Guerra de Independencia. Cinco años más tarde las autoridades de La Guaira dudan de sus servicios prestados a la República y lo colocan como propiedad del Estado al servicio del Hospital Militar, hasta que las autoridades de la capital ordenaran su traslado para dar inicio a la comprobación judicial de las historias narradas por el esclavo.

A Surruarregui le cuesta acreditar su libertad, pues, como él explica, su condición de marinero no le permitía tener contacto con gente de tierra firme, mucho más cuando el recorrido de las distintas embarcaciones en las que sirvió, llegaban a puertos tan lejanos del extinto virreinato de Nueva Granada. No obstante, José Ambrosio, seguro de sus servicios, solicita la declaración de Matías Padrón, quien además de ostentar el título de capitán de fragata de la armada de Colombia para 1829, era comandante de Marina y capitán del puerto de La Guaira. De igual manera, pide que se tome testimonio de Francisco Avendaño, coronel de los ejércitos de Colombia y de Simeón Gómez, compañero marinero de José Ambrosio durante sus servicios. Todos ellos ratifican la presencia del esclavo en los lugares y campañas por él señaladas y agregan, además, otros servicios omitidos por José Ambrosio en su declaración. Todos resaltan su espontánea disposición a la causa de la patria, no obstante, ninguno lo reconoce con el nombre de José Ambrosio Surruarregui, sino como José Ambrosio Hernández, tal como aparece registrado en las listas de las milicias marinas asentadas en el puerto de La Guaira.

José Ambrosio ante esta interrogante explica en su declaración final el por qué de esta confusión, asevera que una vez que su amo le otorgó la libertad en Angostura tomó el apellido de su padrino de bautismo, quien era un hombre libre, para así despojarse del apellido impuesto en servidumbre. De igual manera, afirmó que pudo contar con más testimonios de sus reconocidos servicios en la marina, pero como él mismo asegura

> … si mi desvalimiento y miseria no fuera un obstáculo poderoso para ocurrir al Comandante Beluche en Puerto Cabello, al Sr. comandante García en Margarita y a otros jefes en otros puertos importantes antes, pero los tres testimonios producidos son muy respetables y suficientes por manifestar la verdad de mi exposición y la justicia con que reclamo contra la servidumbre en que indebidamente me han constituido por haber ganado mi libertad en la peligrosa carrera de las armas y con servicios prestados a la patria en los días en que le eran muy apreciable útiles y aún necesarios…[5]

El tribunal, en atención a los testimonios brindados por los superiores de José Ambrosio Hernández, considera indiscutible el goce de su libertad, tal y como lo prescribían los decretos de 1816 que ofrecían la libertad a los esclavos que tomasen las armas en defensa del gobierno, pero para gozar de forma plena este derecho debía volver a sentar plaza como soldado por el tiempo que

---

5 «Expediente seguido por José Ambrosio Surruarregui, reclamando su libertad por haber servido a las tropas de la República», Caracas, 1829, ANH, 1829 LRST, expediente 6.

determinara la ley hasta que presentara el retiro del ejército que le correspondía por el dilatado tiempo de su militancia. Un año tardó en comprobar sus servicios y doce días después del fallo favorable a su solicitud José Ambrosio pidió copia de la sentencia para que le sirviese como carta de libertad, por si acaso en el futuro se volvía a dudar de su condición de hombre libre y trataban de reducirlo nuevamente a la esclavitud.

El caso que sigue a continuación es el de Joseph Malpica, quien sirvió a los patriotas desde el año de 1814 y también busca desesperadamente la obtención de su libertad.

Tres repúblicas, un esclavo

«Sr. suplico se me admita y dispense estos mis malos borrones en este papel pues la indigencia a que estoy expuesto me es intolerable soportar… »[6]. Con estas líneas, seguidas de una firma alejada de los preciosismos propios de los escribanos, finalizaba la exposición del una vez soldado y también esclavo Joseph de Jesús Malpica el 9 de febrero de 1827. A diferencia de otras peticiones de libertad esta no estuvo dirigida a un tribunal menor o a una junta de manumisión cantonal, al señor a quien le pide excuse sus errores, no es otro que el entonces presidente y Libertador Simón Bolívar, a quien tuvo oportunidad de servirle en el fatídico año de 1814.

Joseph de Jesús Malpica fue uno de los miembros de la guarnición que acompañó a Bolívar cuando se embarcó en Cumaná con el propósito de convencer a José Bianchi que retornara las riquezas que se le habían confiado en La Guaira. En ese entonces, Bolívar y Mariño habían sido desconocidos como jefes del ejército por José Félix Ribas y Manuel Piar; Joseph de Jesús, después de ver partir a Bolívar, retornó a Cariaco al mando de los nuevos oficiales para defender la República.

---

6 «José de Jesús Malpica, esclavo de los herederos de Melchor Canivel sobre su libertad», Caracas, Sección Civiles-Esclavos, 1827, ANH, 1827 CMPR, expediente 2.

Trece años después de ese encuentro le pide *al libertador de las dos repúblicas hermanas* que sus servicios sean reconocidos, servicios que no solo se limitaban al año de 1814, su militancia fue fiel durante *la primera, segunda y tercera instalación de la república, hasta asegurarse el suelo patrio.* En su exposición recordó la primera batalla a la que asistió bajo mando republicano, lo rememora con precisión porque se llevó a cabo un día de San Pedro, es decir, un 29 de junio de 1812. Sumó filas en el batallón número quince comandado por un mayor apellidado Camacho. Para ese momento los ejércitos de la Primera República actuaban defendiendo las pocas plazas que conservaban ante el avance de los realistas, comandados por Domingo Monteverde, quien desde su entrada por Coro desde las Antillas, unos meses atrás, controlaba a su paso los poblados insurgentes. El enfrentamiento de ese 29 de junio era el segundo combate por la ciudad de La Victoria, el entonces Generalísimo Francisco de Miranda logró rechazar el ataque sorpresa del enemigo, sin embargo, la sensación de triunfo duraría muy poco, un mes más tarde Miranda capitulaba ante el canario.

Joseph de Jesús volvió al servicio patriota cuando estos alcanzaron el poder por segunda vez. Allí permaneció hasta que las huestes de José Tomás Boves reconquistaron el territorio en nombre de Fernando VII. Cuando la República estableció su centro político a las márgenes del río Orinoco en la ciudad de Angostura, Joseph de Jesús ya era parte del batallón Orinoco, llegó a defender la causa patriota en Cumaná en el Castillo de San Antonio, posteriormente, en una fecha que no precisa, cayó preso en las bóvedas del puerto de La Guaira ante la mirada indiferente de quien posteriormente lo solicitaría como su ama. Después de concluidas las acciones militares, se inicia el retorno de los soldados a la vida civil. Joseph de Jesús hizo lo propio y se empleó como caletero en el puerto de La Guaira; allí, unos años más tarde, su tranquilidad fue alterada con la petición de Manuela España, quien lo reclamaba como suyo por ser heredera directa de los bienes de Melchor Carnivel, original amo de Joaquín.

Ante esta contrariedad, Joseph de Jesús se ve forzado a acreditar sus servicios con el fin de frenar las intenciones de Manuela España, a quien no reconocía como ama y quien en su opinión contaba con todos los beneficios ante los tribunales; por ello le solicita al señor presidente Libertador «… se digne en obsequiar de la humanidad de mandar que por este sagrado tribunal sean oídas mis quejas con la verdad que me expreso y sólo su señoría podrá acallar las aflicciones de aquellos y mis aflicciones ordenando se me oiga en providencia por se justicia que imploro…».

Con este propósito, Joseph reunió las declaraciones juradas de sus superiores Juan José Aguirre, teniente del batallón Orinoco, y del capitán José Lorenzo Jiménez, quienes aseguraron conocer los servicios de Joaquín los años de 1814, 1821 y 1822, y certificaron que este fue retirado del ejército debido a su inutilidad, por su precaria condición física resultado de su dilatado compromiso con la República en la Guerra de Independencia.

El defensor de Joseph de Jesús, el procurador municipal Rufino González, convencido de los servicios del esclavo *en el ejército de libertadores,* reclamó el cumplimiento de la resolución general del congreso de Colombia con fecha de 14 de octubre de 1821, la cual reconocía la admisión de todos los esclavos que quisieran ejercer el oficio de las armas, y que los amos de estos fuesen indemnizados con preferencia de los fondos de manumisión que se llegasen a recolectar. De esta forma, solicita al gobierno que el esclavo sea comprendido en esta resolución y que los amos sean enterados de su causa y se les cancele el precio de la libertad lograda meritoriamente por el esclavo.

Enterado de la causa, el yerno y apoderado de Manuela España, José de Arizabalo se presenta ante el tribunal con el oficio original de compra-venta del esclavo realizada por el difunto Carnivel, con fecha 25 de enero de 1813. En ella constaba que un tal don Esteban Escobar le vendía a don Melchor el esclavo Joseph de Jesús por 300 pesos, después que este último se fugó de su hogar para refugiarse en casa de Carnivel. Arizabalo, después de esta certificación de propiedad, expresaba que evidentemente el esclavo había demostrado con éxito sus servicios como lo hacen constar las declaraciones de sus superiores y, por lo tanto, ni él ni la señora Manuela estaban dispuestos a contrariar el alcance de dicha gracia.

No obstante, aseguró que, de igual manera, como el tribunal estaba procurando la libertad del siervo, también debía cumplir con indemnizar de manera satisfactoria a los dueños, de lo contrario se estaría violando de manera flagrante el artículo 177 de la Constitución de la República de Colombia, el cual sancionaba que ningún ciudadano podía ser privado del uso de su propiedad aunque esta fuese empleada en usos públicos, si no contaba con el consentimiento del propietario. En el caso de que existiere alguna necesidad pública comprobada legalmente en el uso de dicho bien se presuponía la justa compensación por parte del Estado.

Por lo tanto, Arizabalo solicita que antes de otorgarle carta de libertad a Joseph de Jesús, este debía ser examinado por un perito acordado por ambas partes a fin de hacer el avalúo del esclavo y llegar al justiprecio partiendo de sus condiciones físicas y habilidades. Con esta evaluación, Manuela de España podía solicitar de los fondos de manumisión de La Villa de La Guaira la indemnización por el esclavo, el cual estimaba debía alcanzar el precio más alto: 300 pesos.

La buena voluntad, colaboración y disposición mostrada hasta este momento por el representante de Manuela España, desapareció una vez que el esclavo prolonga la entrega de copia de la orden de su retiro del ejército, lo que termina retrasando el fallo del tribunal. Días más tarde se dirige al tribunal y al procurador defensor de Joseph de Jesús para denunciar que dicho retraso se debía a que no existía ninguna copia, pues el esclavo nunca cumplió con este requisito. Además, asegura que no existía filiación alguna, pues sus servicios fueron hechos por un corto período de tiempo. Por lo tanto, el esclavo viéndose beneficiado de los trastornos y vicisitudes propias de la guerra, intentaba aprovecharse del beneficio que se les otorgaba a los esclavos que sirvieron a la República durante un amplio espacio de tiempo, y que además se encontraban aún en servicio.

José de Arizabalo concluye su denuncia afirmando que el Estado no debía pagar el valor de este falso y malicioso esclavo por tan poco tiempo en servicio, pues la separación voluntaria del ejército y su posterior regreso a la casa de Manuela significaba que este había renunciado a la manumisión que decía merecer. Finalmente, pide que Joseph de Jesús sea restituido a Manuela como su propiedad para que cancele los jornales diarios que le debe desde el momento que se fue a trabajar en el puerto de La Guaira como caletero sin su consentimiento, aconseja a los señores alcaldes del puerto de La Guaira que se aprese a este individuo, pues su antigua tacha o reputación de prófugo impediría que pudiese regresar a la casa de su ama.

El procurador al enterarse de la petición, responde a las consideraciones hechas por el representante de la señora Manuela de manera elocuente: «La cárcel, Señor, está destinada para los criminales. Un esclavo no lo es por sólo ser de esta condición…» Continuaba el procurador expresando que aunque Joseph de Jesús poseía la tacha de prófugo no era razón suficiente para su encarcelamiento; tampoco entiende la contradicción en la que cae Arizabalo, quien se empeña en catalogar al siervo de cimarrón y al mismo tiempo pide 300 pesos al Estado por su valor. Asegura que efectivamente el esclavo le confesó que no poseía consigo las letras de retiro y filiación que se le solicitaron, no obstante, considera que su ausencia *no destruye el derecho con que aspira a su libertad*. Sus servicios en los años de 1814, 1820 y 1821 estaban comprobados por medio de la declaración de sus superiores, años que —en palabras del procurador— fueron las *épocas más arriesgadas e importantes de la República.* Dice desconocer un código que expresa tácitamente los decretos emitidos por Bolívar, pero estos *están mezclados con los primeros delineamientos de la infancia de la República, y se* encuentran ratificados a través de la resolución del congreso de 14 de octubre de 1825.

Concluye, después de considerar justa la indemnización de doña Manuela, que es cierto que: «Malpica no ha obtenido su retiro, no sirve en ningún batallón, pero pertenece al gremio de caleteros, que es la primera muralla de La Guaira, pero ha servido largo tiempo a la patria, que es la sustancia; y por ello es acreedor de su libertad. Volviendo a la casa de su señora, él no ha renunciado como se pretende, a este derecho; por que no ha podido renunciar a la cualidad de hombre. Un derecho tan importante no se pierde ni aún por un convenio expreso: porque es esencialmente nulo».

El tribunal sin mayor retraso del proceso le otorga la libertad a Joseph de Jesús Malpica por su dilatado servicio al ejército republicano. Su ama sería indemnizada de la junta de manumisión de su cantón después de que se realizara el justiprecio, que doña Manuela consideraba debían ser 300 pesos por la edad del esclavo, que era de 31 años.

Como Joseph de Jesús, los esclavos involucrados en la guerra eran en su mayoría nacidos en la provincia, pero existen casos excepcionales como el de Joaquín Vivas, quien nacido en libertad en África fue arrastrado a los insalubres depósitos de los barcos negreros para ser trasladado a una América dividida y en cruenta guerra.

De esclavo bozal a soldado republicano

La motivación que llevó al esclavo Joaquín Vivas ante la presencia del procurador de La Guaira un 13 de mayo de 1830 era el temor de ser vendido, por sexta vez, en menos de 16 años.

Alcanzaba los 30 años de edad, ya había vivido y recorrido lo suficiente, por lo tanto era un buen momento para certificar sus servicios en el ejército republicano a fin de lograr la carta de libertad que impediría la tutela de un nuevo amo.

Antes de 1811 Joaquín Vivas había sobrevivido de corta edad el cruel *camino medio* que lo había trasladado de su Guinea natal al puerto de La Guaira. Se desconoce el número de puertos que transitó antes de llegar a esta provincia. Según testimonios posteriores, había sido comprado por un vecino de La Guaira llamado Juan Antonio Vivas por la suma de 280 pesos, quien, siguiendo la costumbre establecida, le colocó un nombre cristiano y su apellido como emblema de padrinaje y propiedad.

Al transcurrir un par de años y mientras se empezaban a reflejar con más fuerza los rigores de la Guerra de Independencia, la esposa de Vivas –Candelaria Acosta de Vivas– decidió vender a Joaquín porque no manejaba aún un oficio definido y se le complicaba costear su sustento. El comprador inmediato fue el señor Feliciano Jiménez y el año de la venta 1814. La Guaira para ese momento era zona transitada por tropas patriotas que arribaban apresuradamente con el propósito de dirigirse a los valles occidentales para contrarrestar el devastador avance de las tropas realistas. Dichos esfuerzos fueron en vano, el 15 de junio de 1814 Bolívar se replegaba en dirección hacia Caracas, tras su derrota en La Puerta.

El acercamiento del general Boves a la capital era inminente y los intentos patriotas de mantener la República resultaron infructuosos. Frente a este escenario, la temerosa población huyó en dirección a Oriente; entre la nerviosa multitud de esa mañana del 7 de julio de 1814 iba la familia Jiménez escoltada por Joaquín, quien llevaba una petaca sostenida por su cabeza.

Fueron 23 días de caminata signados por hambre, intemperie y muerte. Del número estimado de 20 000 personas que partieron esa tarde de julio, llegaron con vida a Barcelona solo 9000. El matrimonio Jiménez y Joaquín se contaban entre los sobrevivientes, empero, la salud de la esposa de don Feliciano era precaria; durante el recorrido había contraído la *enfermedad de la muerte*.

La delicada condición de salud de su esposa no impidió que Feliciano Jiménez se pusiera a las órdenes del ejército republicano en el cuartel general de la ciudad de Barcelona, como también lo hizo con Joaquín, quien pasó en calidad de soldado a la compañía de Zapadores comandada por el general Manuel Piar. De allí ambos se desplazaron a la Villa de Aragua de Barcelona para formar parte de los 2000 soldados que defenderían esta plaza de la arremetida de los 5000 combatientes capitaneados por Francisco Tomás Morales. El enfrentamiento se inició a tempranas horas de la mañana y se prolongó por siete horas que finalizaron con la derrota republicana. Feliciano Jiménez fallece en combate y Joaquín emprende la retirada herido por un proyectil que se alojó en su muslo izquierdo, bala que él mismo retiraría posteriormente por medio de procedimientos caseros.

A pesar del primer fracaso y de la muerte de su amo, continúa sirviendo a la República en Cumaná, *donde fue incorporado en el escuadrón de caballería que mandaba el capitán Hilario Carrasco*[7]. Sirvió tres meses en ese escuadrón, participó en dos encuentros hasta principios del mes de octubre de 1814, cuando José Tomás Boves tomó con violencia aquella ciudad, lo que lo obligó a huir de nuevo.

Joaquín regresa con su ama, la viuda de Feliciano Jiménez, quien entonces residía en casa de José Antonio Rojas, vecino de la ciudad de Barcelona, quien le brindó asistencia y alimentos durante la convalecencia de la fatal enfermedad que había adquirido en su recorrido hasta Oriente. A poco de la llegada de Joaquín, María del Sacramento Ortega fallece ante el fracaso de los medicamentos para sanar los padecimientos acentuados por su reciente estado de viudez.

---

7   «El Síndico Procurador General por el esclavo Joaquín Vivas solicita lo declaren libre por haber servido al ejército de la república», Caracas, 1830, ANH, 1830 LPV, expediente 4.

Joaquín después de este trágico evento quedó sirviendo en casa de Rojas, como lo explicaría posteriormente el mismo siervo: «… para que de mi trabajo se pagase la curación y alimentos que había prestado a mi enunciada ama durante su enfermedad…». No obstante, pocos fueron los jornales que prestó Joaquín, ya que Rojas carecía de documentos de propiedad que lo identificasen como su amo. Simultáneamente, el acercamiento de las tropas patriotas a la ciudad provocó una nueva desbandada de la población allí residente, entre ellos Joaquín.

Mientras el movimiento patriota se desvanecía entre las disputas de sus principales generales, Joaquín, acompañado de otro soldado llamado Reyes Laya, retorna al puerto de La Guaira después de tres años de ausencia. Allí se dedica al oficio de caletero, con el infortunio de que en uno de esos días de labores es reconocido por un compadre de su ama inicial –Candelaria Acosta de Vivas–, quien lo coloca de nuevo a su servicio. Joaquín no opone ninguna resistencia a esta determinación, el solo hecho de alegar la libertad que consideraba había obtenido por el servicio prestado a las armas republicanas le costaría prisión y posible pena capital, recordemos que desde mediados de 1814 la capital y el puerto yacían bajo dominio realista.

Transcurrieron 10 años, durante los cuales los republicanos aseguraron su definitiva victoria. Aun así, Joaquín no acreditó sus servicios ni cuestionó su nuevo estado de servidumbre, inclusive cuando su antigua ama lo vendió de nuevo por 100 pesos al señor Juan Boza, desconociendo su carrera militar. Sin embargo, cuando surgió otra intención de venta a principios de 1830, Joaquín se dirige al procurador general de la villa para hacer constar sus servicios y lograr la libertad que se encontraba asentada en los decretos republicanos desde 1816.

Mientras el tribunal solicitaba los testimonios de los soldados y capitanes que daban fe de la militancia de Joaquín, Juan Boza –el dueño del esclavo para el momento de la querella–

obstaculizaba al siervo agenciar su libertad al prohibirle abandonar sus ocupaciones hasta que cancelara los tres reales de jornal diarios que le correspondían. El procurador —el defensor y representante de los esclavos en pleitos judiciales— enteró de esta situación al tribunal, el cual determinó que Joaquín debía cumplir con sus jornales y comprometerse a no huir mientras el procedimiento estuviese abierto. Joaquín replicó que nunca dio motivos a su amo para que este sospechase su huida. Con respecto al pago de los jornales diarios, el esclavo señalaba que era injusto, no obstante, colocaba como fiadora a Juana Malpica, vendedora de la plaza, que se encargaría de pagar el dinero cuando él no se encontrase en condiciones de hacerlo. A pesar de que el dominio sobre Joaquín estaba por ser comprobado, estos arreglos del tribunal intentaban proteger los derechos de propiedad del señor Boza.

El juicio continuó y una de las primeras en declarar fue Candelaria Acosta de Vivas, la dos veces dueña de Joaquín, quien desde un principio dudó de los servicios prestados por el bozal a la República. Ella aseguraba que para 1814 el esclavo tenía 7 años de edad, lo que le impedía ser enlistado; además, cuando este se une a la emigración, la venta no había sido cancelada, pues esta sería pagada por medio de dos reales mensuales que el bozal obtendría de su trabajo con el señor Feliciano, trato que evidentemente se interrumpió con la partida de la familia Jiménez. Por esta razón, cuando se enteró del retorno de Joaquín al puerto de La Guaira en 1817 —después de la advertencia hecha por su compadre Santiago Torrealba— ella reconoció al siervo como parte de su propiedad, y en vista de que este no demostró ninguna oposición a esta determinación, ella dispuso de él y, un año más tarde, lo vendió por 100 pesos a Sebastiana Sosa.

Las afirmaciones hechas por la señora Candelaria fueron desestimadas por los seis testigos presentados por Joaquín, quienes atestiguaban la suficiente edad del bozal cuando este se incorporó al servicio. Entre esos testigos había tanto respetables oficiales republicanos como familiares del difunto matrimonio Jiménez. Además, las contradicciones en su declaración evidenciaban su indebida apropiación de la persona de Joaquín, como al asegurar que había comprado en 1811 o 1812 al muleque de cinco años por 280, cuando en realidad ese precio solo lo alcanzaba un joven de 13 años, pasando por alto el principio reconocido de que la improductividad de un niño esclavo disminuía su valor en comparación con aquellos que tenían entre 15 y 39 años.

El procurador, confiado de las positivas declaraciones y de la inconsistente defensa de Candelaria, pide consulta a los tesoreros administradores de la aduana —no para que decidan la suerte de Joaquín, porque en su opinión su libertad era un asunto evidente fuera de total discusión y privativo del corregidor cantonal— para que se determinase cuál era el dueño que merecía el pago de la manumisión de Joaquín, pues ante la numerosa sucesión de amos y las turbias formas de adquisición era difícil definir un beneficiario en particular. Los tesoreros, después de revisar el expediente, exponen que Joaquín, sin lugar a dudas, es meritorio de carta de libertad, no solo por los testimonios brindados sino también por la sangre que derramó en combate, tal y como lo comprobó la revisión hecha por el cirujano solicitada por anuencia del corregidor.

Ahora bien, para ellos el asunto era determinar quién debía pagar el valor de la manumisión de Joaquín. Ellos consideraron que el Estado no debía cargar con dicha deuda, pues los verdaderos dueños de Joaquín se encontraban muertos, y no quienes, posterior a la fecha de este desafortunado suceso, se decían dueños del siervo. Específicamente la Sra. Candelaria, quien «ocultó maliciosamente la edad del siervo y la venta que de él hizo Jiménez, para cubrir el fraude cometido venderlo lo que había vendido a estos, o *mas* bien dicho, lo que no era suyo». Ellos consideran que los Jiménez al no tener herederos, es decir, nadie que reclamara a Joaquín, este quedaba libre, no obstante, el astuto proceder de Candelaria lo impidió.

En cuanto a los dos últimos dueños de Joaquín –Sebastián Acosta y Juana de Dios Acosta–, los tesoreros explicaron que «… debieron antes de comprarlo examinar la legítima propiedad […] y pues no lo hicieron, piérdase el dinero que dieran por él…». En caso contrario, la opinión era que de los bienes de Candelaria Acosta se hiciese la indemnización a los incautos compradores. Cuando el escribano le informó esta consideración a la señora Candelaria, esta no se hallaba en su hogar, había huido a Cariaco. Las autoridades, por su parte, enviaron un comunicado hasta aquella lejana provincia donde la hallaron. A ella no le quedó más remedio que admitir su estado de pobreza y su incapacidad para responder a cualquier sentencia que implicara enmendar *económicamente la venta indebida del esclavo que ya no le pertenecía.*

Hasta aquí llega la huella de Joaquín. El expediente se encuentra incompleto impidiéndonos saber el desenlace de su solicitud. Ante este obstáculo solo nos queda hacer un comentario sobre la sentencia. Inferimos que Joaquín pudo obtener su declaratoria de libertad después de un largo y tortuoso periplo, esto lo desprendemos del comportamiento ya apreciado en las solicitudes anteriores, que siempre contaron al inicio con cierto grado de oposición por parte de las autoridades, pero que posteriormente, después de largos y tortuosos padecimientos, culminaba con en el otorgamiento de la carta de libertad.

Con el inicio de la Guerra de Independencia los bandos en pugna necesitaron de la *fortaleza y resistencia* de los esclavos y para lograrlo se les ofreció la libertad a cambio de la toma indefinida de las armas. Aquellos que atendieron este llamado abandonaron a sus familias, recorrieron miles de kilómetros a tierras desconocidas, fueron heridos en batalla y mataron con el propósito de ser merecedores de la gracia que les ofrecía indistintamente un rey ausente o una república por consolidar. Usualmente, los esclavos acreditaban sus servicios militares años después de haberlos prestado, principalmente cuando se veían en la necesidad de frenar las intenciones de sus antiguos amos, quienes pretendían regresarlos forzosamente a sus dominios. Este fue el principal motor de las peticiones aquí presentadas.

Algunos esclavos, asediados por el enemigo, regresaron al poder de sus amos interrumpiendo así su servicio; años más tarde intentarían demostrarlo ante los tribunales competentes, frente a la obstinada oposición de sus amos. Otros que sí se mantuvieron en la guerra y se salvaron tomaron por hecho su condición de hombres libres, pero la aparición y posterior reclamo de sus antiguos amos interrumpieron el goce pleno de sus libertades obligándoles a demostrar sus servicios a la causa patriota.

Rememoraron, entonces, ante los jueces de su localidades cada una de las contiendas a las que asistieron, tocaron las puertas de sus antiguos superiores pidiendo certificaciones, mostraron sus cuerpos desnudos a protomédicos para que reconocieran las cicatrices de las balas disparadas en el campo de batalla que atravesaron sus músculos.

Se desconoce la cantidad de esclavos que sirvieron a lo largo del conflicto independentista; se deduce que la libertad por medio del servicio de las armas contó con pocos beneficiarios. Antonieta Camacho en su trabajo introductorio para *Materiales para el estudio de la cuestión agraria (1810-1865)*, afirma que para el período 1821-1827 solo 41 esclavos fueron liberados por esta modalidad. A medida que la contienda bélica disminuía su intensidad y la victoria se inclinaba hacia los republicanos, las proclamas que una vez se hicieron por las necesidades de la guerra fueron reevaluadas y orientadas en fórmulas mucho más conservadoras que pretendían prolongar el sistema esclavista, especialmente después de disuelta la Gran Colombia. Por ello, el 25 de junio de 1835 la Secretaría del Interior y Justicia de la República de Venezuela sancionó a través del decreto *Quedan esclavos los esclavos que abracen el servicio militar,* los esclavos en consecuencia ya no podían ingresar al servicio de las armas, ni mucho menos obtener la libertad por este medio. La razón de esta decisión: el perjuicio que le provocaban a sus señores algunos esclavos que con poco tiempo al servicio se identificaban como libres, provocando desorden en sus familias y en las haciendas, convirtiendo de esta manera los cuarteles en *asilo de siervos delincuentes*. Con esto se ponía fin al mecanismo de obtención de libertad por la carrera de las armas vigente por casi 20 años.

Paradójicamente, el funcionario signatario de este decreto es Antonio Leocadio Guzmán, quien dos años antes se había dirigido al juez letrado de la provincia de Caracas a reclamar la indemnización de dos esclavos suyos –Antonio Arias y Pedro Guzmán– que se hallaban sirviendo en el batallón Apure desde 1822, mientras él se encontraba en el exterior. Por ambos recibió 600 pesos, después de un rápido y poco detallado procedimiento de avalúo[8]. El mismo Antonio Leocadio Guzmán, después, fue fundador del Partido Liberal venezolano, facción conocida tradicionalmente por la historiografía como la defensora de la abolición de la esclavitud.

Los esclavos estuvieron en la guerra de forma evidente y su presencia fue temida, no hay duda; pero este movimiento esclavo no se aventuraba más allá de la obtención de la libertad de un individuo. Aunque se hicieron sentir, no contaron con un plan ideológico diseñado por ellos mismos y su participación siempre estuvo dirigida por caudillos que les ofrecían libertad. No obstante, las historias de estos seis esclavos nos permiten conocer un pequeño fragmento de las experiencias a que estos hombres se sometieron y fueron sometidos con el único fin de ser reconocidos como hombres libres. Sus vidas y relatos son excepcionales frente a la gran mayoría de los esclavos que permaneció bajo el dominio de sus amos o pereció en el campo de batalla.

---

8   Archivo General de la Nación, Secretaría de Interior y Justicia, tomo XLVIII, 1832, expediente 36.

Fuera de combate

La mala hora

CERCA DE LA MEDIANOCHE DEL 3 DE NOVIEMBRE de 1818, una escena que motivó la intervención de las autoridades de la Capitanía General de Venezuela se verificaba en alguna de las calles de Caracas. José Francisco Hernández, sepulturero de la iglesia de Santa Rosalía, se hallaba tendido en el suelo[9]. Al percatarse de ello, una ronda de policía puso al pardo de 26 años tras las rejas de la Cárcel Real de la ciudad. Su encierro no se debió solo a la eventualidad de pernoctar en la intemperie. A juzgar por la palabra del reporte entregado por el comandante de la ronda ante el ministro asesor de la policía, no era la primera vez que Hernández era sorprendido durmiendo a deshora en la vía pública. Al sepulturero, además de estar inadecuadamente en las calles de la ciudad, se le acusó de «… vago, y ebrio de profesión…».

Al día siguiente, apenas se repuso de la resaca, José Francisco Hernández tuvo la oportunidad de exponer sus razones ante las autoridades que lo detuvieron. Luego de alegar que era persona conocida por todos los curas de las parroquias y mayordomos de las cofradías por su oficio de enterrador, y que vivía en compañía de una hermana suya, no tuvo empacho en reconocer que había sido sorprendido «… durmiendo en la calle porque había tomado

---

9   Academia Nacional de la Historia (en adelante ANH), *Sección Independencia,* «Autos contra José Francisco Hernández por vago (ebrio de profesión)», tomo 616, expediente 3130, 4 folios.

un poco de licor y le hizo daño…». Ante la confesión de la parte, la autoridad optó por indagar sobre la regularidad de sus libaciones y si sabía que tal vicio era «… pernicioso para la salud y la sociedad…». Este emplazamiento lo respondió el sepulturero con otra confesión de la que no cuesta colegir que la bebida formaba parte de su rutina de vida, porque dijo que «… sabe que es malo emborracharse y que el solo se embriaga cuando coge real de algún entierro pero no le hace daño a nadie, y lo que hace es meterse a dormir en algún escombro o en la pulpería donde lo coge la mala hora…».

La mala hora, suponemos, era la que marcaba cuando al sepulturero se le subían los tragos de guarapo fermentado a la cabeza. La comparecencia del imputado liberó a la autoridad de citar testigos que pudiesen certificar lo que ya había revelado. Por ello, Hernández fue sentenciado a dos meses de presidio por vía de corrección, durante los cuales debía dedicarse al trabajo en obras públicas.

En enero de 1819, luego de cumplir con la pena, José Francisco Hernández pidió que no se le enviase a cumplir con servicios al rey mediante su incorporación a algún cuerpo de milicia, alegando que era un hombre cuasi ciego, por lo que en otras ocasiones lo devolvieron de los cuarteles que le habían prendido para que cumpliera con el servicio de las armas. Después de oído el alegato y de cumplida su condena, el sepulturero fue dejado en libertad.

Amén de su negativa de ir al servicio militar, sustentada en sus impedimentos físicos, en el caso de José Francisco Hernández no aparece ninguna alusión al escenario de la guerra y sus protagonistas. Seguro que en tiempos como los que corrían en Venezuela cualquier excusa era buena para eludir el servicio de las armas, en este caso a favor del rey. Su causa, remachamos el dato porque no nos parece accesorio, discurre entre el cierre del año 1818 y el primer mes de 1819. Las noticias que se tenían en Caracas sobre el avance de la campaña del centro y las derrotas propinadas por el Ejército Libertador a las tropas comandadas por Morillo y La Torre no figuran entre las mortificaciones de Hernández, quien limita sus alegatos a la muy particular circunstancia en la que fue detenido.

En Caracas, como es sabido, reina la calma cuando tiene lugar el proceso contra Hernández por haberse pasado de tragos, toda vez que los combates de la Guerra de Independencia se libran en otros parajes de nuestra geografía. Caracas estaba por aquellos días en manos de las autoridades reales, por lo que todo lo relativo a la vida de los estantes y habitantes de la ciudad se procesaba conforme a las pautas manadas de la tradición monárquica. Pero, mientras Hernández se presenta ante las autoridades de la todavía existente Capitanía General de Venezuela para enterarse de la sentencia que le condenaba a dos meses de encierro, lejos de su comparecencia, en Angostura, se instalaba el Congreso que le demostraría al mundo que las banderas de la República no se afincaban solamente en el éxito de sus armas.

Que no se consientan vagabundos

Sin embargo, para la fecha en que discurre la causa contra José Francisco Hernández, así como el resto de los expedientes que veremos de seguidas, en Caracas aún manda el rey. Desde antiguo, las leyes de indias y las diversas normativas reales eran especialmente cuidadosas y severamente punitivas a la hora de referirse al tema de los vagos y mal entretenidos. En principio, se trató de alejar a los vagos públicos y notorios de los pueblos de indios, con el objeto de que no contaminasen con su irregular modo de vida a los habitantes originarios de América. Desde los días de Felipe II se ordenaba que: «Los Españoles, Mestizos, Mulatos y Zambaygos vagabundos, no casados, que viven entre los indios, sean echados de los pueblos, [...] y las justicias castiguen sus excesos con todo rigor, [...] y por el estrago que hacen en las almas estos vagabundos ociosos, y sin empleo, viviendo libre, y licenciosamente, encargamos a los Prelados Eclesiásticos, que usen en su jurisdicción cuanto hubiere lugar de derecho…»[10].

Más luego, las prevenciones contra las prácticas ociosas van a ser más puntillosas, en especial en lo relativo a los juegos de azar:

> Juntase a jugar en tablajes públicos mucha gente de vida inquieta y depravadas costumbres, de que han resultado graves inconvenientes y delitos atroces en ofensa de Dios nuestro señor con juramentos, blasfemia, muertes, y pérdidas de hacienda, que de semejantes distraimientos se siguen, demás de los desasosiegos, e inquietudes, que se han causado, perturbando la paz […] Mandamos a los Virreyes, Presidentes, Audiencias y Gobernadores y Justicias, que proveyendo el remedio conveniente, y necesario, haga castigar y castiguen los delitos cometidos en casas de juegos, y tablajes, conforme a su gravedad, y que cesen tales juegos, y juntas de gente baldía, y tan ilícitos y perjudiciales aprovechamientos…

Tales eran las disposiciones reales en materia de vagancia y de juegos de envite y azar que el rey hacía cumplir en sus dominios de América. Esta palabra, pronunciada por Felipe II en Aranjuez el 1 de noviembre de 1568, fue ratificada por Felipe III en 1628 y animó el resto de las prevenciones locales americanas a partir de la fecha, mediante las cuales las autoridades buscaban contener los excesos de los contraventores de las normas de paz pública y vida regular en policía.

En Caracas, como es sabido, funcionó la Capitanía General de Venezuela desde su restauración en 1814 hasta 1821. Esa es la razón por la cual las disposiciones que se aplicaban para procesar casos de exceso de bebida o de juegos prohibidos, en el lapso

---

10 «D. Felipe II en Aranjuez a 1 de noviembre de 1568. D Felipe III en la Instrucción a Virreyes de 1568», en *Recopilación de Leyes de los Reynos de Indias mandada a imprimir y publicar por la majestad católica del Rey Don Carlos II Nuestro Señor*, Madrid Impresora de dicho real y supremo Consejo, tomo II, 1943.

referido, se fundamentaban en las viejas disposiciones reales que buscaban alejar tales prácticas de la vida de los súbditos.

Esta misma prevención puede leerse en la *Gaceta de Caracas,* del 7 de abril de 1819, en bando publicado por Ramón Correa y Guevara, capitán general de Venezuela, en el cual advertía lo siguiente:

Siendo de eterna verdad que son incalculables los males que resultan del vicio del juego, para cuya satisfacción se cometen hurtos, pierden el pudor los jugadores y se sigue muchas veces la ruina de las familias; Su Señoría prohíbe severamente los juegos de suerte, así en público como en privado, bajo la pena extraordinaria de destinar para calzado del ejército, o para los caminos públicos, todo el dinero que se aprehendiere en las mesas de juego que fuesen sorprendidas[11].

El mismo bando, en otro de sus apartes, agrega que:

los Señores Alcaldes de Cuartel y Alcaldes de barrio celen hasta el extremo y no permitan vivir en sus distritos persona alguna que no tenga ocupación o ejercicio honesto; en la inteligencia de que si por omisión o descuido residiesen vagos en ellos y alguno los delatase, serán castigados los respectivos Alcaldes con la multa de cincuenta pesos, y que por mitad se aplicarán al denunciador, y al calzado del ejército o caminos públicos, condenándose los denunciados a uno de los dos destinos.

El documento remata previniendo en torno a la importancia del alumbrado de las calles, por lo que ordena a las pulperías, fondas, bodegas y posadas tener un farol a la calle, al tiempo que ordena a las gentes que circulen luego de las diez de la noche que es obligatorio llevar consigo una luz para ser vistos por las rondas de patrulla que los encontrasen.

---

11 *Gaceta de Caracas,* Caracas, miércoles 7 de abril de 1819, Nº 242.

Así mismo, se prohíbe correr toros o novillos sueltos por las calles, y se ordena a los vecinos barrer el frente de su casa todos los sábados de cada semana. Sobre diversiones, el documento sentencia que las lícitas y honestas se permitirían en «las horas en que cesan las tareas de cada uno», no sin antes prevenir a las autoridades de tales ejecutorias, con el objeto de «obtener su licencia por escrito, sin cuyo requisito serán corregidos los contraventores».

De modo que mientras enfrentan sin mucho éxito las arremetidas del Ejército Libertador, las autoridades de la Capitanía General se ocupan de velar por la buena marcha del orden público en los lugares de Venezuela en los que aún preservan modos de hacer valer la letra de sus disposiciones. Uno de ellos, como apuntamos arriba, es la ciudad de Caracas, que no ha sido alcanzada directamente por la guerra que se libra en otros lugares.

Por ello es que, en los años en los que se pelea la independencia en los Llanos y en el Oriente de Venezuela, en la ciudad de Caracas discurre la vida sin mayores alteraciones. Por ello es que en el archivo de la Academia Nacional de la Historia, así como en el resto de los lugares de resguardo documental de importancia de Venezuela, se consiguen papeles en los que se procesa gente que era sorprendida por las autoridades, bien fuese bebiendo, jugando, o ambas cosas a la vez. Por ello es que, en fechas tan sorprendentes como los días de la campaña del centro o en los días en que se reúne el Congreso de Angostura, la vida rutinaria de la ciudad dejó huellas susceptibles de animar una mirada cabal del tiempo de la independencia, en el que se conjuga la presencia de espacios colonizados por los plomos de la contienda con lugares ajenos a las incidencias que sellarían la suerte de la República.

Sin enmienda alguna

En el caso de Gregorio Velázquez no faltaron testigos de su mal proceder con la bebida[12]. Su primera detención fue el 14 de febrero de 1817, a manos del sargento mayor Antonio Guzmán, en Caracas, por las continuas noticias recibidas en torno «… del escándalo que daba en las calles, bodegas y pulperías con sus borracheras y raterías, el barbero pardo Gregorio Velázquez…».

Mientras se citaban los testigos de la conducta del barbero, se le confinó, igual que a José Francisco Hernández, en la Cárcel Real de la ciudad. Un vecino suyo, Manuel Arteaga, describe la conducta de Velázquez en los siguientes términos:

> … aunque tiene el oficio de barbero, no lo ejercita de continuo y anda hecho un vago sin asistir a su mujer y a sus hijos […] continuamente está borracho en términos que el declarante lo ha cogido algunas veces en la calle perdido de la embriaguez y lo ha estado en los Zaguanes: que el año pasado lo puso preso de orden el señor gobernador Quero porque quería matar a su mujer sin detenerlo el hallarse esta embarazada, que por librarse de él saltó una tapia…

De todas estas conductas, confiesa Arteaga, no se ha alejado el barbero pardo de 30 años. Lejos de distanciarse de la mala vida, Gregorio Velázquez está «… cada día peor, de suerte que ahora lo aprendió el declarante por orden del Mayor de la Plaza de resultas de una complicación que tuvo en el robo de una frazada…».

Felipe Ledezma ratificó lo testificado por Arteaga, señalando además que por informaciones que ha recibido sobre la conducta de Velázquez, sabe que este maltrata físicamente a su mujer y llegó, en medio de una de sus frecuentes juergas, a amenazar e intentar maltratos contra su propia madre. Este último episodio fue

---

12 ANH, *Independencia*, «Contra Gregorio Velázquez por embriaguez», tomo 564, expediente 2 837, 27 folios.

ilustrado por José Francisco Velázquez, médico de profesión, y hermano del imputado, quien confiesa que Gregorio «... se enfurece tanto que maltrata su mujer y familia y en una de ellas llegó a coger a su misma madre con una navaja de afeitar...».

Muchas habían sido las veces que José Francisco conversó con su hermano Gregorio, para que se alejara del vicio de la embriaguez, sin que su palabra hubiese dado resultado. De ello también da fe Clara López, esposa de Gregorio, quien confirma que su marido la ha maltratado en reiteradas oportunidades «de palabra y obra», amenazándola, en sus momentos más iracundos, de quererla matar. Confesó además que, cuando está sobrio, Gregorio trabaja en su oficio y la asiste cumpliendo con la manutención de sus hijos, pero «en los tiempos que se pierde con la bebida no le da nada». La frecuencia de las borracheras de su marido también las conoce Clara López al detalle. Al respecto dice que «... estará como un mes bueno, y otro mes o más dado a la embriaguez...».

De todas estas acusaciones se defendió Gregorio Velázquez al comparecer ante las autoridades que lo procesaban. En todo momento dijo ignorar las causas de su detención. Pero sí reconoció, ante alguna de las preguntas de las autoridades que «... lo más que ha dejado de trabajar es algunos días contados en que se divierte, tomando algún trago, cuando le ha apetecido, con sus amigos...». Su confesión dio pie al interrogador para auscultar en esta mala costumbre del barbero Velázquez, porque no se compadecía con el desconocimiento que alegaba sobre las razones de su encierro. Por ello le preguntó por qué razón abandonaba frecuentemente sus responsabilidades como barbero, por andar de borracheras, a lo que respondió Velázquez que siendo su oficio tan delicado, no se atrevía a ejecutarlo cuando se pasa de tragos «... por no quedar mal con las personas...» que solicitan sus servicios.

No es difícil colegir que por no herir a sus clientes con sus afilados instrumentos de trabajo o no trasquilar a algún desafortunado por la falta de pulso ocasionada por la borrachera, Velázquez se inhibía de ejecutar la barbería en estado de ebriedad. Además, Velázquez confesó que mientras andaba de farra, no visitaba a su mujer ni a sus hijos «… por vergüenza que le da ir en semejantes términos…».

En medio de su dedicación al vicio, Velázquez resulta un beodo de lo más pudoroso. De su familia se aleja por los estragos que en su presencia ocasionan las farras que protagoniza con frecuencia. También confiesa ser cuidadoso con su trabajo, toda vez que las condiciones requeridas para ejecutar su oficio de barbero exigían estar con sus sentidos bien puestos y alejado por completo de los efectos producidos por la intoxicación etílica.

Ante esta confesión, la autoridad resolvió mandarle a servicio, en calidad de practicante, en el hospital militar de Caracas por seis meses, tiempo en el que Velázquez debía dejar el vicio de la bebida, y atender los deberes que tenía como esposo y cabeza de familia.

La decisión de la autoridad colocaba a Velázquez en un lugar cercano a los eventos de la guerra. Pero, en la causa contra Velázquez nadie menciona las circunstancias políticas. Pareciera, en este como en otros casos revisados, que la guerra no estuviese sucediendo. No obstante, mientras Gregorio Velázquez yace borracho en los zaguanes de Caracas, se escenificaba la llamada campaña de Guayana. En enero de 1817 José Antonio Páez derrotó las fuerzas realistas en Mucurita y más luego Manuel Piar haría lo propio con las tropas comandadas por La Torre en San Félix. Santiago Mariño fue nombrado jefe del Ejército por el llamado Congreso de Cariaco, que se instala con 12 diputados, pero tiene que retroceder ante la embestida de las tropas leales al rey al mando de Pablo Morillo. Antonio José de Sucre y Rafael Urdaneta desconocen el mando de Mariño y se reúnen con Simón Bolívar en Angostura. En julio las tropas realistas salían definitivamente de Angostura. Desde allí el Libertador decretó el secuestro y la confiscación de los bienes españoles, declaró la libre navegación por el Orinoco, fundó el *Correo del Orinoco* y decretó la octava estrella de la bandera.

Pero no solo la bandería patriota atravesaba por momentos cruciales que la llevarían hasta la victoria definitiva. Tal vez el barbero Velázquez conoció directa o indirectamente las noticias que aparecían en la *Gaceta de Caracas* sobre los avances de las tropas realistas y otros sucesos coetáneos.

En la edición del día 1 de enero de 1817[13] aparece publicado el parte del comandante realista José Rodríguez Rubio para el capitán general, en el cual informaba su arribo a Barinas con cuatrocientos hombres que esperaba llegaran a dos mil, gracias a los refuerzos que vendrían desde Guanare y San Carlos, y a la incorporación de los hombres comandados por el coronel realista Sebastián de la Calzada. Con esa tropa, Rodríguez Rubio aspiraba dejar a Barinas libre de «víboras», calificativo que se utilizaba frecuentemente para referirse al ejército. También aparece en la *Gaceta* el resumen de los muertos, heridos y extraviados, producto de la acción militar adelantada por el coronel realista Salvador Gorrín en el pueblo de Camaguán, en el cual se informaba que habían diecisiete efectivos militares, tres capitanes y catorce soldados fallecidos, además de haber resultado heridos once efectivos militares y extraviados cerca de cincuenta y un realistas. Todas estas noticias se publicaron en la *Gaceta de Caracas* justo en el tiempo en que Gregorio Velázquez andaba en sus correrías, pero a él parecen no importarle mucho, toda vez que su vida discurre entre su oficio de barbero, cuando está sobrio, y el resto del tiempo lo pasa dado a la embriaguez.

No habían pasado tres meses de su retiro a servicio, cuando Fernando López, el comisario encargado de velar la conducta de Velázquez en el hospital, denunció que «… había notado varias veces [que Velázquez] se ha hallado embriagado sin bastarle los castigos que ha sufrido…», en suma: «… no se le ha conocido enmienda alguna…». Este testimonio fue negado varias veces por

---

13 *Gaceta de Caracas*, Caracas, miércoles 1 de enero de 1817, N° 109.

Velázquez, quien hizo en todo momento notar que «… nunca llegó a embriagarse en el tiempo que estuvo cumpliendo su condena…», además que: «… es falso el parte del comisionado, y que se portó en el hospital dando muestras de su buena conducta […] y que no obstante que el hospital no le pasaba sueldo alguno, socorría a su mujer e hijos con la ración que le pasaba y esa alguna otra cosa que arbitraba dentro del hospital».

Dado el contraste entre el testimonio del comisionado y la palabra de Velázquez, la autoridad resolvió, como punto culminante del caso, entregar a Velázquez en custodia a alguno de sus parientes, por tratarse de una persona que, vistas sus limitaciones físicas y sus problemas de conducta, no debía corregírsele mediante el servicio de las armas o los trabajos de obras públicas. Así, se evitará que ande «… casi desnudo, y de taberna en taberna siempre ebrio como ha andado…».

La sola ebriedad y el ocio sin remedios, en algunas ocasiones, podía ser reprimida con trabajos en obras públicas o con el servicio de las armas. En el caso del barbero pardo, por su reiterada amistad con la bebida y su actitud poco proclive al trabajo, aunada a ciertas dolencias físicas, la autoridad optó por colocarle a buen resguardo en casa de algún familiar o allegado, que velase por su buena conducta en adelante.

El desenlace del caso ocupa la mirada del historiador toda vez que, en tiempos en que el concurso de hombres jóvenes como Velázquez era requerido para reforzar las tropas del rey, este no fue reducido al servicio de las armas. Tal vez las limitaciones físicas de Velázquez lo inhabilitaban para protagonizar un desempeño honroso en las faenas militares. O tal vez se le excluye de la milicia porque no convenían borrachos en los frentes de guerra. En todo caso, en lugar de ir a las líneas de fuego, Gregorio Velázquez fue confinado a la custodia de un familiar, responsable ante las autoridades de garantizar su necesaria enmienda de la mala vida que acostumbraba a llevar.

Un acaloramiento de la bebida

En ocasiones, los efectos del alcohol se traducían en pleitos en los que afloraban las diferencias de calidad de los bebedores. Ello se desprende del testimonio de Felipe Meneses, moreno esclavo de doña Isabel Meneses y de oficio albañil, puesto tras las rejas de la Cárcel Real de Caracas, cerca de las siete de la noche del 6 de noviembre de 1818 por Pablo López, tambor mayor[14]. El punto es que el moreno Felipe, la noche de su aprehensión, tuvo una riña con el indio José Antonio Rodríguez, natural del pueblo de Baruta. La razón del altercado fue que, en varias oportunidades, el indio José Antonio invitó unos tragos a María Leonor Torrealba, india y mujer del moreno Felipe.

Las cosas fueron así: el indio José Antonio se consiguió en la pulpería con la india María Leonor. Allí la convidó a tomarse un guarapo con él. María Leonor se negó a aceptar la invitación del indio José Antonio, por lo que este, visiblemente molesto por la negativa de la india, le contestó que el favor se lo hacía él al brindarla.

María Leonor le contó inmediatamente a su marido lo que le había pasado en la pulpería, narrándole los pormenores de la invitación que le hiciera el indio José Antonio. Por este motivo, el moreno Felipe en la primera oportunidad que tuvo le reclamó al indio de Baruta lo que le había dicho a su mujer, y le pidió que no invitara más a María Leonor a tomarse ningún aguardiente en ninguna parte. Cosa que era de esperarse, porque la india María Leonor era su legítima esposa. En esa ocasión, según se puede colegir del expediente, la cosa no pasó de las palabras. Por ser conocido de Meneses, como veremos más adelante, el indio José Antonio dio por buena la palabra de su contertulio y el asunto no pasó a mayores.

---

14 ANH, *Independencia*, «Contra Felipe Meneses por embriaguez y vago», tomo 630, expediente 32 222, 10 folios.

Pero José Antonio se quedó con la espina del chisme con el que le fue María Leonor a su marido. Por ello, apenas se la consiguió, le reclamó que le hubiese ido con el cuento al moreno Felipe, además de decirle que: «… si no tiene presente que si ella hubiese sido india de su pueblo, [de Baruta] la licencia que le había dado para casarse con [el moreno Felipe] hubieran sido cien látigos…».

La respuesta del indio José Antonio desnuda la sensibilidad de la época respecto las diferencias entre indios, zambos y mulatos, como se verá con más detalle en el artículo «Amores contrariados», en este mismo libro. Para un indio como José Antonio, era una ofensa grave a su calidad que María Leonor, india igual que él, se hubiese casado con un negro como Felipe Meneses. No se trata en este caso, como era moneda corriente por aquellos tiempos, de gente blanca que busca mantener alejadas tanto social como familiarmente a personas de inferior calidad, como sucedía con los matrimonios que podían ser impugnados por la parentela de alguno de los contrayentes por perjudiciales a familias de buena estima. No se trata de gente principal, acusándose de estar emparentada con gente de precaria condición, como eran consideradas en aquel tiempo todas las criaturas surgidas de la mezcla con negros esclavos. Se trata de una riña en la que se dejan colar las mismas pautas de una sociedad jerarquizada, pero entre gentes del común, como lo son José Antonio y María Leonor. Para el indio de Baruta, la licencia que le hubiera dado a la india María Leonor por cometer el desatino de casarse con un negro como su marido Felipe Meneses, hubiese sido de cien látigos, al menos.

Más vale que no. María Leonor le fue de nuevo con el cuento a su esposo. Irritado por este comentario, Felipe salió iracundo de su casa en pos del indio José Antonio. Al conseguirle en otra pulpería, ubicada en la esquina del Calvo, la emprendió contra él, cortándolo en el pecho y en un dedo de la mano, según lo atestiguó el propio indio de Baruta en las declaraciones del juicio, porque dijo que: «… es cierto que Felipe Santiago Meneses le dio unos palos y le cortó en el pecho y un dedo en la pulpería de la esquina del Calvo en presencia del pulpero…».

Más adelante, sobre lo dicho a María Leonor en relación con los azotes que se le hubiesen propinado en Baruta por casarse con un moreno, el indio José Antonio señaló: «… que es verdad que esta especie la dijo el declarante, pero no a la citada Leonor, sino a otra india llamaba Rosalba vecina de esta ciudad…».

Una vez tomados estos testimonios, compareció ante las autoridades don Joaquín Torres, pulpero de la esquina del Calvo. El pulpero reparó en lo sucedido del modo que sigue:

> … que habrá más de dos meses que hallándose en la pulpería el Indio José Antonio Rodríguez y Felipe Meneses, poco más de las ocho de la noche, hubo entre ellos un altercado sobre que aquel había brindado a la mujer de Meneses, y sobre que había dicho que si ella fuera de Baruta […] le hubiera dado cien azotes antes de casarse con Felipe por ser ella india y Felipe negro, resultando de este altercado haberle dado unos palos al indio con lo que se concluyó aquella pendencia: que pocos días después de esto estuvieron ambos en la íntima pulpería ya reconciliados y amigos y se brindaron […] con bastante alegría…

De pronto, la versión de don Joaquín Torres perseguía salvar la reputación de su negocio y la bondad de los víveres y bebidas que expendía al detal, del altercado protagonizado por gentes de baja esfera entre quienes brotaron los valores de la tradición al aparecer las diferencias de calidad en un pleito de celos catalizado por la bebida. A lo mejor el cierre de su testimonio pretendía que el moreno Felipe quedara en libertad, previo acuerdo con este y con el indio José Antonio. El punto es que el doctor Juan de Rojas, comandante de la plaza ocupado de resolver el caso, prestó más atención a lo dicho por el pulpero que a lo testimoniado por los querellantes.

El 5 de enero de 1819, sin hurgar más en los detalles de la escaramuza entre el indio y el moreno, el comandante de la plaza dispone que:

> En atención a que de las declaraciones que hice a los testigos [...] no resulta criminalidad, ni indicios que deban temerse, sino que la pequeña cuestión que causó este procedimiento provino únicamente de un acaloramiento de la bebida, me parece que en este estado debe cortarse esta causa, declarando con juzgado algún exceso de Felipe Meneses con la prisión de más de dos meses que ha sufrido y mandando que pagadas las costas del mismo se le ponga en libertad...

Felipe Meneses salió en libertad luego de dos meses de reclusión. Un arreglo amistoso puso fin a un altercado, en el que se hizo evidente la sensibilidad en torno a las calidades entre gente de los escalafones inferiores de aquella sociedad, sin que la transgresión al orden ni las alusiones a la guerra mediasen en el conflicto.

Beodos reincidentes

Entre los fundamentos más socorridos a la hora de tasar la infracción por beber, la vergüenza ocupa un lugar privilegiado. La vergüenza que da ese estado de deterioro físico y extravío mental constituía un argumento recurrente entre quienes negaban su afecto por la bebida o entre aquellos que acusaban a los imputados por excesos en su vínculo con las copas. Tal es el caso de don Antonio Martel, teniente justicia mayor de El Tocuyo, contra quien se abrió una causa por su continuo estado de intoxicación etílica[15]. En el caso de Martel las acusaciones se agravan, puesto que se trata de un teniente justicia mayor en ejercicio por los días de abril de 1816. El justicia mayor, valga recordar, era el funcionario

---

15 ANH, *Independencia*, «Criminales contra Don Antonio Martel (Teniente Justicia Mayor del Río del Tocuyo) por embriaguez», tomo 751, expediente 3 844, 9 folios.

encargado de hacer cumplir la ley y de administrar justicia en el pueblo de su adscripción, en este caso se trataba de El Tocuyo. Por ello el incidente no deja de escandalizar a la autoridad encargada de procesar el caso, quien expresa su estupor del modo que viene de seguidas:

> El Fiscal encuentra inconcebible como el juez mayor de un pueblo, embriagado muchas veces y meado en medio de la calle, no fuese en este acto repetido el objeto del lúdico público y un farsante, por decirlo así, en cuyo rededor se viesen los vecinos, las muchachas, las mujeres, los vagos, los pillos que nunca faltan, y todos o casi todos burlándose unos, y compadeciéndose otros de aquel espectáculo tan digno [...] de lástima del hombre sensible...

A Martel, luego de un largo juicio lleno de inconvenientes, se le separó de su cargo. En el caso de José Abrantes, otro imputado procesado por embriaguez en Caracas el 16 de abril de 1819, el acusado alega que: «... no toma licor con frecuencia, sino uno que otro día, y eso a no embriagarse, y dar que decir por la calle...»[16]. Por ser su oficio platero y figurar como una de las acusaciones en su contra el hecho de abandonar la jornada laboral por andar de farra, se le encomendó su persona «... a Rafael Díaz, con encargo de mantenerlo en el mismo oficio, cuidar su conducta, y de separarlo del vicio de la bebida, dando parte a este tribunal, en caso de reincidir en iguales excesos...».

En este caso, como en los demás, aparece una ciudad imperturbable ante las noticias de la guerra. Por aquellos días Bolívar ya había asumido el mando en Apure y, luego de la derrota propinada por Páez a los batallones del rey en las «Queseras del Medio» el 2 de abril de 1819, se aprestaba a cruzar los Andes con el objeto de invadir la Nueva Granada.

---

16 ANH, *Independencia*, «Contra José Abrantes por vago», tomo 686, expediente 3470, 7 folios.

La *Gaceta de Caracas* ofrecía algunos pormenores de las incidencias propias de la disputa política que se escenificaba en Venezuela. El 31 de marzo de 1819[17], por ejemplo, apareció un suplemento especial de la *Gaceta*, que se refirió al Congreso de Angostura en los siguientes términos:

> ¿Qué pueblos nuestros han dado poderes a esos cuatro miserables para que huyendo de nuestra fidelidad se reúnan en uno de los ángulos más distantes de nuestro territorio: formen una junta extravagante y ridícula; la denominen Congreso general de Venezuela; se titulen representantes de sus diversos distritos; se llamen sus legisladores; y aparezcan ante todas las naciones arrogándose un carácter, cuyo origen era tan falso?

Estos juicios sobre el Congreso de Angostura fueron acompañados en la *Gaceta* publicada el miércoles 14 de abril de 1819 por una noticia pormenorizada de los tropiezos del mariscal realista Miguel La Torre en las zonas aledañas a San Fernando de Apure[18]. Como nota curiosa, conseguimos en la misma edición una serie de pequeños avisos que anunciaban la venta de una hacienda de caña junto al pueblo de Guarenas, la salida desde La Guaira hacia Cádiz del bergantín *Nuevo Palomo,* el inventario de medicinas de un comercio también ubicado en La Guaira regentado por el señor Gerardo Patrullo y la disponibilidad de un libro sobre el método de cultivar café en la librería de Juan Rey, por siete reales.

De seguro José Abrantes echó un vistazo a este ejemplar de la *Gaceta de Caracas* en sus horas de reposo de su oficio de platero, pero de pronto regó la lectura de la *Gaceta* con algunas de las bebidas que solía consumir. Acaso y Abrantes, igual que la gente que interpelamos para este trabajo, sean muestra de aquellos individuos que lograron sortear las contingencias del tiempo que les tocó presenciar en abono de momentos de solaz. Acaso y

---

17 *Gaceta de Caracas*, Suplemento Especial, miércoles 31 de marzo de 1819.
18 *Gaceta de Caracas*, miércoles 14 de abril de 1819, Nº 243.

sean muestras de vidas que permanecieron de espaldas a la suerte política y militar que se jugaba en otros parajes de nuestra actual geografía.

Otro ejemplo de lo que venimos mostrando fue el de José Antonio Olantes, un curazoleño cincuentón y de oficio cocinero que también fue objeto de las indagaciones de las autoridades de la época por su costumbre de empinar el codo[19]. Su causa se inició cuando una partida de policía le recogió del suelo la noche del 5 de marzo de 1819. Poco antes de ser sorprendido por la comisión que le puso a resguardo en la Cárcel Real de Caracas, Olandes confesó haberse tomado: «... un huevo de anisado, que no le hizo daño y que no tiene semejante vicio...». En vista de su edad, el tribunal resolvió dejarlo en libertad, no sin antes prevenirle sobre lo inconveniente de andar tomando anís en medio de la calle. Tampoco hubo alusiones al escenario de la guerra. Tal vez no tendría por qué haberlos, toda vez que se trata de casos de gente de mala vida, a quienes no parecía interesarles el derrotero de nuestra vida política.

A José Manuel Capote, blanco de más de cincuenta años, labrador y vecino de Macarao, también lo agarraron pasado de tragos el mediodía del 1 de febrero de 1819 en la Plaza Mayor de Caracas[20]. A una ronda de policía le pareció que Capote no andaba en sus cabales cuando fue conminado a permanecer en la Cárcel Real de la ciudad. En efecto, ante los requerimientos del interrogatorio, Capote confesó que: «... sólo había tomado antes de prenderlo y después de haber almorzado, un huevo de aguardiente [...] que no le hizo daño, porque se hallaba muy cabal en su juicio cuando le trajeron a esta real cárcel, y que no es hombre que acostumbra andar ebrio, aunque toma licor cuando se lo pide el cuerpo, principalmente en su labranza...». De lo dicho por Capote dio fe el teniente justicia mayor de Macarao, quien además aseguró

---

19 ANH, *Independencia*, «Asunto contra Narciso Oriola y don Antonio Olandes por embriaguez», tomo 762, expediente 3 899, 3 folios.

20 ANH, *Independencia*, «Contra Manuel Capote por vago», tomo 711, expediente 3 615, 5 folios.

que Capote «… tiene una labranza en la que se ocupa, y de ella sostiene a una hija y dos nietecitos, uno de ellos está muy enfermo y que su conducta es buena mediante a que nunca ha tenido quimera con ningún vecino, que se suele tomar algún licor, pero no por eso se propasa ni usa ninguna demencia…». En virtud de lo dicho por el justicia de Macarao, a José Manuel Capote se le puso en libertad siete días después de haber sido detenido.

Otro caso similar es el de José Gerónimo Acosta, vecino de La Vega, soltero de cuarenta años y de oficio labrador, quien se vino a Caracas en febrero de 1819 a curarse «… de una cortada que tiene en la barba en casa del cirujano Vicente Carrillo…»[21]. Al llegar a la casa de Carrillo, le dijeron que el cirujano no se encontraba. Que tardaría unas horas en retornar a su hogar, que a su vez era su lugar de trabajo. Urgido de los servicios del barbero, José Gerónimo decidió esperarlo. Cosa razonable, tomando en cuenta el tiempo de viaje que mediaba entre Caracas y La Vega por aquellos días. Si se había venido a Caracas, había que aprovechar el periplo. Por ello decidió acercarse por una de las pulperías que expendía guarapo. Allí haría tiempo para luego acercarse de nuevo a la casa del precitado barbero. Pero, de regreso de la pulpería y antes de llegar a la casa de habitación y morada de Carrillo, fue apresado por el teniente José Conde, tantas veces citado en estos documentos, cuando transitaba por la esquina Principal porque, según confesó el propio Acosta: «… había tomado un poquito de Aguardiente…». A pesar de su desliz con los tragos ese día, al ser interrogado, José Gerónimo Acosta negó toda cercanía rutinaria con el vicio de la bebida, toda vez: «… que sabe que es delito andar ebrio, pero que […] no lo hace con frecuencia sino una que otra vez porque regularmente está en su trabajo…».

José María Pérez, llamado a comparecer en el juicio en calidad de testigo, ayudó a su manera al labriego Acosta porque

---

21 ANH, *Independencia*, «Contra José Gerónimo Acosta por vago», tomo 686, expediente 3 472,8 folios.

dijo que: «… sobre su conducta solo ha restado que acostumbra embriagarse, pero que cuando se separa de este vicio es sujeto aplicado al trabajo personal del que se mantiene…». De esto último dieron fe el resto de los convocados al proceso, por lo que la autoridad resolvió dejar en libertad al labriego Acosta, no sin antes persuadirle en torno a los perjuicios que supone: «… el uso excesivo de licores…».

De seguro, en tiempos de guerra no era muy conveniente, como colegimos líneas arriba, dedicar parte del espacio destinado al encierro de contraventores en encarcelar bribones menores. De pronto y los recursos y espacios ocupados por las autoridades de la Capitanía General aún imperante en Caracas, debían ser destinados a usos más vinculados con la suerte de lo que se peleaba a sangre y fuego en otros parajes de Venezuela. Pero el procesamiento de gente como José Gerónimo Acosta no deja de desnudar la vida de una ciudad para la que, al parecer, no estaba pasando mayor cosa, pese a los pormenores sobre la guerra ofrecidos en las ediciones de la *Gaceta de Caracas*. Las huellas dejadas por José Gerónimo Acosta, igual que las de la gente de la que venimos hablando, dan cuenta de individuos que lograron mantenerse alejados de las perturbaciones ocasionadas por el conflicto bélico.

De conducta ruidosa y perjudicial

Pero el final de estas historias no siempre terminaba con la libertad de los imputados. Si bien las penas por borracheras eran cortas de encierro, por lo regular se cumplían al pie de la letra. Tal cosa ocurrió al pardo libre Justo García, quien fue denunciado por Francisco Flores y Ramón Vargas en Caracas el 16 de junio de 1819, por ser persona, como podríamos decir hoy, de mala bebida[22].

---

22 ANH, *Independencia*, «Contra Justo García por vago y ebrio», tomo 729, expediente 3738, 11 folios.

Así lo ofrece el testimonio de Ramón Vargas, uno de los denunciantes quien, luego de aclarar que conoce a Justo García prácticamente desde la infancia, apunta que: «... le consta suficientemente que su conducta es ruidosa y perjudicial [...] porque [...] provoca [...] a pleitos y desazones...». Los lugares en los que Justo García entra en cólera y arremete contra la gente, son las pulperías. Ramón Vargas, además de denunciante de García, es el dueño y regente de la pulpería ubicada en la esquina del «cacho». En ella Justo García «... trató de aporrear...» a dos mujeres que estaban despachando por el simple hecho de que estas intervinieron en el altercado que García protagonizaba con otro cliente. Las dos despachadoras, hermanas consanguíneas, ofrecieron su testimonio para corroborar lo dicho por Vargas.

Una de ellas, María Josefa Pacheco, al ser interrogada expuso lo siguiente:

> ... que es verdad que una noche a eso de las ocho y principio del mes de junio se presentó en la pulpería [...] donde despacha la exponente Justo García, y allí trató de pelear y aporreó a otro hombre, y habiéndose puesto a pleito la declarante y su hermana Hermenegilda Pacheco, se encargó a ellas dicho García queriendo atropellarlas, saltando el mostrador lo que no consiguió porque otro hombre que estaba a la sazón en la pulpería también se opuso, y ayudó a echarle fuera de la casa...

Francisco Flores, el otro denunciante, no se queda corto a la hora de ofrecer el itinerario habitual de García, porque: «... no le conoce otro oficio, ni ha ejercitado sino vagando por las pulperías de la Pilita de Rodríguez, el Mamey, el Cacho y la Cocheza, buscando pleito frecuentemente a los que ocurren a buscar despacho por su carácter ruidoso y quimérico...».

Las declaraciones de Justo García, por parcas, no vale la pena reproducirlas. Su comparecencia se limita a negar con pocas palabras todas las aseveraciones de los testigos y los denunciantes, pero sí vale la pena echarle un ojo a lo aportado por Ana Lucía Figuera, en defensa de García. Dijo Figuera ante el tribunal: «… que conoce muy bien al preso Justo García, que no es un vago de profesión en su concepto porque se ejercita en labranzas inmediatas, como que ha sido peón de la exponente y que lo cierto es que cuando coge algunos reales se está sin trabajar hasta que no los consigue».

De modo que, según el parecer de Ana Luisa Figuera, la conducta de García no dejaba nada que desear. Se trataba de un labriego a destajo que empleaba su fuerza de trabajo para ganar algún dinero, una vez que las reservas de su bolsillo se terminaban. Cuando los reales que se ha ganado se le terminan, Justo García vuelve sobre las faenas que le proporcionaban lo suficiente para vivir. En contrario de las declarantes anteriores y de los denunciantes, el proceder de García, de acuerdo con lo aportado por Ana Luisa Figuera, se arreglaba a las solicitudes de la vida arreglada.

El fiscal de la causa, el doctor José Montenegro, apoyado en el testimonio de los denunciantes y testigos, solicitó la reducción de la pena a García a cuatro años al servicio de la Marina Real. A esta petición le salió al paso don José Rivero, defensor de Justo García en el juicio. Su defensa vale revisarla en detalle, por las valoraciones que deja ver de una sociedad trastocada por las innovaciones propias de su tiempo. Dijo don José Rivero:

> Bien meditado, y examinado el expediente, no encuentro que Justo García sea acreedor a sufrir la pena, que quiere el Fiscal se le aplique: porque ni los hechos que se le acusan están justificados, ni se contraen a otra cosa que a la embriaguez, sin que hasta ahora haya habido quien se atreva a decir algún resultado fatal de ella. Y aunque las Pachecos trataron en sus declaraciones a incriminar la que añaden tenía aquel, la noche que se cita, nada en particular detallan y dan a entender en ellas ninguna afección […] Por otra parte, está convencido, por la declaración de Ana Luisa Figuera, que lejos de ser Justo García un vago, se ejercita en sus labranzas, y el que invierta los reales que produce su trabajo en comer y beber no es

delito, porque a cada uno le es lícito hacer lo mismo con lo que se adquiere por medios lícitos y honestos…

Vamos por partes: si bien las bebidas son un vicio, no son tan fatales en el caso de García, porque de los testimonios no se desprende que el imputado, en trance de borracho, haya ocasionado daño físico a ninguno de los declarantes. Con lo que la agresión física es más grave, en el argumento de Rivero, que el vicio de la libación, ahora atenuado por las circunstancias en las que se verifica.

Pero, si el beodo es trabajador regular, así sea por temporadas como es el caso de García, y lo que invierte en aguardiente es el producto de sus faenas, entonces no hay delito. Vale decir, según el argumento del moderno doctor Rivero, es una decisión individual en qué se gasta o se deja de gastar lo que bien se gana con trabajo. Si García labora lícitamente y se bebe el producto de su trabajo, ese es muy su problema, porque es lícito que los individuos inviertan lo que ganan con su esfuerzo personal en lo que se les antoje.

Esta noción, en nada ajustada a los mandatos del rey, sirvió para que la pena de cuatro años no se le aplicara a García, sino una mucho menor. En efecto, la autoridad «… administrando justicia le condena por tiempo de corrección a los trabajos públicos por tiempo de seis meses, apercibiéndosele a un ejercicio útil, absteniéndose de la embriaguez y de la provocación de pleitos se le escarmentará con el rigor que corresponde…».

De seguro, las razones esgrimidas por el doctor Rivero sirvieron para atenuar la pena aplicada a García. Pero tal vez los espacios destinados a encierros debían emplearse en alojar a los imputados por faltas más graves que las señaladas en esta causa. En todo caso, la resolución final de la autoridad no guardaba mucha relación con las puntillosas prevenciones que, sobre estas prácticas, se aplicaban desde antiguo en los dominios españoles de América.

Jugando en días de trabajo

Un argumento similar al utilizado en el caso de Justo García salió a flote en el proceso adelantado contra los pardos Dionisio Aristiguieta y Francisco García, por haber sido sorprendidos jugando barajas frente a la carnicería de Caruata, el martes 26 de enero de 1819[23].

El hallazgo lo hizo Pablo López, sargento de patrulla, el día mencionado cerca de las tres de la tarde. Apenas se percató el sargento del mal entretenimiento de los pardos, los puso a la orden de la justicia en la Cárcel Real de Caracas.

Al momento del interrogatorio aplicado por los fiscales designados para el caso, José Dionisio Aristiguieta, pardo de 46 años y vendedor de pescados y verduras en un rancho de la Plaza Mayor, hoy Plaza Bolívar, confesó haber estado jugado naipes con el otro detenido y con un mozo que supo escabullirse de la mano de la justicia. Ello lo hizo en un escombro, muy cerca de la carnicería de Caruata, a la hora que señaló el sargento Pablo López en el reporte sobre el caso. Además, confesó que el naipe incautado era de su propiedad.

Ante la pregunta sobre si sabía que era perjudicial jugar en horas de trabajo y mucho más si lo hace con hijos de familia, Aristiguieta se disculpó señalando que: «no fue con el ánimo recto de ponerme a jugar en aquel lugar, sino a comprar un real de carne, y mientras lo despachaban en el mercado trató de divertirse con otros».

Francisco García, pardo libre, soltero y de apenas quince años de edad, era de oficio carnicero. Más específicamente, se dedicaba a «matar ganados en las carnicerías de esta ciudad» y, últimamente, lo había hecho al servicio del expendio de carne de Caruata. Su testimonio certifica lo dicho por Aristiguieta, en el

---

23 ANH, *Independencia*, «Contra Dionísio Aristiguieta y Francisco García por vagos», tomo 693, expediente 3515, 11 folios.

sentido de reconocer que había sido sorprendido por una patrulla de policía jugando naipes en un escombro situado al frente de la carnicería de Caruata. Al momento de percatarse que la patrulla de policía les había sorprendido, García se guardó el puño de naipes que tenía en sus manos, igual que el resto de los jugadores, algunos de los cuales, según su declaración, salieron corriendo y lograron burlar la persecución policial.

Pero García soltó un alegato a su favor que sería tomado en cuenta por la autoridad al momento de dictar sentencia. Preguntado acerca de si sabía que tal actividad era perjudicial, más «cuando a las tres de la tarde, debía estar ocupado en el trabajo» dijo, luego de confesarse enterado que tal juego era delito: «que a las horas, que se había puesto la diversión, el declarante había concluido su trabajo de ese día, y estaba desocupado».

De seguidas, Pedro Freites, José Cabrera y Rufino Gil, canarios de origen, certificaron el carácter laborioso de Dionisio Aristiguieta, a quien dijeron conocer por ser el regente de un puesto de venta de pescado en el mercado de la Plaza Mayor, sin que de su conducta pudiera desprenderse la menor noticia de ser un vago o un mal entretenido. Rufino Gil se detuvo en la defensa de Aristiguieta y dejó sentado que al imputado: «… no le ha conocido ningún vicio, ni ha tenido desavenencias con él por razón de su conducta. La que ha sido buena: y que atribuye, según el concepto que tiene de él […] que no es hombre que se defiende en semejantes diversiones».

Los testimonios de Freites y Gil aplacaron la sanción final de la autoridad. Porque si bien Dionisio Aristiguieta y Francisco García fueron sorprendidos jugando barajas frente a un expendio de carne, las referencias de quienes trataron con ellos al margen de estas correrías los colocan como gente de buen proceder, por lo que no era dable tejer habladurías de ninguna especie. Por ello, la autoridad declaró por compurgada con el encierro ya pagado por los contraventores: «… el exceso […] de estar jugando naipes en días de trabajo junto a la Carnicería de Caruata, cuando en tales días se prohíben aún los permitidos por lo que induce al vicio, y a la ociosidad y distrae a los jornaleros en sus labores: póngasele [a los imputados] en libertad, apercibiéndosele que en caso de reincidencia serán castigados con más rigor…».

Llama la atención las razones que alega la sentencia para justificar el desenlace de la causa contra Aristiguieta y García. Más que la sanción contra el juego, el delito estriba en distraerse en horas de trabajo. De modo que la correcta atención que requieren las faenas laborales, comienza a figurar en el razonamiento de la justicia a la hora de tasar y sentenciar las faltas de los procesados por estos delitos. Lo mismo vale para el caso del alegato de don José Rivero, el defensor de Justo García. Pese a ejecutar una partitura fundamentada en las notas de la antigüedad, como lo son las prevenciones vigentes contra los vagos y maleantes notorios, de las que hablamos al comienzo, los alegatos de las partes y de las autoridades encargadas de sancionar los juicios entreveran los primeros atisbos del ingreso de la sociedad venezolana a las nociones del mundo moderno.

Como ranas a la orilla del pozo

Las prevenciones de las autoridades contra la vagancia no solo alcanzaban a quienes consumían en cantidades excesivas brebajes susceptibles de alterar la percepción de los sentidos y la conducta de quienes los ingerían. El caso de Pablo Noguera, pardo libre y jornalero, natural de la Sabana de Ocumare y de treinta y dos años, puede arrojar luces sobre la forma como eran procesados aquellos sujetos aficionados al naipe, por ejemplo[24].

En este expediente llama la atención lo apuntado por Manuel González Linares, alcalde encargado de procesar el caso

---

24 ANH, *Independencia*, «Sumaria justificación contra Pablo Noguera sobre averiguar si es vago», tomo 857, expediente 4 429, 9 folios.

verificado en Caracas el 21 de octubre de 1820, porque según sus palabras, es tarea urgente la «… aprensión de vagos, y mal entretenidos…», toda vez que: «… por desgracia abunda en esta capital…» ese tipo de gente. ¿A qué tipo de gente se refiere el alcalde González Linares? ¿Quiénes son los que convocan el concurso de las autoridades para su pronta aprehensión, y que viven perturbando la vida regular de la ciudad? Pablo Noguera, según la comparecencia de don José Toro, era uno de ellos. Noguera fue arrestado por don Rafael Castillo en la esquina de Merenguero y se le condujo al cuartel de Capuchinos y luego a la Cárcel Real de Caracas. De la conducta de Noguera, refiere don José Toro lo que viene de seguido:

> … aunque no es un hombre de malo ni escandaloso ni que el declarante sepa que le haya hecho daño a persona alguna, le consta que es verdaderamente vago por como ha dicho no tiene oficio conocido, y se le ve a todas horas paseando las calles parándose en las esquinas y jugando naipe, ya en las pulperías, ya en lugares excusados de la población y últimamente, para confirmación de lo dicho, carga barajas consigo y dentro de la copa del sombrero, que también sabe como cosa notoria en el barrio de Candelaria que ha tenido algunas amistades o amancebamientos escandalosos de los que aunque se separó mantiene otro en el día con una tal Petronila y sabe el declarante que esta ha dicho que si la causa de la prisión de Noguera no es otra que su amistad, está pronta a casar pues así se lo ha significado al deponente…

Petronila, con tal de ahorrarle a Noguera la mala racha de seguir en prisión, le dijo a don José Toro que ella se casaría con él. Que todas las cosas estaban a punto para las nupcias, por lo que su prometido no debía seguir tras las rejas. Pero, como no era la mala amistad con Petronila lo que tenía a Noguera en la Cárcel Real de Caracas, la citación de testigos prosiguió, mientras el imputado veía correr los días del almanaque tras los barrotes.

A ello contribuyó el testimonio de don Estaban Rojas, quien dijo de Noguera que: «… no se le conoce oficio ni beneficio y siempre le ha visto paseándose días de fiesta y trabajo a horas en que debía estar empleado en alguna ocupación, que sabe que juega baraja, pero ignora si tiene o no otro vicio…». La gravedad de la declaración de Rojas no solo descansaba en la mala propensión de Noguera por el mundo de lo lúdico, sino en el hecho de que ocupase las horas de trabajo en semejantes actividades. De modo que su testimonio agrava la causa contra Noguera, toda vez que ratifica que el sujeto en cuestión anda sin oficio ni beneficio, invirtiendo su tiempo en juegos de azar, cuando el resto de las personas se encontraban trabajando.

Lo dicho por Rojas fue complementado por el padre Pedro Rodríguez, cura de la parroquia de La Candelaria. Citado para comparecer en este caso, el tonsurado aseveró no conocer bien a Pablo Noguera: «… porque estos viven como las ranas a orillas del Pozo, y me huyen más que al demonio, están parados en las esquinas de las pulperías o bodegas, y al verme venir hacen como ellas […] se zampan dentro al pasar, ni veo ni puedo conocer a ninguno de esos cofrades…».

De lo dicho por el cura se infiere que Noguera no andaba solo en sus correrías. De seguro era acompañado por varios de sus amigos en las actividades que luego enumera el sacerdote. El padre Rodríguez sabe que Noguera tiene mujer, aunque no es casado. Que en ella ha engendrado varios hijos y sabe, además, por comentarios de terceros que: «… a cuantos pregunto, me responden: yo no le conozco oficio, sino andar de pulpería en pulpería, y de bodega en bodega, con una guitarra tocando y cantando, de aquí se podrán inferir sus costumbres…». Además del manejo del naipe, Noguera tocaba la guitarra y cantaba. A su afecto por el envite, se sumaba el papel que protagonizaba en tabernas y pulperías, interpretando piezas para la concurrencia.

Las incidencias de la guerra no parecen perturbar la vida que lleva, y de la que dan cuenta las palabras del padre Rodríguez.

El padre, cumpliendo con su deber de velar por la buena guarda de la vida arreglada, arremete contra los malos hábitos de Noguera, pero tampoco se pone de bulto la intranquilidad que de seguro sentía producto de las incidencias de la disputa que escenifica la sociedad venezolana.

Seguro y echó un vistazo a la *Gaceta de Caracas* del 11 de octubre de ese año 1820[25], en la que se relatan algunos de los pormenores de los enfrentamientos entre las tropas al mando de José Tadeo Monagas y el ejército realista, y se ofrece el parte de un asalto cuyo desenlace, según el reporte de la *Gaceta*, fue a favor de las tropas leales al rey. De ese presunto encuentro, que duró cerca de dos horas según la letra del reporte, se arrojó un saldo de cuarenta patriotas muertos, diez patriotas detenidos, además de habérseles confiscado a los hombres comandados por Monagas ciento setenta fusiles y siete cajas de municiones por parte del ejército realista.

Pero Noguera ni el padre Rodríguez lucen mortificados por lo que está sucediendo en España. Para la fecha ya había tenido lugar la insurrección protagonizada por Quiroga, Riego y López Baños al frente de las tropas que estaban destinadas para el combate en América. Para el tiempo en que Noguera es procesado en Caracas, ya ha sido jurada de nuevo la Constitución liberal de 1812, ha habido nueva convocatoria a Cortes y se han tomado medidas como la supresión de órdenes monacales. Todo ello aparece reflejado en las sucesivas ediciones de la *Gaceta de Caracas* y repercutirá en breve en la disputa de la independencia, cuyo desenlace va a estar directamente vinculado con los eventos que tienen lugar del otro lado del océano, pero estas incidencias no ocupan el tiempo de Noguera ni de sus detractores. Mientras Riego y Quiroga tuercen la suerte de España y se regularizan las hostilidades de la Guerra de Independencia, Noguera anda recorriendo las calles de una Caracas que, a la luz de estos pliegos, amén de las noticias

---

25 *Gaceta de Caracas*, miércoles 11 de octubre de 1820, N° 11.

de la *Gaceta de Caracas,* aparece imperturbable por las contingencias políticas de la hora, toda vez que se dedica a andar de taberna en taberna, tocando guitarra, jugando y cantando, como si nada.

Para eludir el servicio de las armas

Pero la guerra tenía necesariamente que infundir temor en la gente. Ser reducido al servicio de las armas no debía ser la mejor opción para los varones jóvenes y adultos, cuando el alistamiento militar se hacía en lapsos en los que, literalmente, tal destino implicaba jugarse la vida. Por ello es que José María Guevara prefirió correr el riesgo de ir a presidio antes que ser objeto de reclutamiento en tiempo de guerra[26]. Para ello, se hizo de un papel en el que constaba que era esclavo propiedad de Hilario Nieves, pulpero de la esquina del Mamey, siendo Guevara un hombre libre y de calidad pardo. Es decir, con este papel José María Guevara pasaba por los puestos de alcabala y se presentaba ante las autoridades diciendo que era esclavo y eludiendo con ello el servicio de las armas. Ello lo hizo hasta que el 18 de noviembre de 1818, una patrulla de policía consideró sospechosa la actitud de Guevara con el mencionado papel, y lo puso a buen resguardo en la Cárcel Real de Caracas.

Ante las autoridades, José María Guevara, de 17 años y de oficio zapatero, confesó que tanto él como su madre, Petronila Guevara, que era su única familia, eran libres. Que el teniente Conde lo apresó cerca de su casa por portar un manuscrito rubricado por Hilario Nieves en el que constaba que era esclavo de su propiedad. Dijo, además, que la falsa constancia la hizo de su puño y letra el propio pulpero Hilario Nieves y que nunca había servido en la milicia.

---

26 ANH, *Independencia,* «Contra José María Guevara, pardo libre, por vago y hacerse pasar por esclavo para eludir el servicio de las armas», tomo 607, expediente 3 069, 10 folios.

También compareció Petronila Guevara, madre del imputado. Luego de reconocer a su hijo, Petronila confesó que: «… es verdad el papel que indica su hijo, le dio Hilario Nieves para que pasase por un esclavo, a lo que condescendió la declarante creyendo que en ello no habría ningún perjuicio, y solo con el fin que no cogiesen a José María para el cuartel, y lo mantuviera con su trabajo, porque se halla impedida por un achaque de trabajar personalmente, y su segundo marido en una causa». De modo que las limitaciones laborales de su mamá y las restricciones de su padrastro hicieron que José María Guevara se animara a pedirle un papel a Hilario Nieves en el que constaba que era su esclavo, siendo esto falso, para seguir trabajando y poder llevarle a su progenitora el pan de todos los días.

Inmediatamente, el tribunal de policía hizo citar al pulpero Hilario Nieves. Al ser requerido en su negocio de la esquina del Mamey, solo fue encontrada su esposa, quien dijo que Nieves no se encontraba y que desconocía su paradero.

La resolución final fue, como era de esperarse, enviar a José María Guevara al servicio de las armas,

> … que siendo libre se fingió esclavo para escaparse del Servicio, y respecto a que el autor de esta ficción Hilario Nieves se ha escondido o ausentado maliciosamente, encárguese el comandante José Conde su prisión en la Cárcel Real y que al mismo tiempo indique dónde puede estar refugiado fuera de la Capital para dar providencia, secuestrándose los bienes de Nieves con depósito en forma que se conoce al oficio…

Una falta como la precedente tenía que ser castigada con toda la severidad del caso. A Guevara lo esperaban las tropas que combatían a la bandería republicana enfrentadas a las tropas fidelistas en la llamada campaña del centro. Mientras tanto, los bienes de Hilario Nieves quedaron a resguardo de las autoridades, hasta que compareciera y diera razón sobre el papel que portaba Guevara.

En efecto, el 3 de mayo de 1819 una patrulla de policía, de ronda por las afueras de la ciudad, apresó a Hilario Nieves y lo condujo a la Cárcel Real. Una vez allí, se le puso frente al papel que portaba José María Guevara con el objeto de que lo reconociera. Nieves, ante la evidencia no dudó en reconocer que:

> la firma que se halla a su pie es la misma que usa y acostumbra, como toda la letra de su contenido, que a instancia de José María Guevara y también de su madre se lo dio titulándose su amo con el fin de libertarse de que lo confieren para el cuartel o las milicias según ello lo han declarado y que [...] condescendió en ello que no le sobrevendría ni a él ni al muchacho ningún perjuicio e ignorando que cometió delito, en dárselo por la notoriedad de ser el muchacho y su madre personas libres.

La confesión de Nieves fue escuchada con atención por las autoridades. La resolución fue dejar a Nieves en libertad: «no resultando de él [...] otro hecho que el declarante [ilegible] [fue] puesto de amo de José María Guevara de acuerdo con este mismo y su madre Petronila Guevara con el fin de libertarle por este medio del servicio de las milicias».

De modo, que luego de haber sido secuestrados los bienes de Nieves hasta que no se pusiera a derecho, no se le consideró culpable de ningún delito y acto seguido le fueron devueltas sus posesiones. Guevara no corrió con la misma suerte; su intento de escabullirse del servicio de las armas haciéndose pasar por esclavo no tuvo el resultado esperado.

Fue enviado a servir a las tropas del rey, de seguro para reforzar el control militar que por aquellos días tenían los batallones de la Corona sobre Caracas y el Occidente de la actual Venezuela.

El mismo destino aguardaba a Isidoro Bolcán, un pardo de 17 años de oficio zapatero y residenciado en Santa Rosalía, quien fue sorprendido por el sargento mayor Pablo López jugando naipes en la pulpería de la esquina La Cochera, según lo refiere el reporte firmado por el teniente José Conde el 5 de noviembre de 1818[27]. El mismo reporte reseña una detención anterior de Bolcán por ratero y lo califica como un sujeto, por sus condiciones físicas, bueno para servir en el ejército.

Por su parte, Bolcán ratificó las razones de su detención. En efecto, el imputado confesó haber sido sorprendido jugando naipes, en la referida pulpería, por una patrulla de policía que lo condujo hasta la casa de habitación y morada del referido teniente Conde, quien inmediatamente lo remitió a la Cárcel Real de Caracas. Antes estuvo preso, pero no por raterías como lo certifica el teniente Conde en su reporte, sino por haber sido sorprendido por otra patrulla de policía circulando cerca de las once de la noche por las calles de la ciudad. A esa hora estaba saliendo de un escombro donde solía dormir.

Bolcán era, según se desprende de su confesión, un malviviente que además de su presunto oficio de zapatero, que ejercía no se sabe en qué momento, intentó enrolarse como tambor en el batallón de la Corona. De esta plaza en la milicia lo sacó el tambor mayor Pablo López, justamente por la vida irregular que llevaba. De su casa, Bolcán lo único que supo decir es que: «un día salió a la calle y se entretuvo jugando con otros muchachos y no volvió».

Finalmente, Bolcán, por sus condiciones físicas, un joven de 17 años en perfecto estado de salud, fue destinado al servicio de las armas el 9 de noviembre de 1818. En tal sentido, fue instruido Antonio Guzmán, sargento de la Plaza Mayor, a objeto de que decidiera el destino final al que Bolcán debía ser conducido, a fin de que se diera cumplimiento a la resolución de las autoridades.

Así, José María Guevara e Isidoro Bolcán pasaron al servicio de las tropas de la Corona. El uno, hizo todo lo posible para que su destino no estuviese en los campos de batalla. El otro, por su malvivencia, había sido rechazado en tiempos en que no era de urgencia

---

27 ANH, *Independencia*, «Contra Isidoro Bolcán por vago», tomo 583, expediente 2926, 3 folios.

su presencia en las tropas del rey. Pero, los avances de las tropas partidarias de la República exigían el concurso de todos aquellos facultados por sus condiciones físicas para servir en las huestes leales a la Corona. Tal vez Bolcán estuvo entre los combatientes realistas que intentaron frenar el avance de los hombres en armas comandados por Bolívar o Páez. Tal vez, su destino fue la defensa de las posiciones alcanzadas y defendidas por Morillo en pleno avance de la campaña del centro. O tal vez hizo carrera en Caracas como tambor de la plaza, al fin y al cabo ya dominaba las destrezas básicas que lo capacitaban para tal desempeño.

En todo caso, los ejemplos de Bolcán y García son muestra de algunos de los hombres que, en medio de la guerra, vincularon su suerte individual al destino de uno de los bandos en pugna, en este caso el de las tropas fieles a la Corona, cuando del desenlace de la disputa dependía la pervivencia o la ruptura del vínculo que aunaba estas comarcas a las dominadas por Fernando VII.

En suma, las cuentas que saldaron las gentes cuyas causas desempolvamos en las páginas precedentes hablan de una ciudad más perturbada por la mala vida de algunos de sus moradores, que por los sucesos vinculados con la vida política de España o por las incidencias de la Guerra de Independencia, que se conocían en la ciudad gracias a las versiones difundidas por la *Gaceta de Caracas*. A la par de las actuaciones vinculadas con las contingencias del momento, a las autoridades leales al rey les preocupa que la gente no gaste sus horas de trabajo en las naderías de la diversión o en los placeres de la bebida.

Las anteriores son muestras de la existencia de individuos que se dieron una vida que no se trastocó mayormente con los embates de la violencia. Hubo gente, aunque parezca mentira, que buscó modos de eludir las repercusiones que suponía la Guerra de Independencia. Los escenarios de la diversión fueron propicios para burlar las repercusiones de presenciar el tiempo de la ruptura con España. Porque mientras estos imputados comparecen ante los funcionarios de la ley, en otros parajes se libraban las contiendas que definieron la suerte de los venezolanos y que han pasado a ocupar los lugares estelares en los libros de historia.

Pero casos como los precedentes pueblan los papeles viejos de los archivos, como testimonios de vidas que eludieron ser quemadas por los fuegos de la guerra. Sus expedientes demuestran que mientras el destino de Hispanoamérica se sorteaba en los campos de batalla, en los espacios ajenos a la contienda algunos aspectos de la rutina siguieron discurriendo como si cual cosa.

Tal vez estos casos sean muestra de un tiempo en el que no solo se sortearon las contingencias de la emancipación. Tal vez el examen de estos procesos, en los que se develan episodios corrientes de la vida de gente común, alejada de mortificaciones políticas, convenga en aras de un panorama cabal de la sociedad que miraría con sus ojos el esguince del ligamento político que nos unía a España. Tal vez sea hora de escrutar sus huellas para mirar enteramente una sociedad que no solo se dedicó a las heroicas faenas cuyos episodios medulares figuran reseñados con lujo de detalles en la historia escrita de amplia circulación. Ese y no otro ha sido el propósito de este ensayo.

Camino al altar

¿Cómo hacían las personas que se querían casar en medio de la Guerra de Independencia? ¿Era el amor la motivación fundamental o existían otras razones para unirse en matrimonio? ¿Qué tipo de argumentos esgrimían las parejas que aspiraban santificar su unión ante el altar? ¿Cómo solventaban los obstáculos? ¿Qué hacían los más desesperados? ¿A qué instancias acudían para acelerar los trámites esponsalicios? ¿Qué tipo de respuestas recibían?

Un grupo de historias personales, cimentadas en fuentes documentales poco conocidas, nos permitirán conocer las respuestas a estas interrogantes y transitar por la vida afectiva de muchos venezolanos que, en medio de los avatares de la guerra, decidieron unir sus vidas para siempre.

Antes de ir a la guerra

Para un miembro del ejército, fuese del bando republicano o patriota, el simple hecho de ir a la guerra representaba la posibilidad real de morir en el campo de batalla. La muerte, sin duda, era un enemigo ineludible que se interponía a la felicidad conyugal.

Cuando eran llamados a las armas, muchos hombres se veían en el trance de abandonar a sus futuras esposas, procuraban entonces no dejarlas desamparadas y trataban, en lo posible, de cumplir con su promesa esponsalicia. Antes de irse a la guerra y en medio de la turbulencia independentista, oficiales y soldados se dirigen a sus superiores a fin de obtener el permiso y acelerar los trámites que les permitiesen conducir a sus prometidas al altar.

En abril de 1814, en la ciudad de San Carlos, don Francisco López Guijarro, subteniente de la Segunda Compañía Suelta Americana perteneciente a las tropas del rey de España, solicita la dispensa de proclamas para casarse con doña Felipa Bergolla. La razón que alega el prometido de doña Felipa es que ha sido destinado a combatir a los insurgentes, en con secuencia, sería «… sumamente doloroso no dejar efectuado su matrimonio; por no haberse concluido las proclamas»[28]. Las autoridades eclesiásticas, vista la inminencia de su partida, autorizan el enlace.

Ese mismo año, en la ciudad de Valencia, el coronel Manuel Páez toma una resolución similar. Valencia desde el mismo año 1811 fue escenario de fuertes enfrentamientos entre republicanos y realistas. Los combates y tensiones se mantuvieron sin tregua; de manera que, ante la inquietante situación que agitaba la región, el coronel Páez inevitablemente debe responder al clarín de la guerra, de allí que se dirija a las autoridades para que se le conceda la dispensa de las tres proclamas a fin de realizar su matrimonio con doña Concepción Páez. Su intención es reducir los tiempos exigidos para casarse, ya que durante mucho tiempo ha intentado hacerlo, pero lo ha imposibilitado el verse obligado a salir en algunas expediciones militares y por «… las muchas ocurrencias en que se ha visto envuelta esta ciudad desde el año ochocientos diez y que son bien notorias»[29]. También se le concede.

Las Dispensas de Proclamas que vemos argumentadas por oficiales del ejército eran solicitudes que realizaba el pretendiente ante las autoridades eclesiásticas o superior militar, con el propósito

---

28 Archivo Arquidiocesano de Caracas (En adelante AAC), *Sección Matrimoniales*, «Dispensa que solicitó Don Francisco López Guijarro para casarse con Doña Felipa Bergolla», legajo 203, expediente 39, San Carlos, 10 de abril de 1814, folio 1.

29 AAC, *Sección Matrimoniales*, «Dispensa de proclama que solicitó el Coronel Manuel Páez para casarse con Doña Concepción Páez», legajo 203, expediente 26, Valencia, 28 de abril de 1814, folio 1.

de apremiar los trámites referidos al matrimonio. Las proclamas significaban un paso previo, y al solicitarse dispensas, en caso de ser otorgadas se disminuía el plazo para la celebración de la boda.

Se entiende por *proclamas* la información que el párroco ofrece a la feligresía reunida en la iglesia, acerca de las personas que piensan contraer matrimonio, con el objeto de evitar que la boda se celebre si existe algún impedimento. Las proclamas fueron establecidas por el Concilio de Trento (1545-1563) y aplicadas por la Iglesia. Entre las disposiciones principales se encontraban las siguientes:

1. Que los matrimonios se anuncien por el cura propio de los contrayentes.
2. Que la publicación se haga en la iglesia.
3. Que se haga por tres días festivos continuos.
4. Que sea durante la solemnidad de la misa. Si los feligreses fuesen de distintas parroquias, las proclamas se leerán en las de ambos esposos; y si hubiesen tenido varios domicilios, deberán anunciarse en todos, particularmente si están muy distantes, aunque en este particular debe supeditarse a la práctica de las curias o costumbres de las diócesis.

De acuerdo con lo establecido por el Concilio de Trento, todas las personas estaban obligadas a manifestar, bajo la pena que cada pueblo fijase, los impedimentos para la realización de la boda anunciada, en el caso de que los hubiese, a no ser que estuviesen en conocimiento de ello bajo secreto de confesión o por razones propias de su oficio, como por ejemplo médicos y abogados. De hecho, una versión actualizada se utiliza en nuestros días como paso previo para el matrimonio eclesiástico, pero las conocemos como «Fijar Carteles», y se sigue realizando en las parroquias de los novios.

La razón de las numerosas peticiones y autorizaciones que se tramitan en estos años obedece a que la mayor parte de los soldados eran hombres jóvenes; es razonable que en medio de la coyuntura bélica la incorporación de hombres jóvenes y solteros a la guerra fuese mayor y que se viese incrementado el número de bodas, acelerando el cortejo para dejar articulada una familia y garantizar la legitimidad de la descendencia.

Es importante señalar que en el trámite matrimonial, durante el período colonial y parte importante del siglo XIX, el discurso sobre el amor no estaba siempre presente ni era necesariamente explícito. En muchas ocasiones se trataba de un arreglo entre las partes, mediante el consentimiento paterno o familiar y no se hacía alusión al amor como razón primordial para la celebración del enlace. La figura que ordena el matrimonio es Dios y bajo el auspicio Divino, del matrimonio se derivan tres bienes o dones que recibe la pareja: los hijos habidos en la legítima mujer; la fidelidad que obliga al marido con su esposa y el lazo inseparable que los une para siempre y que nadie puede separar. Las esposas quedaban así sujetas a sus maridos hasta el fin de sus días *porque el esposo es cabeza de la esposa como Cristo es cabeza de la Iglesia, y así como la Iglesia está sujeta a Cristo, así también las esposas deben estar sujetas a sus esposos.*

Sin duda, formar parte del ejército otorgaba una notoria ventaja frente a los civiles con respecto a poder acelerar los trámites matrimoniales, ya que en el caso de los militares las dispensas se podían otorgar el mismo día, por parte del oficial superior. Ilustrativo de ello es el caso de José Thomas Obisco, quien el 14 de abril de 1812 se dirigió a su superior inmediato, don Antonio Javier Mijares de Solórzano, conde de San Javier, coronel graduado del ejército y comandante del Escuadrón de Caballería de Caracas, a fin de que le otorgase dispensa de proclamas para casarse con María Petronila Pérez, hija legítima de Alejandro López. Ese mismo día el conde le otorgó la dispensa y la licencia[30].

---

30 Biblioteca Nacional, *Sección Manuscritos Históricos Venezolanos Siglo XIX*, caja II, manuscrito 41, Caracas, 14 de abril de 1812, sin asunto, folio 1.

A pesar de que las voces femeninas no están presentes en este tipo de expedientes ya que los solicitantes son los novios, es probable que algunas de las peticiones puedan atribuirse a la presión femenina o familiar para que la boda pudiese realizarse con prontitud y así garantizar no solamente la legitimidad de la familia sino también el futuro de la esposa con la obtención de los derechos del montepío militar, pensión que se otorgaba a las madres y a las viudas y huérfanos de los oficiales fallecidos en campaña. Era también una manera de conseguir que se cumpliese la palabra empeñada y así evitarle a las jóvenes una soltería prolongada: de no casarse con el prometido, antes de que se fuese a la guerra, podía exponerlas a ser solteras por el resto de sus vidas.

Durante el mes de abril de 1812, dos circunstancias diferentes van a incidir de manera directa en la proliferación de peticiones matrimoniales por parte de soldados y oficiales de ambos ejércitos. La primera, la gran actividad militar como consecuencia de los enfrentamientos entre tropas republicanas y realistas durante la campaña del jefe realista Domingo de Monteverde sobre el centro. La segunda, la notoria inquietud y el inmenso temor que desató el devastador terremoto, cuyos terribles efectos se hicieron sentir en gran parte del territorio.

José María Quintana, soldado patriota, perteneciente al batallón de infantería, ante la inminencia de ir a la guerra y bajo el impacto de la terrible destrucción ocasionada por el terremoto, decide súbitamente casarse con su novia, María Magdalena Ponte. El 10 de abril de 1812, acude ante su oficial superior, el capitán Josef Landaeta, para que rinda informe sobre sus buenas costumbres y le dé autorización para celebrar su boda antes de partir al campo de batalla. La respuesta de su superior no se hizo esperar, el mismo día otorgó el permiso[31].

---

31 Biblioteca Nacional, *Sección Manuscritos Históricos Venezolanos Siglo XIX*, caja II, manuscrito 11, Caracas, 10 de abril de 1812, sin asunto, folio 1.

Los soldados y oficiales también podían recurrir ante las autoridades eclesiásticas para la obtención de la dispensa de proclamas. Si era el arzobispo directamente quien autorizaba la dispensa, el trámite, naturalmente, era mucho más expedito.

El cabo del batallón de Zapadores, José María Jaspe, se dirige al arzobispo Narciso Coll y Prat, el 29 de marzo de 1812, tres días después del terremoto, para que le sea expedida la licencia, a fin de contraer matrimonio con su novia Dolores Toro sin atender los plazos de las proclamas: su argumento es que en cualquier momento puede ser llamado al campo de batalla. El arzobispo, cumpliendo con la urgencia que exige el caso, al día siguiente otorga «… licencia al cura exponente o a su lugar teniente para que pueda presenciar este matrimonio y a tiempo de darle las bendiciones nupciales, sin proceder a otras proclamas por dispensas como dispensamos en las demás que debían hacerse»[32].

También en esas mismas fechas, el arzobispo Coll y Prat atiende la petición de don Ramón Sánchez, alférez del escuadrón de caballería del ejército patriota, quien solicita las dispensas de proclamas para los esponsales que tenía efectuados con doña María Rosalía Ledezma. El motivo de su premura, argumenta Sánchez, es que está próximo al cumplimiento de una misión que le ha sido conferida. Ese mismo día el arzobispo otorga la dispensa, pero hace la salvedad de que el sacerdote encargado de casar a los novios debía verificar la mayoría de edad de los contrayentes y la confirmación de la soltería y libertad de los novios[33]. No está en consideración la orientación política del solicitante, la institución eclesiástica a través de su máxima autoridad, el arzobispo de Caracas, no hace distinciones a la hora de autorizar el enlace

---

32 Biblioteca Nacional, *Sección Manuscritos Históricos Venezolanos Siglo XIX*, caja II, manuscrito 35, Caracas, 29 de marzo de 1812, sin asunto, folio 1.

33 Biblioteca Nacional, *Sección Manuscritos Históricos Venezolanos Siglo XIX*, caja II, manuscrito 37, Caracas, 11 de abril de 1812, sin asunto, folio 1.

matrimonial de este oficial patriota, aun cuando la Iglesia católica estaba clara y notoriamente comprometida con la causa del rey.

No solo ante la inminencia de ser enviados al frente los oficiales y soldados de ambos bandos procura acelerar la realización de sus bodas, también los eventos dolorosos por enfermedad o poderosas razones familiares sirven como justificación para apresurar el trámite matrimonial.

A escasos días de los sucesos del 19 de abril de 1810, don José Javier Álvarez, capitán de milicias urbanas de la ciudad de Carora, se encuentra en una difícil situación. Es oficial del ejército del rey y no se le escapa que los sucesos ocurridos en Caracas podrían tener consecuencias inmediatas en su futuro; también le inquieta la salud de su futura suegra, quien se encuentra gravemente enferma. Un tercer motivo de preocupación tiene el capitán Álvarez; Cecilia Páez, su prometida, es menor de edad, necesita tener la autorización de sus padres para contraer matrimonio. El 26 de abril inicia el trámite ante las autoridades eclesiásticas para obtener la dispensa de proclamas. El temor del capitán Álvarez era que si se prolongaba demasiado la espera, a lo mejor no podría celebrar la boda ya que, de ser llamado a las armas, podía suceder que en su ausencia falleciera la madre de Cecilia «… y este acontecimiento sería un motivo para impedirme la celebración de mi matrimonio»[34], sobre todo si se tomaba en consideración la juvenil condición de su pretendida. La licencia le fue concedida.

También por motivos de enfermedad, en 1811, se le concede licencia a José Antonio Mota, militar perteneciente a la Compañía de Granaderos de Caracas. El caso de Mota es el siguiente: se encuentra vencido por las fuertes dolencias de una grave enfermedad y la muerte ya está tocando a su puerta, apesadumbrado ante su inminente destino desea cumplir con su religión y dejar a salvo

---

34 AAC, *Sección Matrimoniales*, «Dispensa que solicitó Don José Javier Álvarez, para casarse con Doña Cecilia Pérez», legajo 209, expediente 03, Carora, 26 de abril de 1810, folio 1.

su honor contrayendo matrimonio con su prima y prometida, doña Juana Blanco. La boda debe celebrarse antes de que concluya para siempre su existencia[35]. Su superior inmediato, el comandante del batallón de milicias de blancos de la ciudad de Caracas, el mismo día, autoriza la realización de la boda.

Premura *versus* solemnidad matrimonial

En tiempos de guerra, no solo los miembros del ejército, independientemente del bando en el cual se encontraban sirviendo, tienen motivos para apurar sus bodas; hay también otras parejas que, en medio de los avatares de la guerra, desean santificar su unión sin tener que esperar los plazos que establece la normativa eclesiástica.

Juan Elizondo, por ejemplo, desea casarse con su prometida cuanto antes. Dos son las razones que alega en su petición. En primer lugar, hace mención a la devastación ocasionada por el terremoto de Caracas, ocurrido un año atrás, cuyas consecuencias todavía se viven en la ciudad, destrucción que «... no solamente fue extensiva los edificios sin dejar uno siquiera en pie también a los muebles y detrimento [roto] de los haberes de toda especie»[36]. Es precisamente a causa de esta situación que debe realizar un largo viaje y ausentarse de la ciudad por un tiempo prolongado, por lo que no quiere dejar soltera a su prometida. En virtud de ello acude ante las autoridades religiosas para que le permitan realizar la boda «con toda prontitud, sin la publicidad requerida para evitar la solemnidad que conlleva el acto matrimonial». La dispensa se le concedió unos días después de la solicitud.

---

35 Biblioteca Nacional, *Sección Manuscritos Históricos Venezolanos Siglo XIX*, caja II, manuscrito 18, Caracas, 30 de septiembre de 1812, sin asunto, folio 1.

36 AAC, *Sección Matrimoniales*, «Dispensa de proclamas solicitada por Juan Elizondo para casarse con María de los Dolores Freytes», legajo 200, expediente 45, Caracas, 26 de abril de 1813, folio 1.

Motivaciones de carácter más íntimo también son expuestas ante las autoridades correspondientes para conseguir apresurar el encuentro ante el altar. Es el caso de José Antonio Olivares y Teresa Landaeta.

La pareja se conoció en los días terribles del año 1814, cuando el inminente ingreso de José Tomás Boves a Caracas obligó a sus habitantes a abandonar la ciudad. Fue en estas circunstancias que comenzó el romance de José Antonio y Teresa. Lograron salir con bien de la emigración a Oriente y continuaron su relación amorosa; pero ocurrió que transcurridos casi dos años, Teresa salió embarazada y su mamá se negó en rotundo a aceptarla bajo el mismo techo si no santificaba su unión con José Antonio. Solo mediante el matrimonio podría ponerse arreglo a la conducta privada y pública de la joven. José Antonio Olivares se dirige entonces a las autoridades eclesiásticas para solicitar la dispensa de proclamas. En su declaración, Olivares dice: «Esta niña desde el tránsito de la emigración mantiene torpe correspondencia conmigo: se halla oculta y fuera de la casa de su madre viuda con motivo a encontrarse grávida: esto mismo he anunciado al Señor Capitán General»[37]. La dispensa se le concede y de esta manera Teresa pone a salvo su honor y el de su señora madre.

Don Carlos Yzaguirre tiene un apuro similar, corre el mes de enero de 1812 y su novia, doña María Higuera, se encuentra embarazada, por esta razón solicita evitar las proclamas matrimoniales, pues requiere contraer a la brevedad posible matrimonio ya que sería deshonesto e indecente que se verificara en las puertas de la iglesia, por el estado de gravidez de doña María[38]. Añade a su petición que debe viajar urgentemente a los Llanos para cuidar unos animales y así atender las urgencias domésticas de su nueva

---

37 AAC, *Sección Matrimoniales*, «Dispensa de proclamas solicitada por José Antonio Olivares en su matrimonio con Teresa Landaeta», legajo 211, expediente 4, Caracas, 29 de marzo de 1816, folio 3.

38 AAC, *Sección Matrimoniales*, «Dispensa de proclamas solicitada por Carlos Yzaguirre para casarse con María Higuera», legajo 194, expediente 12, Caracas, 11 de enero de 1812, folio 3.

familia. La dispensa también se le concede. Carlos y María se casan y evitan así las insinuaciones y murmullos que ocasionaría presentarse ante el altar con un embarazo demasiado avanzado.

En otros casos la petición de dispensa obedece a razones completamente distintas. El 22 de marzo de 1813, en San Mateo, don Juan Antonio González solicitó dispensas de proclamas para casarse con doña Margarita Pérez. El motivo es que doña Margarita, su prometida, se encuentra en su florida edad mientras que don Juan Antonio González se halla cargado de años y en dos ocasiones ha enviudado. Considera, y con bastante fundamento, que su boda podría trastornarse si llegasen a hacerse públicas las proclamas frente a la feligresía. El temor de don Juan es que al anunciarse su boda con la muchacha, no fataría quienes trataran de impedirlo con consejos fanáticos que pudiesen disuadir a su novia de casarse con él por ser un hombre mayor y viudo. Añade a su petición la posibilidad de que se tome en consideración el hecho de ser «… en su vecindario, uno de los sujetos o tal vez el más distinguido en socorrer y servir tanto a él como a su Santa Iglesia con su persona e intereses»[39].

Su fiel apoyo a la Iglesia sería tomado en cuenta, ya que la dispensa le fue concedida prontamente, evitándose así la posibilidad de que alguna persona del lugar pudiese oponerse a la boda alegando su avanzada edad y viudez frente a la juventud y floridas condiciones de doña Margarita.

En otros casos, el problema no era la diferencia de edad entre los novios, sino algo mucho más terrenal: la pobreza. Es ese el motivo que alega don Pedro Bermúdez para que se le autorice acelerar su enlace con María Rita Cousin, quien además es pariente suya. Don Pedro ante las autoridades eclesiásticas indica no estar en condiciones de esperar la proclamas ya que, «… por

---

39 AAC, *Sección Matrimoniales*, «Dispensa de proclamas solicitada por Juan Antonio González para casarse con Margarita Pérez», legajo 201, expediente 11, San Mateo, 22 de marzo de 1813, folios 5 y 6.

los acontecimientos de la guerra, tanto los padres de mi pretendida como yo hemos quedado en el más fatal estado»[40].

Al día siguiente le fue concedida la dispensa a fin de permitirles que, en medio de su pobreza, pudiesen ayudarse mutuamente con la bendición del Señor.

En otros casos la pobreza se destacó como razón de fondo argumentada, pero la realidad es que con motivo de la guerra dice Luis Corrales en su dispensa es que «… no han quedado hombres solteros en aquel pueblo, y por consiguiente de no efectuar su matrimonio conmigo le será muy difícil efectuarlo con otro»[41].

Ante la falta de hombres y la pobreza en que se encuentran ambos, la determinación de Corrales es permanente a casarse, puesto que considera que solo con su trabajo personal y su capacidad de ser agencioso podrá casarse con Josefa María Corrales y «… mantenerla con el séquito debido que exige su sexo»[42].

Corrales en su afirmación simplemente está enunciando los principios fundamentales que se esperan del hombre de bien: responsabilidad, representación pública de la familia, protección de mujer e hijos, defensa del honor, manutención económica y cumplimiento de palabra matrimonial. La intranquilidad política no afecta los valores esenciales de la sociedad, más bien la incertidumbre, la pobreza, las carencias de todo tipo, los fortalecen y encarecen las bondades de la vida conyugal, aun en medio de los avatares de la guerra.

En una situación similar se encuentra doña María de Jesús Castillo, en Tucupido, cuando ya han transcurrido varios años del conflicto. En julio de 1817, don Juan José Delgado solicita dispensa para casarse con María de Jesús; el caso es que la novia ya

---

40 AAC, *Sección Matrimoniales*, «Dispensa que solicitó Don Pedro Bermúdez para contraer matrimonio con María Rita Cousin», legajo 224, expediente 7, Caracas, 25 de mayo de 1819, folio 1.

41 AAC, *Sección Matrimoniales*, «Dispensa que solicitó Luis Corrales, para casarse con Josefa María Corrales su consanguínea», legajo 224, expediente 62, San Casimiro de Güiripa, 29 de noviembre de 1819, folio 1.

42 Ídem.

tiene cuarenta años, es blanca, pobre y no se ha casado. La falta de hombres blancos como consecuencia de la guerra y la carencia de recursos son las razones que alega Juan José para llevar a la novia ante el altar. Debe solicitar dispensa porque los une un parentesco de segundo grado de consanguinidad, y por tanto, las autoridades eclesiásticas deben autorizar el enlace[43]. Al poco tiempo Juan José y María de Jesús contraen matrimonio.

No es común que el afecto esté presente como motivación en las numerosas peticiones de dispensa que reposan en los archivos. El trámite por lo general se hace en unos términos donde el amor no tiene ningún peso, son razones prácticas las que se exponen para, finalmente, conseguir la dispensa o la autorización que permita concluir el trámite esponsalicio. Sin embargo, hubo también enamorados que trataron de santificar su unión, alegando precisamente el irrefrenable deseo de estar juntos por el resto de sus vidas.

Un atentado al sacramento

A mediados del año 1818, la ciudad está en calma, la guerra se encuentra distante, en la zona de los Llanos. Sin embargo, en horas de la noche, ocurre una novedad en una iglesia de Caracas. El presbítero Manuel Vicente de Maya, cura de la iglesia de San Pablo y partidario del rey, se dispone a cenar cuando alguien toca a su puerta. La inesperada visitante es doña Antonia Carreño, quien le indica que lo importunaba a esas horas con el propósito de realizar una confesión general.

Pasado un breve tiempo acude también a la iglesia un joven mozo, de nombre don Pedro García; ambos lentamente fueron conducidos al comedor de la sacristía, adonde fueron recibidos por el sorprendido cura de San Pablo. Al tenerlos al frente –dice

---

43 AAC, *Sección Matrimoniales*, «Dispensa que solicitó Don Juan José Delgado para contraer matrimonio con Doña María de Jesús del Castillo», legajo 215, expediente 16, Tucupido, 15 de julio de 1817, folios 1 y 2.

el padre Maya– ocurrió lo siguiente: «… la mujer estaba sentada a mi lado y el joven parado en parte de la mesa dio un paso o dos, y cogió a la mujer por la mano y dijo: Señor Cura sepa usted que quiero a esta mujer por mi esposa, y ella respondió, y yo lo quiero por mi marido. Estamos casados»[44].

Ante tan arrojada acción el padre Maya reprendió y aconsejó a los enamorados, pues se había cometido un atentado y una injuria al Santo Sacramento del Matrimonio. De ninguna manera estaban casados, no habían cumplido con ninguno de los requisitos exigidos para la celebración de la boda: no existían testigos, don Pedro García no contaba con la edad para casarse ni demostraba tener consentimiento de sus padres hasta el momento. Nos encontramos con una decisión individual de una pareja, que más allá del desconocimiento de las normas sobre la realización del matrimonio, los anima el irrefrenable deseo de unirse en matrimonio y tratan de hacerlo a hurtadillas de sus padres, en la penumbra de la noche, metiéndose en la iglesia y sin testigos, ya que don Pedro no tiene edad para casarse.

A primeras horas del alba, la justicia civil, informada del incidente por el padre Maya, toma las precauciones del caso y ordena el arresto de don Pedro García y de doña Antonia Carreño en la Cárcel Real de la Ciudad. Separándoles y privándoles de toda comunicación. Inmediatamente, el padre del frustrado contrayente, don Pedro José García, se moviliza para evitar la prisión del muchacho. Don Pedro declara ante las autoridades que no había ninguna necesidad de llevar preso a su hijo pues, al enterarse de lo sucedido lo colocó en su habitación con un par de grillos para corregirlo. La patria potestad y las leyes lo facultaban ampliamente para corregir y escarmentar su descocada acción. El incidente se debía, según alega el padre del joven enamorado «… al grado

---

44 Academia Nacional de la Historia (en adelante ANH), «Contra Don Pedro José García y Doña Ana Antonia Carreño por matrimonio Clandestino», *Sección Independencia*, Archivo II, tomo: 612, Documento 3102, Caracas, 1818, folio 1.

superior de sencillez e inocencia propias de su tierna edad».

La culpa, sin duda, debía recaer en doña Antonia Carreño, quien lo sedujo y acosó bajo el «... proyecto [de] casarse clandestinamente porque tales fueron los influjos y tenaces persecuciones de la dicha mujer, que como mayor de edad que la de mi hijo cuenta [...] reduciéndolo a que se huyese de su casa para facilitar de este modo un contrato clandestino».

Luego de la declaración del enfurecido padre, el mozo don Pedro García fue llamado a dar testimonio y preguntado sobre las razones que lo motivaron para huir y pretender casarse de manera clandestina, dijo que había sido porque su querida doña Ana le explicó «... era leve la pena que se le imponía».

El incidente no tiene mayores consecuencias. Los frustrados contrayentes son reprendidos directamente por el gobernador y capitán general don Juan Bautista Pardo, quien hace un alto en sus funciones militares para advertirles a los enamorados que no pueden infringir lo dispuesto en la Real Pragmática de Matrimonios. Doña Ana Carreño queda en libertad y don Pedro sujeto a la autoridad de su padre, y así evitar que pueda reincidir ante las solicitaciones esponsalicias de doña Ana. Diferente desenlace tiene la historia de Rosa Rodríguez y José María Rebolledo.

La fuga es la llave del amor

Hacia el sur de los fértiles valles de Aragua, en el camino de Güiripa, se juntaban en la penumbra de la noche, a cinco cuadras de su casa, dos jóvenes enamorados, doña Rosa Rodríguez y José María Rebolledo; ambos tenían acuerdo de esponsales desde hacía tres años. Sin embargo, desde que se formalizó el compromiso, doña Rosa se vio visto sometida a terribles sufrimientos[45].

---

45 ANH, «Don Enrique Rodríguez quejándose en contra José María Rebolledo por el rapto que le hizo de su hija Doña Rosa Rodríguez y providencia que ha dado el Alcalde ordinario y Teniente de Justicia Mayor interino de la ciudad de San Sebastián», *Sección Independencia*, Archivo II, tomo 781,

El causante del tormento era su padre, don Enrique Rodríguez, quien luego de realizados los esponsales cambió notablemente en su relación hacia ella: la maltrataba continuamente, la destinaba a labores extenuantes en su hogar y llegó incluso a pretender convertirla en su concubina.

La decisión de Rosa y José María es fugarse con el firme propósito de dar rienda suelta a sus sentimientos y liberarse de la coacción de un padre celoso y con instintos siniestros. La fuga tiene como finalidad santificar la unión con la bendición de un sacerdote.

Emprenden camino durante varios días hasta llegar a casa de un amigo en San Sebastián de los Reyes, allí se instalan a la espera de organizar los trámites para la realización de la boda. Pero no están al tanto de que don Enrique Rodríguez durante un viaje se enteró de las proclamas de matrimonio de su hija menor con el fulano Rebolledo. El padre puso al tanto de la noticia a la madre de Rosa, doña Dionisia Jaspe, quien se encontraba en Güiripa. Ambos se trasladan a San Sebastián de los Reyes para impedir la boda; con ese fin interponen una querella contra José María Rebolledo por rapto, despojo violento y agravio a los sagrados derechos de la Patria Potestad que tienen sobre la joven Rosa.

El argumento esgrimido por los padres de la novia es el mismo que suele utilizarse en este tipo de causas: se fundamentan en el derecho que les asiste por la Patria Potestad y recurren a las disposiciones de la Real Pragmática que prohíbe a los menores casarse sin autorización de sus mayores. Rosa, para el momento, contaba con 16 años, mientras no cumpliese los 23 no podía casarse sin permiso, tal como lo establecía la Pragmática de 1803.

Los argumentos interpuestos por ambos padres en la querella son inequívocos al respecto. Dionisia Jaspe afirma que José María Rebolledo: «... para honestar su crimen propuso casarse

---

Documento 3980, Camino de Güiripa, 1819, folio 1.

con ella en cuya consecuencia se depositó esta en casa de un Vecino de honor en San Sebastián de los Reyes».

El padre de la muchacha argumenta que el seductor vive en mal estado y, bajo el compromiso de casarse, atenta contra el honor de su casa disfrutando de plena libertad para mantener comunicación con su hija a su entera satisfacción. A fin de reforzar su oposición a la boda, don Enrique expone ante la justicia civil que José María Rebolledo, el raptor de su hija, era un individuo de dudosa calidad y condición. Las denuncias de los padres tienen efectos inmediatos: José María Rebolledo es conducido a prisión.

Pero el pretendiente no se queda de manos atadas y, desde la prisión, refuta cada uno de los argumentos de Dionisia y don Enrique. El primer argumento está dirigido a demostrar que no es un hombre de dudosa calidad. Su legitimidad, limpieza de sangre, buena vida y costumbre están a la vista. Con ese fin consigna su partida de bautismo en la cual consta que tiene 25 años, es blanco y nacido en España. En consecuencia, no es posible poner en duda su calidad.

Presenta también la certificación de esponsales en la cual Enrique Rodríguez autoriza el enlace. La justicia se inclina ahora a favor de Rebolledo, acuerda poner fin a sus días en prisión y autoriza la unión matrimonial de la pareja. Sin embargo, los avatares del destino impiden la celebración de la boda: la sentencia establece que Rebolledo debe pagar las costas del juicio, cuyo monto es de 25 pesos.

Rebolledo *no* paga las costas. Dos meses después, al agotarse el plazo estipulado por el tribunal, se libra una Real Provisión fechada 16 de mayo de 1820 en la cual se solicita al teniente y justicia mayor de San Sebastián de los Reyes: «... la prisión de José María Rebolledo, y aprendido que sea lo revista con toda seguridad a la cárcel de corte de esta capital, embargando los bienes de su propiedad».

Rebolledo decide escapar, se lleva a doña Rosa consigo y se convierte en prófugo de la justicia. Con esta decisión echó por tierra la autorización otorgada por el tribunal para que realizara la boda, ya que la misma Real Provisión establecía que en el caso de que se consiguiese a doña Rosa Rodríguez en compañía del prófugo, debía ser restituida inmediatamente a la casa de sus padres, sea cual fuese la jurisdicción en la cual se encontrara.

El expediente no ofrece noticias respecto a si, finalmente, la justicia dio con el paradero de la pareja; pudo ocurrir que los novios, efectivamente, lograran escapar y contraer matrimonio o que, por el contrario, la justicia haya dado con ellos y devuelto a Rosa a casa de sus padres y enviado a Rebolledo de regreso al calabozo. No hay manera de saberlo.

Otra pareja que vio obstaculizada su unión matrimonial fue la de Blas Romero y María González; en este caso el problema fue de otro cariz.

Sin documentos no hay casorio

Desde muy pequeños, don Blas Romero y doña María González crecieron juntos, bajo el abrigo de don Francisco Almeyda en su casa en Villa de Cura. El padre de don Blas, antes de morir, se lo entregó a don Francisco para que enseñase al pequeño a ser carpintero. Doña María llegó a la casa de Almeida porque siendo huérfana, este la recogió para que no anduviese realenga por la calle[46].

Estos jóvenes crecieron y compartieron el mismo techo y, con el tiempo, se enamoraron y decidieron contraer matrimonio. Todo parecía dispuesto para que pudiesen llevar a feliz término el enlace, pero se presentó un inconveniente.

Don Blas acudió ante los tribunales a fin de iniciar los trámites para la realización de la boda. Las autoridades le solicitaron la verificación de la edad de ambos contrayentes así como la

---

46 ANH, «Don Blas Romero, solicitando se le conceda licencia y habitación por ser menor de edad Doña María González para poder celebrar el matrimonio que tienen contratado». *Sección Independencia*, Archivo II, tomo 435, Documento 2157, Caracas, 1816.

autorización de los padres. Don Blas explicó que su novia, doña María, era menor de edad y carecía de padres, parientes y tutores conocidos: ambos contaban exclusivamente con el abrigo de don Francisco Almeyda. La respuesta del tribunal fue terminante: se necesitaban los documentos que permitiesen acreditar la calidad y limpieza de sangre de cada uno a fin de establecer si existía algún impedimento para el matrimonio, puesto que podría existir desigualdad en las calidades.

El problema era de difícil resolución: ninguno de los dos tenía la documentación exigida. El testimonio de don Blas es explícito al respecto:

> … nuestras partidas de bautismos que deberían servir y contribuir para ambos extremos, se perdieron los archivos de Maracay, donde yo nací, y el de Magdaleno donde nació mi pretendida, habiendo acontecido la pérdida del primero, en la confusión y desorden de la guerra como uno de tantos, cuando entraron allí las tropas del Comandante General Don José Tomas Boves en el año de mil ochocientos catorce, y la del segundo, con el terremoto del doce, que destruyó toda la iglesia, bajo cuyos escombros quedó sepultado de forma que por otros acontecimientos fue que no produje desde el principio dichas partidas.

El no contar con las partidas de bautismo era un impedimento significativo tanto para don Blas como para doña María Rodríguez, ya que las autoridades no podían autorizar el enlace sin esta documentación. La única posibilidad era interrogar a varios vecinos que pudiesen acreditar la calidad y ascendiente de cada uno de los contrayentes a fin de establecer si el matrimonio podía efectuarse.

Todos los testigos declararon que ambos contrayentes eran de calidad blanca, contaban con buena reputación y no tenían padres. Una vez culminadas las declaraciones, el síndico procurador a cargo del caso, comprobadas las calidades y la buena reputación de Blas y María, ordenó a las autoridades civiles que se le hiciera saber al párroco de Villa de Cura que podría unir en matrimonio a la pareja, pues no existían impedimentos. El oficio dejaba indicado que «… habiéndose criado juntos en una propia casa, y al abrigo de don Francisco Almeyda que los tubo recogidos por muchos años, esta razones puede ofrecer razones suficientes a juzgar útil y convenientes su enlace».

Obtenida la autorización, Blas y María vieron satisfechas sus aspiraciones esponsalicias y se convirtieron en marido y mujer.

En otras ocasiones la ausencia de papeles y la incertidumbre y confusión propias de la guerra dieron lugar para que se presentaran situaciones y enredos de difícil resolución. El caso que sigue a continuación es una muestra de ello.

Un amor sin remedios legales

En el año de 1812 María Josepha Ovalde, una mestiza dedicada al oficio de coser y planchar, se casó con don Rufino Cabricez, un isleño natural de los valles del Tuy, de oficio comerciante. En 1814 don Rufino se ausentó de su hogar por motivos de trabajo y se trasladó a Caracas en compañía de su hermano José Antonio.

Transcurre el tiempo y María Josepha continúa en los valles del Tuy, pero no tiene noticias de su esposo. Sin embargo, recibe una información que la inquieta: su cuñado José Antonio Cabricez ha muerto en Caracas durante los enfrentamientos entre republicanos y realistas, cuando la ciudad fue tomada por las tropas de José Tomás Boves, en julio de 1814.

María Josepha, desamparada y sin capacidad para mantenerse, abandona Villa de Cura y viaja para Caracas. Al llegar a la ciudad decide hacer uso de la partida de defunción de su cuñado y convertirse en viuda. Como sabía que «Don José Antonio Cabricez hermano de su marido, don Rufino Cabricez había sido muerto se valió de la partida de su entierro para acreditar su viudez omitiendo expresar el nombre de su marido y valiéndose del apellido»[47].

María Josepha obtiene entonces su certificación de viudez ese mismo año de 1814, la cual le es otorgada por el padre José Ramón Calzadilla, cura de la parroquia Altagracia; en el documento consta que la citada María Josepha «... se halla en estado de viudedad, y por consiguiente hábil para sus segundas nupcias»[48].

Trascurren tres años y en 1817 María Josepha, quien es viuda ante la ley, comienza una relación afectiva con Tomás Ortis, de oficio pintor. La pareja decide formalizar su unión matrimonial. El presbítero don Bartolomé Gómez, luego de certificar la partida de viudez —un trámite regular—, notó de forma perspicaz que a la hora del matrimonio María Josepha confundía el nombre de su primer marido con el otro difunto Cabricez.

El incidente de confusión de nombres hecho por María Josepha no impide que la ceremonia matrimonial llegue a feliz término. El pintor Ortis y María viven como marido y mujer sin contratiempos hasta que un año después de la boda, en 1818, ocurre una novedad que desataría toda una vorágine: después de cuatro años de ausencia y sin haber dado el menor signo de vida reaparece el «difunto» don Rufino Cabricez y se encuentra con la novedad de que su esposa María Josepha está casada con otro.

Un confuso y sorprendido Cabricez solicita una reunión en privado con el presbítero don Bartolomé Gómez, quien realizó el «segundo matrimonio» entre la pareja, a fin de plantearle la grave situación. Ante la omisión cometida por no verificar la certificación de viudez de la novia y para evitar un escándalo,

47 ANH, «Justificación sumaria sobre averiguar el matrimonio doble, de María Josefa Ovalde, primera mujer de don Rufino Cabricez», *Sección Independencia*, Archivo II, tomo 638, Documento 3 268, Caracas, 1819, folios 27 y 28.
48 *Ibídem*, folios 35 y 36.

el padre Gómez resolvió no informar del hecho a las autoridades eclesiásticas ni a ningún otro representante de la Iglesia, sino más bien recomendarle a María Josepha que regresara a hacer vida maridable con don Rufino, su verdadero y único esposo.

María Josepha se retiró a casa de su primer marido, don Rufino Cabricez, en los valles del Tuy, pero tan solo estuvo quince días junto su lado, puesto que: «… la trataba mal de palabra y la destinaba a trabajos duros del campo, no tenia ni una camisa [su esposo] y le decía que tenia otras mujeres». A los quince días regresó a Caracas a la casa de Tomás Ortis, su «segundo marido».

Fue entonces cuando don Rufino tomó la determinación de solicitar una justificación sumaria ante don José Manuel de Oropeza, teniente de gobernador auditor de guerra, a fin de denunciar que María Josepha Ovalde, su esposa, se encontraba doblemente casada con él y con don Tomás Ortis. La denuncia tiene fecha 1 de abril de 1818.

La primera medida dispuesta por las autoridades para poner coto a la situación fue someter a prisión a María Josepha y Tomás: «… dispuso su señoría se restituyesen a la Real Cárcel, y que para proceder a la averiguación de este asunto tan escandaloso y aplicar en su oportunidad el indigno castigo a los que resulten delincuentes y cómplices».

Esta disposición de las autoridades de justicia tiene como propósito primero encerrar a los infractores y segundo investigar el caso, a fin de identificar a los culpables y a los cómplices, ya que se trataba de un hecho que atentaba contra los «principios naturales del Dogma Cristiano» al realizarse dobles matrimonios.

Al efectuarse las primeras investigaciones por parte de las autoridades, el primer sorprendido resulta Tomás Ortis, al enterarse de que quien había muerto realmente no era don Rufino, el marido de «su mujer», sino José Antonio Cabricez, el hermano. Verificada esta situación resultaba inválida la certificación de viudez de María Josepha. No obstante, insiste Ortis que él estaba absolutamente convencido de que su pretendida era viuda, ya que había visto la certificación de viudez expedida por las autoridades, no tenía motivos, entonces, para abrigar dudas al respecto.

La recomendación inicial de las autoridades civiles fue condenar a María Josepha a regresar con su esposo; sin embargo, intervino el fiscal asignado al caso para manifestar que no podía llegarse a ningún dictamen sin continuar la investigación, ya que se trataba de una infracción «... demasiado grave por su carácter y naturaleza».

La arremetida de las autoridades civiles se orienta ahora hacia las autoridades eclesiásticas, a fin de tomar medidas contra el cura de la parroquia de Altagracia, responsable de santificar la unión de María Josepha y Tomás Ortis sin verificar el estado de los novios; igualmente, se ordena revisar las partidas de matrimonios y someter a declaración a los testigos que asistieron a la segunda boda.

Bajo estos señalamientos, se procedió a una revisión exhaustiva en los archivos de las iglesias, en búsqueda de las partidas de matrimonio, apareciendo solamente la referente a la boda de María Josepha con don Rufino Cabricez, mas no la del matrimonio con Tomás Ortis, lo que arrojaba serias dudas acerca de la validez del segundo enlace.

En vista de la situación y de lo enredado que se perfilaba el asunto, se solicitó rendir declaración a varios de los asistentes al segundo matrimonio. Todos indicaron que no conocían a María Josepha, por tanto no estaban en conocimiento de que estuviese casada con don Rufino Cabricez al momento de contraer matrimonio con Tomás Ortis.

Se toma entonces declaración a la propia María Josepha, a quien se le informa que, como resultado de las indagaciones hechas en los archivos eclesiásticos, se consiguió su partida de matrimonio con don Rufino Cabricez y también su partida de bautismo en la cual aparece con otro nombre: no se llama María Josepha Oval-de sino María Marín.

María se encontraba en problemas. No solo había mentido respecto a su condición de viudez, al forjar una certificación falsa para casarse con Tomás, sino que además había actuado con un nombre falso.

Para las autoridades civiles era muy importante demostrar si María Josepha había actuado por su propia cuenta o si para ello había contado con la anuencia de algún representante de la Iglesia. Al ser interrogada al respecto declaró que no influyó nadie en tal idea, todo lo ocurrido había sido por «… deliberación propia suya».

Una vez confirmado por la propia María, que había sido ella la responsable de falsear los nombres, el caso parecía resuelto; sin embargo, un nuevo suceso complicó el asunto. Tomás Ortis, quien se encontraba detenido mientras concluían las averiguaciones del caso, tomó la determinación de escapar mientras ayudaba en las labores de preparación del cabildo.

Inmediatamente, don José Manuel Oropeza, caballero de la Real Orden Americana de Isabel la Católica y teniente de gobernador, al enterarse de la fuga de Ortis mandó a colocar tres pregones y edictos a fin de que el prófugo «… se presente ante mí o en la Real Cárcel de esta ciudad tomar traslado y defenderse de la culpa que resulta».

Pero el enredo no termina aquí: María estaba embarazada de Tomás, sus declaraciones la comprometían como culpable y no existía constancia del segundo matrimonio, ya que no reposaba en los archivos el acta respectiva.

Interviene entonces en defensa de María el fiscal, don José Gregorio Trujillo, quien procura interceder por la acusada a fin de minimizar sus faltas.

El fiscal Trujillo se apoya primeramente en el hecho de que María pudo tomar la determinación de cometer esta serie de delitos ante la mala vida que le otorgaba su marido, don Rufino Cabricez, caracterizada por la desasistencia del hogar «... la dureza con que la trataba, la injusticia de negarle todo género de asistencia y socorro, y su distracción con varias mujeres, [...] especialmente pudiendo valerse de otros remedios legales y tomar otras medidas prudentes».

Sin embargo, un inusual argumento añade el fiscal como alegato de la defensa. La razón principal de las acciones descaminadas de María había sido el amor: «Un amor desenfrenado, lleno de arrebatos [...] es causal de varias querellas judiciales».

El amor sin control, la pasión, era el origen de lo ocurrido, no solamente en el caso de María sino en muchos otros en los cuales la razón se deja dominar por el influjo de decisiones contrarias a las leyes. En María, según expone el fiscal Trujillo: «... ha obrado el ímpetu de la ciega pasión de unos celos y de un amor, que llegan al punto de frenesí o locura, por más ilícita que sea o se considere aquella, debe negarse en tal grado el horror del crimen de la Ovalde».

A los ojos del fiscal, en los actos cometidos por María había un solo culpable: el amor irrefrenable y ciego, por tanto no podía censurarse o condenarse ante la religión a la pobre María Ovalde: «Lo que descarrió los pasos de mi pobre encarcelada fue una clemencia vituperable y veprecible [*sic*] de amor, de amor ilícito de amor destituible, de amor en fin que no merece este trato contra las leyes más sagradas de la religión».

No tuvo mucho peso el alegato del defensor, las autoridades no compartieron los argumentos expuestos por el fiscal Trujillo respecto al irrefrenable amor de la Ovalde como motor justificable de sus faltas. El 6 de marzo de 1819 se dictó sentencia en el caso: Tomás Ortis fue condenado al servicio de las armas de Su Majestad el rey por el término de cuatro años contados a partir del momento en que fuese aprehendido. A María Marín, por su parte, se le condenó a servir por un año en el hospital de Caridad de Mujeres en el puerto de La Guaira; concluido el servicio debía regresar con su legítimo marido, don Rufino Cabricez: «... para que viva en su casa y compañía celando su conducta y persona como es obligado...».

Cuando ocurre este fallo contra María y Tomás todavía no ha concluido la guerra. Si Tomás era capturado tendría que servir en los ejércitos del rey, de manera que si finalmente lo capturaron debió participar en las últimas campañas de la guerra, separado de María sin remedio. En el caso de María, tendría que volver a casa de su marido, aunque el amor irrefrenable por Tomás la hubiese hecho cometer todo tipo de infracciones, tal como lo exponía su defensor, aun cuando la falsa certificación de viudez y el cambio de nombre los hubiese hecho mucho antes de conocer a su amado.

Los casos expuestos en las páginas precedentes dan cuenta de los trámites a vencer por aquellas parejas que, en medio de los avatares de la guerra, procuran contraer matrimonio. La unión matrimonial es la vía para la consumación del amor y para formalizar la constitución de una familia legítima, de manera que, como es natural y de esperar, permanece inalterable como parte del mandato establecido e instaurado entre nosotros desde el tiempo de la conquista. La Guerra de Independencia no produjo cambios ni en las prácticas ni los valores relacionados con el matrimonio. Lo que sí ocurre durante estos años, como se pudo apreciar a lo largo de este capítulo, es el surgimiento de nuevas causales para acelerar el enlace y la aparición de nuevos obstáculos que se oponen a la realización matrimonial de las parejas. La inminencia de ser llamado al frente de batalla, los eventos naturales, la pobreza, la falta de hombres, la enfermedad, el miedo a la muerte, el embarazo, la angustia personal, las fugas amorosas, la falsificación de documentos y también el amor son parte de los alegatos expuestos por todos aquellos que, en medio de los avatares de la guerra, desean consagrar su unión y establecer una familia.

Al margen de la epopeya y de los hechos heroicos de la guerra, está cada una de estas historias, vividas por la gente común que buscó la manera de llegar al altar, en medio del conflicto y siguiendo paso a paso lo establecido por la costumbre para llevar a feliz término su unión matrimonial.

Amores contrariados

Un blanco disimulado

EL 20 DE NOVIEMBRE DE 1813, don Nicolás Medina, vecino de Coro, se dirige al alcalde primero constitucional de su localidad, José de Zavala, para impedir que su hermana, doña María del Carmen de Medina, sea conducida al altar por Manuel Coronado. La razón fundamental de su reparo es la «notable desigualdad» que existe entre los novios. Manuel Coronado –dice Nicolás– es un «blanco disimulado» que había tratado de «sorprender la legítima inocencia» de María del Carmen para casarse con ella.

Nicolás no está dispuesto a admitir que su hermana contraiga matrimonio con un hombre como aquél. Solicita que se remita un oficio al vicario de la ciudad, don José Perfecto de Hugo, para que suspenda la publicación de las proclamas matrimoniales hasta la conclusión de la causa[49].

Los novios procuran impedir que Nicolás se salga con la suya. Manuel presenta ante el juez la licencia concedida por la madre de María del Carmen para que se realice el casamiento. El documento está fechado el día 18 de diciembre y en él consta que Rosa Azeituno, madre legítima de la novia, concedió licencia a María del Carmen para unirse en matrimonio con Manuel Coronado,

---

49 «Disenso interpuesto en el matrimonio que Manuel Coronado pretende contraer con María del Carmen Medina», Coro, 2 de diciembre de 1813, Archivo General de la Nación, *Sección Disensos y Matrimonios*, tomo XCII, folios 246-278.

hijo legítimo de don Nicolás Coronado y de doña Rosa Quintero, naturales y vecinos de la noble y leal ciudad de Coro. En el documento se advierte que esta licencia había sido otorgada por la madre con anterioridad con el mismo propósito esponsalicio.

El argumento de Coronado es sencillo: no podía el hermano de la novia oponerse al casorio ni iniciar una causa de disenso «... sin atender que este paso era y es diametralmente opuesto al consenso o consentimiento que María del Carmen tenía de su señora madre para beneficiar el matrimonio conmigo».

Expone Coronado su total desconocimiento de los motivos de Nicolás para oponerse al matrimonio; no obstante, cualesquiera que fuesen no debían causar efecto alguno para demorar la boda ya que Nicolás no era «arte ni parte», precediendo como precedía el consentimiento de la madre, a quien competía privativamente la potestad del disenso o consenso, tal como lo establecía la Real Pragmática de Matrimonios.

«... Debe darse al desprecio la imaginaria oposición del referido Nicolás Medina» es la petición de Manuel Coronado a las autoridades del caso. Suplica que se declare irracional el disenso y se expida por escrito al vicario juez de la ciudad la orden para que los curas párrocos fijen y corran las proclamas, a fin de que la boda se realice en la fecha prevista.

El 25 de diciembre, día de Navidad, Nicolás, el hermano de la novia, insiste en su oposición, ya que el vicario había publicado la primera proclama. Su reclamo es que no podían atenderse los reparos hechos por Coronado mientras el juicio de disenso, iniciado por él, no hubiese llegado a su fin.

En esta segunda representación reitera lo dicho en su primer escrito respecto a la notoria desigualdad que había entre su hermana y su pretendiente. Coronado era un hombre absolutamente desconocido en la ciudad, mientras que los ascendientes de los Medina eran ampliamente conocidos por todos los vecinos de Coro, alega Nicolás. Acto seguido, solicita que se dé una pronta respuesta a su requerimiento ya que él era un «hombre pobre» y no tenía recursos para sostener un «pleito injusto».

Nicolás logra su cometido y las proclamas se suspenden.

Sin embargo, al comenzar el nuevo año, hay una resolución que contraría la pretensión de Nicolás Medina. Vistos los documentos presentados por Manuel Coronado, en los cuales demuestra el consentimiento de la madre de la novia, así como ser de clase igual que su prometida, el tribunal resuelve que se lleve a efecto el casorio «… sin que se pueda suspender por ningún recurso intentado nuevamente por don Nicolás».

Esta resolución del tribunal no impide que Nicolás continúe el pleito. En enero, el hermano de la novia exige que Coronado demuestre cuál es el capital y los bienes de fortuna que posee para sostener con decencia a su hermana y ratifica su rechazo a las pretensiones del «disimulado blanco Manuel Coronado» de contraer esponsales con su hermana María del Carmen, «… a lo que me he opuesto, me opongo y me opondré eternamente, por no haberme hecho ver ser igual a mis ascendencias». Recusa la resolución del tribunal por considerarla gravosa y perjudicial a sus intereses y exhorta al señor vicario, juez excelentísimo, para que se sirva ordenar a los curas que se abstengan de dar las «viciosas proclamas», como lo fueron la primera y la segunda.

Una vez más, Nicolás logra detener el proceso. La última proclama es suspendida, lo cual genera la respuesta airada de Coronado.

Coronado introduce un escrito en el cual manifiesta que la negativa del oponente se debe a la «mala fe» que le profesa. En todas sus recusaciones y pedimentos, Nicolás Medina no había hecho otra cosa que insistir sobre lo mismo, insultando a los tribunales tal como correspondía a su «natural de pobre soberbio», declarándose «de conocida nobleza y notoria limpieza de sangre», cuando *no* era sino un «simple blanco».

A Nicolás no lo asiste la razón, insiste Coronado. La Real Pragmática de Matrimonios no autorizaba a ningún pariente a oponerse a la boda cuando los padres habían otorgado licencia para ello. Solo se planteaba esta posibilidad si quisiesen verificarlo con «la familia de las castas; esto es con negros, mulatos o pardos». Pero este no era su caso. Tanto él como su novia eran de blanca y legítima procedencia y así lo demostraban los documentos consignados ante el tribunal.

No se exime Coronado de denunciar al alcalde primero de la ciudad por haber condescendido a las pretensiones, reclamos y recusaciones de Nicolás Medina. Solicita que se tome una resolución definitiva en esta larga y cansada causa, que se declare irracional el disenso intentado por Medina y que se publique la tercera y última proclama para casarse enseguida con María del Carmen.

El asunto llega a manos del capitán general de Venezuela quien, finalmente, en abril de 1814 autoriza la boda de María del Carmen y Manuel, luego de que se publique la tercera y última proclama.

A Nicolás no le queda otro remedio que someterse al dictado del capitán general, don Manuel Cajigal, representante de la Corona en estas tierras.

El mandato del rey

El episodio muestra un juicio de disenso matrimonial. Este tipo de procedimientos eran bastante comunes en América y también en España desde que el rey Carlos III aprobó la Real Pragmática de Matrimonios, en 1776, y la hizo extensiva a América dos años después. La normativa real, no solamente permitía al Estado intervenir en una materia que hasta ese momento había sido privativa de las autoridades eclesiásticas sino que, además, autorizaba a los parientes más cercanos o a los tutores, en caso de ausencia de los primeros, a exponer sus reparos para evitar un enlace que pudiese resultar inconveniente. El propósito fundamental de esta reglamentación era poner fin a los matrimonios desiguales entre los hijos de familia y darles a los padres o parientes la potestad de intervenir para impedir la boda cuando había notable desigualdad entre los contrayentes. El texto de la Pragmática no deja lugar a dudas respecto al sentido y propósito de la norma. Dice así el mandato real:

> Don Carlos, por la gracia de Dios Rey de Castilla, etc. Sabed que siendo propio de mi autoridad contener con saludables providencias los desordenes que se introducen con el transcurso del tiempo estableciendo para refrenarlos las penas que, acomodadas a las circunstancias de los casos y calidades de las personas, pongan en su vigorosa observancia el fin que tuvieron las leyes y habiendo llegado a ser tan frecuente el abuso de contraer matrimonios desiguales los hijos de familia, sin esperar el consejo y consentimiento paterno o de aquellos deudos o personas que se hallen en lugar de padres, que con otros gravísimos daños y ofensas a Dios resultan la turbación del buen orden del Estado y continuados discordias y perjuicios de las familias, contra la intención y piadoso espíritu de la Iglesia, que aunque no anula ni dirime semejantes matrimonios, siempre los ha detestado y prohibido como opuestos al honor, respeto y obediencia que deben los hijos prestar a su padres en materia de tanta gravedad e importancia[50].

Según establecía la Real Pragmática, los hijos menores de 25 años estaban obligados por orden del rey a obtener el permiso de sus padres o de sus mayores para unirse en matrimonio, tanto los que pertenecían a las clases privilegiadas como aquellos que formaban parte del estado llano. En el caso de los primeros, si contravenían este mandato, se exponían a quedar privados de los derechos y privilegios propios de su condición: perdían el derecho

---

50 Pragmática sanción para evitar el abuso de contraer matrimonios desiguales, El Pardo, 23 de marzo de 1776, Reproducida por Richard Konetzke, *Colección de Documentos para la historia de la formación social de Hispanoamérica*, Madrid, Consejo Superior de Investigaciones Científicas, 1962, tomo III, pp. 406-413.

a dote, a suceder como herederos y a beneficiarse de los vínculos, patronatos o cualquier otro derecho perpetuo de la familia.

En Venezuela, en el Archivo General de la Nación, se encuentran numerosísimos expedientes de este tipo promovidos por personas de la más variada condición, quienes recurrieron a la Real Pragmática de Matrimonios con el propósito de intervenir en la vida afectiva de sus parientes, cuando consideraban que la decisión de alguno de los novios podía ser contraproducente para el buen orden de la sociedad o para el tranquilo desenvolvimiento de la vida familiar. Con ello reafirmaban el estatuto desigual de la sociedad y procuraban que cada quien se mantuviese en su lugar, tal como estaba dispuesto en el orden social, político y jurídico de la monarquía.

Matrimonio entre patriotas

Declarada la Independencia de Venezuela el 5 de julio de 1811, el Congreso aprobó una nueva Ley de Matrimonios el 2 de agosto de 1811. El texto completo fue publicado en la *Gaceta de Caracas* cuatro días después. La ley republicana modificaba de manera sustantiva la Real Pragmática de Carlos III. El estatuto republicano establecía que, a partir de los 20 años, se podía contraer matrimonio libremente sin necesidad de solicitar licencia de los padres, de los abuelos o de los bisabuelos. El cambio más importante estaba en el artículo 5, el cual contemplaba que se podía impedir el matrimonio de los menores de 20 años en el «… caso que quieran enlazarse con algún traidor a la patria». También se admitía el disenso si sobre alguno de los contrayentes pesaba una sentencia de la justicia o había cometido algún delito infame que no estuviese juzgado conforme a las leyes.

Cuando los novios menores de 20 años no tuviesen padres, abuelos o bisabuelos podían casarse libremente, a excepción de que pretendiesen infringir el artículo 5, en cuyo caso podían intervenir los hermanos o cualquier otro pariente. Los expósitos y los extranjeros podían contraer matrimonio con toda libertad, ya que no tenían ascendientes a quienes solicitarles la licencia. Los militares estaban sujetos a la autorización de sus superiores.

Se sancionó también un artículo en el cual se establecía la conveniencia de que los contrayentes mayores de 20 años participaran respetuosamente a sus padres y parientes su resolución esponsalicia, aun cuando estuviesen en libertad de realizar la boda sin el consentimiento de sus mayores.

En el artículo 16 quedaba establecido que los párrocos que contraviniesen la nueva normativa serían condenados a pagar una multa de 200 pesos y quedarían privados del derecho activo y pasivo del sufragio en las elecciones populares por dos años.

El último artículo de la ley derogaba todas las leyes, pragmáticas y disposiciones anteriores a esta nueva declaración[51].

La modificación más sustantiva que incorpora el estatuto republicano de matrimonio está, sin duda, en el artículo 5, el cual elimina el principio fundamental que dio origen a la reglamentación real: evitar los matrimonios entre personas de diferente calidad y lo sustituye por un principio de carácter netamente político: solo en el caso de que alguien pretendiese casarse con un «traidor a la patria» se autorizaba a cualquier pariente a suspender el casorio. Los patriotas solo podían casarse con patriotas. Los «traidores a la patria», en consecuencia, no podían contraer matrimonio.

¿Se cumplió esta ley de matrimonios en Venezuela? ¿Hubo algún juicio de disenso promovido por un patriota furibundo cuyo propósito fuese impedir la boda de algún pariente suyo con un traidor a la patria?

En el caso de Nicolás Medina y Manuel Coronado está claro que el promotor de la querella recurre a la Pragmática del Rey cuando alega la desigualdad entre su hermana y el pretendiente;

---

51   Ley de Matrimonios, 2 de agosto de 1811, *Gaceta de Caracas*, 6 de agosto de 1811.

también que Coronado responde acogiéndose a los preceptos de la misma normativa real. El juicio, además, ocurre el año de 1813 y en la ciudad de Coro, entidad que desde 1810 se mantuvo leal a la Corona, rechazó la propuesta autonomista de Caracas y enfrentó y derrotó al ejército que envió la Junta Suprema para someter a la ciudad. Este hecho de armas fue reconocido por el Consejo de Regencia y las Cortes de Cádiz con la sanción de un decreto en el cual se le concedió a Coro el título de «Muy Noble y Leal Ciudad».

Difícilmente podían tener eco entre los habitantes de esta noble y leal ciudad, las leyes y reglamentos aprobados por un gobierno insurgente que había traicionado al rey y a la monarquía española.

Además, como se sabe, la República sucumbió el 25 de julio de 1812, es decir, once meses después de sancionada la ley republicana de matrimonios y, aun cuando en agosto de 1813 se restableció el orden republicano, la situación de Coro no se modificó. La «muy noble y leal» Coro siguió fiel a la monarquía hasta que concluyó la guerra.

El caso de Medina versus Coronado, como ya se vio, llegó a manos del gobernador y capitán general Juan Manuel Cajigal y Niño, quien había sido nombrado para el alto cargo por las Cortes de Cádiz en febrero de 1814. Apenas dos meses después de su designación como capitán general de Venezuela y en medio de las difíciles circunstancias en las cuales se encontraban los territorios a su cargo, Juan Manuel Cajigal firma el oficio autorizando la boda de Manuel Coronado y María del Carmen Medina, aun cuando sus prioridades eran, obviamente, recuperar el control de la provincia de Caracas, en manos de los patriotas desde agosto de 1813.

Un enlace sin ventajas

La expansión y recrudecimiento del conflicto bélico y la oferta republicana de la igualdad no tuvieron el menor efecto en el parecer de quienes, en medio de los avatares de la guerra, seguían estimando inconveniente un enlace desigual y recurrieron a los mandatos del rey para evitar que algún miembro de la familia cometiese el despropósito de casarse con una persona de inferior calidad.

En el mes de septiembre del año de 1815 doña María Josefa Mijares de Solórzano se dirige a los tribunales para impedir el matrimonio de su hija doña María del Rosario Ustáriz con Juan Evangelista Caballero. Para el momento en que doña María Josefa inicia el juicio de disenso, Caracas y la mayor parte del territorio perteneciente a la Capitanía General de Venezuela se encontraba de nuevo bajo la autoridad de los realistas. La derrota de las fuerzas patriotas en diciembre de 1814 obligó a la mayoría de sus jefes, incluido Bolívar, a huir de Venezuela: unos se encontraban en las Antillas y otros en la Nueva Granada incorporados a las filas patriotas de aquel país.

Desde el mes de mayo de 1814 había cambiado el panorama político en España; en mayo, Fernando VII regresó al trono y se restauró el absolutismo en España; fueron disueltas las Cortes, derogados todos sus decretos y leyes y abolida la Constitución de Cádiz; por órdenes de Fernando VII se reorganizó el ejército y se dispuso aniquilar la insurgencia a fin de consolidar la autoridad del rey en todas las provincias disidentes.

En abril de 1815 llegó a la isla de Margarita la imponente expedición pacificadora de Pablo Morillo y un ejército integrado por seis unidades de infantería y 2 unidades de caballería, 500 oficiales, 10 000 soldados y una escuadra de 60 barcos; su propósito era someter por las armas al ejército republicano.

La señora Mijares de Solórzano, indiferente a las ocurrencias políticas de su entorno, recurre a los principios consagrados por la Pragmática de don Carlos III a fin de oponerse al matrimonio que pretende contraer su hija. Presenta al juez los documentos que certifican «el ilustre rango de su familia y los empleos y distinciones honoríficas con que han sido condecorados», y solicita que en virtud de la «desigualdad notoria que hay entre su calidad y la de don Juan Evangelista Caballero», se declare racional el disenso y se impida el enlace[52].

Además de los papeles que demuestran su rango y calidad, la madre de María del Rosario recurre a varios testigos a fin de que avalen su parecer y ofrezcan testimonio respecto al origen y condición del pretendiente de su hija.

Uno de ellos es don Joseph Suárez Aguado. Don Joseph declara conocer tanto a la madre como a la abuela del pretendiente; la primera de nombre Phelipa Parra y la segunda Dominga Hernández. Ambas eran «… personas miserables que concurrían a mi casa por limosna y parecían blancas», dice don Joseph. El abuelo del pretendiente era tenido y reputado por indio y su mujer se decía que era mulata. Cuando el padre de Juan Evangelista Caballero se casó con Phelipa Parra –continúa don Joseph– supo que Dominga, la madre de Phelipa «… hizo mucho duelo porque, aunque miserable, desmerecía a su hija por ser Caballero de peor linaje».

Finaliza su declaración dando información acerca de las precarias condiciones económicas de Juan Evangelista Caballero. El novio de María del Rosario Ustáriz «… no tiene casa, hacienda ni finca alguna ni oficio ni modo alguno de que subsistir, pues por su pobreza e ineptitud le conseguí que le hicieran sacristán menor de la Catedral y de esta plaza».

Esta misma información es utilizada por la señora Mijares de Solórzano a fin de insistir en su petición, ya que María del Rosario tenía 28 años cumplidos y, por tanto, según la Real Pragmática, no necesitaba licencia de sus mayores para contraer matrimonio. No obstante, otras disposiciones reales autorizaban a los

52 «Doña María Josefa Mijares de Solórzano se opone al matrimonio de su hija Doña María del Rosario Ustáriz con Don Juan Evangelista Caballero», Caracas, 12 de septiembre de 1815, AGN, *Sección Disensos y Matrimonios*, tomo LXIX, folios 1-50.

mayores, en circunstancias como la descrita, a dirigirse a las autoridades para impedir «el irracional arbitrio de los hijos».

Aunque quisiera desentenderse de su justo reparo –continúa doña Josefa– no podía convenir en ese matrimonio porque no hallaba en el pretendiente «las cualidades que deben adornar a un padre de familia».

Caballero, tal como afirmaba don Joseph, no tenía bienes de fortuna ni un oficio u ocupación honesta, por tanto no se encontraba en condiciones de satisfacer las necesidades de su hija y mucho menos podría atender las graves cargas del matrimonio. La conclusión de doña María Josefa es totalmente pesimista. Si su hija se casaba con Caballero iba a «… hacerse miserable y desgraciada; saciada aquella pasión irracional que produce la celebración de estas nupcias seguirá el fastidio, a este el aborrecimiento mutuo, las riñas y desavenencias domésticas y, finalmente, una pública y escandalosa separación».

Termina su exposición con la siguiente sentencia: «… consultando el bien particular de la citada mi hija y aun el general público de la sociedad, yo no veo que este enlace repare ningunas ventajas a aquélla ni a éste».

Juan Evangelista y María del Rosario, al igual que lo hicieron Manuel y María del Carmen en Coro, le salen al paso a los reparos de doña Josefa. En primer lugar, alegan la edad de María del Rosario: la novia tenía 28 años, por tanto estaba autorizada a casarse sin el permiso de su madre. Al mismo tiempo, Juan Evangelista refuta los argumentos esgrimidos por su futura suegra y procura demostrar que no existe entre él y su prometida la notoria desigualdad que expone doña Josefa. Con ese fin presenta ante el juez su partida de bautismo, la de sus padres, la del casamiento de estos y suplica se sirva admitirle información de su limpieza de sangre, buena vida y costumbres mediante la comparecencia de testigos.

Le solicita al cura doctrinero de la iglesia parroquial de Nuestra Señora de Altagracia, la certificación de su limpieza de sangre, la cual le había sido expedida en abril de 1811, cuando aspiró a ingresar al estado eclesiástico. El papel del cura certifica la legitimidad, la limpieza de sangre y la buena vida y costumbres de Juan Evangelista Caballero.

Los protagonistas de esta historia, al igual que el resto de los habitantes de Caracas, durante los cinco años que anteceden al pleito han vivido una serie de sucesos poco comunes: el capitán general fue destituido, se practicaron elecciones, se instaló un congreso, se declaró la Independencia, hubo un terremoto que dejó en ruinas la mayor parte de la ciudad, se libraron combates, la ciudad fue tomada militarmente primero por las armas patriotas, luego por las fuerzas leales a la Corona en julio de 1812; justo un año después, los ejércitos republicanos ocuparon de nuevo la ciudad y, al cabo de once meses, Caracas fue sitiada por las armas del rey y abandonada por sus habitantes en la fatídica emigración a Oriente.

Ese año de 1814, en agosto, fueron restituidas las autoridades realistas y se procedió a jurar lealtad a Fernando VII en la Plaza Mayor. En cada una de esas ocasiones se declaró la ley marcial, se sometió y persiguió a sus pobladores, se practicaron levas forzosas y se obligó a sus habitantes a contribuir económicamente con el mantenimiento de la guerra. La ciudad mostraba un estado deplorable: las ruinas del terremoto seguían intactas, la escasez de alimentos era generalizada, el pillaje estaba a la orden del día, muchísimas mujeres, en ausencia de sus maridos, hijos o hermanos, buscaban la manera de atender sus necesidades básicas; la mayoría de las familias tenía algún muerto que lamentar y para nadie estaba claro cuál sería el desenlace de aquel prolongado y cruento conflicto.

Sin embargo, doña María Josefa, una blanca criolla y principal, se aferra a los valores establecidos desde antiguo para impedir que su hija sea llevada al altar por un sujeto de inferior calidad y sin recursos económicos. En las difíciles condiciones en las cuales se encuentra la ciudad, muy bien podía significar un alivio que María del Rosario consiguiera marido, con 28 años cumplidos y en medio de las difíciles circunstancias del momento era una boca menos que alimentar. Pero no ocurre así. Para doña Josefa sigue siendo más importante mantener el lustre y calidad de la familia que admitir el ingreso de Juan Evangelista en la blanca sociedad. Caballero, por su parte, no recusa los motivos de doña Josefa sino que, siguiendo los valores establecidos desde antiguo, trata de demostrar su blanca procedencia y que es un hombre de buenas y arregladas costumbres para poder casarse con María del Rosario Ustáriz.

El fallo final del tribunal favorece a la madre de la novia. María del Rosario no pudo ser conducida al altar por su pretendiente por la notable desigualdad existente entre ambos, lo cual no favorecía ni a la novia ni a la sociedad, tal como argumentaba doña Josefa. Distinto desenlace tiene el episodio de la joven doña Vicenta Damado.

Blanca, huérfana y fecundada por un pardo

Doña Vicenta Damado, a diferencia de María del Rosario, no tiene quien intervenga para impedir su enlace con un hombre de inferior condición. Vicenta es blanca, huérfana, vive en Caracas y tiene 19 años. Desde el fallecimiento de sus padres quedó al cuidado de José Francisco Argote, un amigo de la casa, conocido y reputado por pardo.

Pero ocurrió que José Francisco se fue encariñando con la muchacha y se convirtió en su pretendiente. Producto de la relación afectiva entre protector y protegida, Vicenta quedó embarazada.

En agosto de 1816, José Francisco Argote se dirige al capitán general de Venezuela para solicitarle que lo autorice a contraer matrimonio con doña Vicenta Damado. No se le escapa que existe un impedimento para celebrar la boda: la notable desigualdad existente entre su persona y la de su protegida: ella es blanca y él un pardo.

El texto de su comunicación es como sigue:

Señor Presidente Gobernador y Capitán General:

José Francisco Argote, de calidad pardo, y vecino de esta capital, como mejor proceda en derecho ante Vuestra Señoría parezco y digo: Que al espacio de dos años que compadecido de la situación miserable e indigente de doña Vicenta Damado de este mismo vecindario, he sacrificado mis sudores y fatigas en sostenerla, de modo que no le faltase lo necesario para subsistir ni tampoco la decencia correspondiente a su calidad sin otro estimulo para este procedimiento que la estrecha e íntima amistad que llevaba con sus difuntos padres, a quienes merecí un singular aprecio y algunos muy distinguidos y particulares beneficios.

Confíelo, señor, ingenuamente que el trato familiar proporcionado por estas circunstancias, ha engendrado entre nosotros una especie de cariño que insensiblemente ha tocado los extremos de la pasión, de que ha resultado la fecundidad de mi protegida, la mencionada doña Vicenta y, este acontecimiento al paso que es tan doloroso cuando trae consigo la difamación de esta niña, cuyo honor y reconocimiento ha sido conforme a la bella crianza que le dieron sus padres, me compele no menos que a salvar su reputación honrándola como es debido por medio del matrimonio.

No se me esconde la desigualdad que aparece entre los dos, pero estoy en el caso de recomendar a la alta consideración de ustedes, tanto la situación de la sobredicha doña Vicenta que de no enlazarme con ella quedaría reducida a la más vergonzosa situación, como así mismo la asistencia que le he prestado y continúo prestando en alimentos y demás necesario de su persona, de que carecerá en lo sucesivo quedando igualmente expuesta a las mayores miserias, sin abrigo, sin protección, atendida su orfandad ya que su patrimonio no es otro que el que ella misma ha vinculado sobre su conducta. Por tanto rendidamente a ustedes suplico se sirva habilitarme para contraer matrimonio a que aspiro con la citada doña Vicenta Damado mediante a que por Real Orden de Su Majestad se hallan ustedes con las facultades necesarias. Es justicia que imploro[53].

La petición de José Francisco tiene como motivación salvar el honor y reputación de la joven e impedir que se le difame e injurie; al mismo tiempo advierte que, de no autorizarse la boda, Vicenta quedaría reducida a una situación vergonzosa y se vería expuesta a la mayor miseria, ya que dejaría de contar con su auxilio económico, tal como lo había hecho durante los últimos dos años.

El capitán general ordena realizar las diligencias del caso y le solicita al alcalde del cuartel y al cura de San Pablo, parroquia a la que pertenece doña Vicenta, la información necesaria para establecer la veracidad del relato de Argote sobre el linaje de la pretendida y la utilidad del enlace solicitado.

Domingo de Herrera, cura de San Pablo, da respuesta a la solicitud del capitán general el 2 de septiembre. Doña Vicenta –dice el padre– vive en su feligresía desde hace aproximadamente un mes; sabe y le consta que la joven es blanca, que sus padres también lo fueron, que no tiene hermanos ni tíos y que cuenta con dieciocho o diecinueve años. Respecto a José Francisco señala conocerlo, que se desempeña como barbero y que es, «… pardo pero honrado, hombre de bien y que no ha dado mala nota de su persona». Concluye su exposición diciendo que «… la mala versación que tienen ambos es notoria y que se halla fecunda la pretendida que él es quien la sostiene, y que de no casarse con ella quedaría perdida y sin reputación».

La respuesta de don Vicente Sarría, alcalde del cuartel, tiene fecha 17 de septiembre y deja ver las reservas que le despierta al funcionario la posibilidad de que se realice la boda entre la blanca Vicenta y el pardo Argote. No se detiene el alcalde Sarría en

53   Don José Francisco Argote por doña Vicenta Amado en su defensa ante injurias de su conducta, Caracas, agosto de 1816, Archivo de la Academia Nacional de la Historia, *Sección Civiles*, documento 1588, tomo 343, A-5-5, 3 folios.

consideraciones respecto a las condiciones en las cuales se encuentra la joven ni le preocupa que pueda verse afectada en su honor y reputación. Se pronuncia exclusivamente sobre la utilidad y conveniencia de este enlace, a todas luces desigual. Estima Sarría que para el estado político era importante «conservar y aumentar la clase de los blancos»; de ninguna manera debía contribuirse a su disminución por los medios que produce la incontinencia sancionando su legalidad y legitimidad mediante la celebración del matrimonio. En su dictamen ratifica la diferencia notoria de linaje que existe entre los novios.

Vicenta no declara ni tiene parte alguna en el juicio.

El capitán general decide, finalmente, autorizar el matrimonio; para ello se acoge a las consideraciones expuestas por el venerable cura de la parroquia de San Pablo y a lo dispuesto por Su Majestad en la Real Cédula del 27 de mayo de 1805, en la cual se autorizaba a los jefes políticos y militares a decidir respecto a esta materia, cuando las condiciones así lo exigiesen. No le pareció conveniente a la máxima autoridad de la provincia exponer a doña Vicenta a quedar sin reputación y a que pudiese entonces perderse, como seguramente ocurriría si no se casaba con su protector. Se trataba, sin duda, de una circunstancia especial que no modificaba el parecer establecido respecto a la inconveniencia de los matrimonios desiguales, no solamente entre los hijos de familia sino también entre los sectores más desposeídos de la sociedad, tal como puede apreciarse en el episodio que sigue a continuación.

Un pardo adulterado en la clase de indio

Fernando Perdomo, un hombre humilde que vive malamente de lo que produce un pequeño conuco que tiene en las cercanías de Cagua, el 18 de octubre de 1818 se dirige a los tribunales de Cagua. El objetivo de la visita es impedir la boda de su hija con José Tomás Villanueva, un hombre de inferior calidad.

¿Qué alega don Fernando Perdomo para oponerse a la boda de Isabel?

Que José Tomás Villanueva no es indio puro «… pues su padre ha sido de color pardo»[54]. Aquí resulta conveniente precisar que, de acuerdo con los estatutos establecidos en tiempos de la colonia, los indios como habitantes originarios de América eran considerados limpios de mala raza; no así quienes provenían de la mezcla con negros, quienes indistintamente eran calificados como pardos. Es esta diferencia la que alega Perdomo en su escrito.

Perdomo no solamente es un hombre pobre, tampoco sabe leer ni escribir, como la gran mayoría de los venezolanos de entonces. Para el momento en que inicia la querella, la zona de Cagua se ha visto devastada por la guerra. Seguramente, Perdomo vio desaparecer su conuco, una y otra vez, como consecuencia de la presencia de tropas de uno y otro bando en busca de alimentos. Sin embargo, ni la guerra, ni la escasez, ni su extrema pobreza lo inhiben de iniciar un juicio de disenso para evitar las pretensiones esponsalicias de José Tomás Villanueva con su hija.

Perdomo, aunque pobre, es un hombre blanco y su hija también. Bajo ningún concepto está dispuesto a admitir el ingreso de José Tomás Villanueva en su familia, por una sencilla razón: Villanueva proviene de la mezcla con negros, es un hombre que pertenece a las castas.

Villanueva responde al disenso interpuesto por el padre de Isabel. No tienen mayor fundamento los reparos de Perdomo –alega Villanueva– por una razón que no admitía la menor discusión: «**yo gozo de igual posición de calidad de indio tributario**», declara Villanueva ante el juez.

---

54 Expediente promovido por José Tomás Villanueva, alcalde del cabildo de naturales del pueblo de Cagua sobre matrimonio con Doña Isabel Perdomo y disenso puesto por el padre de esta, octubre de 1818, AGN, *Sección Disensos y Matrimonios*, tomo LXX, folios 269-307. Los subrayados que aparecen en el texto original aquí los colocamos en negritas.

El pretendiente de Isabel Perdomo era el alcalde del cabildo de naturales de Cagua y como tal gozaba de los privilegios concedidos a los individuos de su misma esfera. Los motivos de Perdomo eran muy débiles y, por tanto, no había nada que averiguar respecto a la calidad de su padre.

Además –continúa Villanueva– en el caso de que efectivamente perteneciera al rango de pardo del estado llano; aun así, de acuerdo con las últimas disposiciones reales, el enlace podría realizarse ya que no había una notoria desigualdad entre él y su prometida.

Su hombría de bien, sus virtudes políticas y morales, la estimación pública de que gozaba, sus honrados procedimientos y su calidad de indio tributario podían balancearse con las «igualdades» de don Fernando Perdomo y familia y «… **si ellos (es verdad) son personas blancas**; también lo es que corren en un predicamento común, sin ninguna estimación ni distintivo que arenga o forme la notable desigualdad que exigen las soberanas determinaciones».

El alcalde Villanueva solicita que se interrogue a varios testigos para que respondan si saben y les consta que goza de la calidad de indio tributario por haber nacido de padre de esta clase y estar matriculado bajo esa condición; si, por el conocimiento que tienen de su persona, saben y les consta la mucha estimación que se le tenía entre la gente de todas las clases; y que respondiesen si sabían y les constaba que su padre y su madre eran y habían sido reputados por indios tributarios y si, como tales, pagaban los competentes derechos y habían merecido siempre el concepto de honrados. Concluía el interrogatorio solicitando a los testigos que dijesen si don Fernando Perdomo y su esposa doña María Josefa Toro, aunque eran conocidos como personas blancas, nunca habían «… merecido la menor distinción, manteniéndose en un estado de oscuridad, sin estimación y viviendo don Fernando casi separado de su mujer por desavenencias domésticas que han degradado su concepto, por cuya razón él y su familia se han visto en todos por fuera del rango de personas distinguidas» y que, por consiguiente, no podía decirse que hubiese notoria desigualdad entre él y su pretendida.

Juan Hilario González, vecino de Cagua, responde al interrogatorio presentado por Villanueva y confirma la condición de indio tributario del interesado, su buen proceder, conducta arreglada y la estimación de que gozaba en la ciudad. Respecto a los Perdomo dice Juan Hilario ser verdad que «... don Fernando Perdomo y su esposa son personas blancas»; sin embargo, comparte el mismo parecer que Villanueva: los Perdomo «... nunca han tenido aquella distinción y carácter de los de su clase, pues por las desavenencias de dicho consorcio han vivido en oscuridad».

Juan Caricio, otro testigo de la misma población, dice que don Fernando Perdomo y su esposa son personas blancas aunque pobres y que Perdomo vivía en su conuco trabajando, separado de su familia, ignorando el declarante por qué razón.

Villanueva anexa al expediente su partida de nacimiento y el acta de matrimonio de sus padres: en la primera dice que José Tomás Villanueva es hijo de Pedro Pablo Silva, **pardo** y de María Magdalena Bolívar, india tributaria, y que nació el 18 de septiembre de 1890 y recibió el sacramento del bautizo el 29 de septiembre del mismo año.

El acta de matrimonio de los padres también deja explícita la calidad de ambos contrayentes. Allí dice que el 15 de febrero de 1790 contrajeron matrimonio en la iglesia parroquial de Cagua los padres de José Tomás: **Pedro Pablo Silva, mulato libre** y María Magdalena Bolívar, zamba tributaria. Hasta aquí los alegatos de Villanueva.

La familia Perdomo responde los argumentos y pruebas presentados por Villanueva. En esta ocasión, Fernando Perdomo no está solo en su querella: lo acompaña don Juan Quintero, primo político de Isabel Perdomo, la pretendida de José Tomás. Juan está casado con doña Francisca Horta, prima carnal de la novia, quien interviene en el juicio como apoderado de Perdomo y también en defensa de su honor, por ser pariente político de la muchacha.

Su único propósito es «… hacer presente al tribunal la notoria desigualdad que media entre Villanueva y la expresada mi prima política».

De seguidas, expone las razones que sustentan el disenso: la partida de bautismo de Villanueva manifiesta claramente que su padre, Pedro Pablo Silva, es un pardo; y la de casamiento de sus padres deja también claramente establecido que su madre era zamba tributaria. De ambos documentos resulta muy fácil colegir que,

> … así como Pedro Pablo Silva fue habido de pardo e India, como se supone también lo fue entre una y otra clase su madre María Magdalena Bolívar, la calidad de indio entre esta familia se ha disminuido en tanto grado que si bien se mira no viene a ser otra que la de Pardo… No queda duda alguna de que José Tomás Villanueva es pardo tanto por haberlo sido su padre cuanto porque su madre más tiene de ello que de indio; y siendo como resulta un pardo adulterado en la clase de indio no puede llevar a efecto el matrimonio que intenta al que solemnemente me opongo según disposiciones reales.

Don Juan Quintero no solamente deja claro que Villanueva es pardo, sino que también refuta las opiniones adversas esgrimidas por Villanueva sobre su parentela. Su prima política, Isabel Perdomo, fue concebida, sin asomo de dudas, por padres blancos; aunque humildes y sin bienes de fortuna, sus parientes eran de honrados procederes y por ningún motivo podían «… perder el rango y la calidad con la que los distinguió la naturaleza». Si por su pobreza no se encontraban en la «elevación de primeras personas», tenían parientes muy distinguidos: el bachiller don Antonio Hernández Calixto; el presbítero don N. Arana y don D.S. Fremarías. Todos ellos reputados vecinos de la localidad.

El padre de Isabel también responde a Villanueva. Al igual que Quintero, le interesa insistir en que su pobreza no podía, bajo ningún concepto, desmerecer de su condición de blanco «... ¿es acaso la pobreza y el estado humilde un motivo para degenerar de la clase en que me constituyó la naturaleza?», se pregunta Perdomo.

Los señores por sus riquezas pueden tener distinciones y otras preeminencias pero yo, aunque inferior en bienes temporales, soy igual en cuanto a clase que los primeros. El estar pobre sólo me puede hacer sufrir las miserias y trabajos que rodean a los de esta clase, pero no a que deje de ser lo que efectivamente soy: un hombre blanco, honrado, solo sujeto a trabajar para mantenerme.

Para ser más enfático se permite una comparación: «... decir que por no tener dinero ni bienes de fortuna no soy blanco, es lo mismo que dijera que el día que el señor teniente amanece sin medio no es blanco ¿podría verse conjetura más torpe y desproporcionada?»

Tampoco admite la pretensión de Villanueva de hacerse pasar por indio alegando que pagaba tributo y era alcalde del cabildo de naturales del pueblo de Cagua.

No podía obligarse a Perdomo ni a su familia a tener la misma condescendencia que tuvieron los indios al aceptar a un pardo en su cabildo. Sostener, como lo hacía Villanueva, que gozaba de los privilegios de indio era

... una demencia ya que ni los debía gozar por ser pardo, ni menos hacer mérito de ellos cuando queda justificado lo contrario, y si los indios tuviesen mejor obligación, no lo hubieran admitido en su cabildo ni él tendría entonces motivos para querer ser lo que no es y ocasionarme los perjuicios que estoy experimentando. Siendo como es pardo nunca puede ser indio y el estar admitido entre ellos ha sido por una tolerancia o debilidad de ellos, que si la padecieron sea del modo que fuese, yo no estoy obligado a degradarme porque ellos lo hayan hecho así.

Finaliza su exposición de manera enfática e inequívoca: «Por las razones expuestas, me opongo siempre y me opondré hasta recurrir a la Soberana Real Audiencia, en caso necesario, al matrimonio de mi hija con el citado Villanueva».

Es y será zambo hasta que muera

Los novios, como era de esperar, no se conforman con las respuestas de Perdomo y Quintero. Cuando a Isabel le hacen saber las objeciones de su padre y de su pariente político respecto a su enlace con Villanueva, se limita a declarar que está de acuerdo con todas las diligencias practicadas por su prometido y que está decidida a casarse con José Tomás.

Villanueva no se queda quieto y procura obtener licencia de las autoridades para celebrar la boda. El 13 de noviembre de ese mismo año 1818, don Nicolás García, asesor del teniente y justicia mayor del pueblo de Turmero, recomienda conceder la licencia y el 18 don José Félix Rasco, comandante militar y político de Turmero, habilita a Isabel Perdomo para que «pueda ocurrir al venerable cura párroco del pueblo de Cagua en prosecución de las diligencias correspondientes a su matrimonio».

Perdomo y Quintero no aceptan esta última resolución y recurren a la Real Audiencia de Caracas, máxima instancia de administración de justicia. Los representa don Domingo Pérez de Guzmán, procurador de número de la Audiencia.

De acuerdo con el criterio del procurador de la Audiencia, se había cometido una arbitrariedad al conceder la licencia que autorizaba la boda de Isabel Perdomo. Villanueva no era la persona indicada para hacer la solicitud, este trámite debía hacerlo Isabel, de manera que había allí un primer defecto. Sin embargo, esto no era lo más importante, la habilitación concedida a Isabel y José Tomás por el teniente y justicia mayor de Turmero infringía los mandatos de las Reales Cédulas de Su Majestad en las cuales estaba dispuesto «… terminantemente y sin dejar el menor motivo de dudas que los mulatos y gentes de castas no pueden casar con las personas blancas y lo que es más con los indios puros, aun cuando unos y otros sean mayores de edad».

Autorizar la celebración de la boda, tal como había sido hecho por las autoridades de Turmero, contravenía la disposición real, «… con notable agravio de la calidad de mi representado y de su familia, siendo como son personas blancas, tenidas y reputadas por tales». Las credenciales de Fernando Perdomo así lo demostraban.

Fernando Perdomo sirvió en el batallón de milicias de blancos en los valles de Aragua, en clase de sargento segundo y, de haber continuado en el servicio, habría sido oficial; además, sus conexiones y parentescos lo acreditaban como tal.

La celebración del enlace –continúa don Domingo Pérez de Guzmán– desgraciaría para siempre a doña Isabel Perdomo y su posteridad, llenando de vergüenza a los de su familia y enlazados con ella, que siendo personas blancas y de aprecio y estimaciones como don Juan Quintero, oriundo de islas Canarias y casado con una prima hermana de doña Isabel, no pueden ver con indiferencia, ni consentir semejante matrimonio.

El hecho de que José Tomás Villanueva estuviese tributando y fuese alcalde del cabildo de naturales de Cagua no modificaba su origen ni calidad. La partida de bautismo manifestaba claramente que su padre era pardo y el acta de matrimonio que su madre era zamba. De aquí se deduce que «… nada importa que sea o no tributario, ni tampoco hombre de bien y que por sus cualidades se haya de generar, ni su nacimiento por ello se mejora, pues es y será zambo hasta que muera».

Demostrada como estaba la notable desigualdad de linaje existente entre la blanca doña Isabel y el zambo José Tomás, el procurador don Domingo Pérez de Guzmán era del parecer que había poderosos inconvenientes para celebrar la boda. En las Reales Cédulas de Su Majestad estaba claro que no debía hacerse ninguna distinción respecto a las virtudes, honradez y circunstancias de los pretendientes, contrayéndose exclusivamente a la calidad de estos y prohibiendo de manera expresa la celebración de matrimonios «entre personas blancas y de notoria limpieza de sangre con las de negros mulatos y demás castas, aun cuando unos y otros sean de mayor edad, cuya barrera se ha tratado de saltar en la presente ocurrencia con infracción de las soberanas disposiciones y en agravio y ofensa del honor y la calidad de la familia de mis constituyentes».

Si Isabel hacía uso de la licencia concedida arbitrariamente por las autoridades de Turmero y se casaba con José Tomás: «sólo sacaría por fruto un serio arrepentimiento de haber contraído matrimonio con persona desigual, luego que temperada la pasión del amor, advirtiese que sus hijos y posteridad, no pueden optar a los empleos, puestos y dignidades que las personas blancas».

El alto tribunal ordena librar despacho al corregidor teniente justicia mayor del pueblo de Turmero con la exposición de don Domingo Pérez de Guzmán. No parece probable que recibido el oficio del alto tribunal tuviese feliz término el proyecto esponsalicio del pardo adulterado José Tomás Villanueva con la pobre, pero blanca, Isabel Perdomo.

El miedo a la igualdad

Preservar la desigualdad con la cual Dios había creado a los hombres era un principio fundamental de la sociedad antigua. La Real Pragmática de Matrimonios expresaba cabalmente este valor crucial para la conservación del orden y la estabilidad de la sociedad. La práctica de la desigualdad también era ostensible y visible en las ceremonias públicas y en el comportamiento cotidiano de la sociedad. En la misa, las procesiones, las juras, fiestas y actos ceremoniales cada quien ocupaba el lugar que se correspondía a su calidad; el vestuario, las prendas y los adornos utilizados por la población establecían claramente la condición y calidad de cada quien.

Las alteraciones suscitadas por la Guerra de Independencia no modificaron estos principios establecidos y practicados durante casi tres siglos. Además, el discurso de la igualdad generaba profundas reservas, incluso entre los promotores de la Independencia, la mayoría de ellos pertenecientes a los sectores privilegiados de la sociedad. Cuando se discutió en el Congreso el tema de la igualdad, el 31 de julio de 1811, muchos de los miembros del Congreso expresaron sus reparos y se opusieron a la sanción de una ley que otorgara la igualdad a los pardos[55]. No consideraban conveniente alterar el orden de la sociedad. Si bien algunos expusieron la necesidad de evitar «ciertos tratamientos odiosos que chocaban a las otras clases» y se pronunciaron respecto a «ser un poco más liberales con los pardos», muy pocos se manifestaron a favor de otorgarles la igualdad. Solo dos diputados se pronunciaron a favor: Francisco Javier Yanes y Antonio Nicolás Briceño. Sin embargo, no lograron convencer a la asamblea. El punto fue diferido para una nueva discusión.

No obstante, transcurridos seis meses de este desacuerdo, el 21 de diciembre se sancionó la Constitución de Venezuela. El artículo 203 de la Constitución revocaba y anulaba en todas sus partes las leyes antiguas que imponían degradación civil a los pardos. A partir de aquel día los pardos quedaban en «… posesión de su estimación natural y civil y restituidos a los imprescriptibles derechos que les corresponden como a los demás ciudadanos».

---

55 El debate y las opiniones de los diputados sobre la igualdad de los pardos están recogidos textualmente en el libro de debates del Congreso Constituyente. Puede verse al respecto la sesión del 31 de julio de 1811 en *Congreso Constituyente de 1811-1812*, Caracas, Publicaciones del Congreso de Venezuela, tomo I, pp. 201-207.

Esta declaratoria no modificó el parecer ni las prácticas respecto a la desigualdad existente en Venezuela. Los miembros del Congreso, al igual que muchos de los seguidores de la Independencia no vieron con simpatía la «igualación de los pardos»; también fue rechazada por quienes se opusieron a la Independencia desde el primer día, como fue el caso de María Antonia Bolívar, la hermana del Libertador, y por aquellos que, luego de defender la propuesta independentista, se distanciaron de ella horrorizados, entre otras cosas, por el discurso disolvente de la igualdad, como el marqués del Toro.

Francisco Rodríguez del Toro le escribe una comunicación a la Regencia de España en febrero de 1813 para exponerle los sucesos de Venezuela. Allí expresa la preocupación que le causaba el terrible influjo que había adquirido la «gente de color» y los «blancos exaltados»; un mes más tarde, en su representación al príncipe regente de Inglaterra, lo exhorta a que intervenga en el país a fin de impedir que la gente de color, cuyas ideas y ambición habían sido despertadas por el partido revolucionario, pudiesen tomar el control de la situación y encender en Venezuela y en las islas del Caribe el mismo fuego que había azotado Santo Domingo pocos años antes.

También María Antonia Bolívar, en uno de los oficios que envía en 1816 a la Real Audiencia de Caracas, expone su parecer respecto a lo que estaba ocurriendo en Venezuela. Una de sus mayores mortificaciones era precisamente que se hubiese instaurado «el fanatismo de la igualdad» el cual, junto a otros «monstruos desoladores de los pueblos», conducirían a la desgracia y ruina de su país. Denunciaba, aterrada, la imprudencia y obstinación del partido revolucionario y de sus jefes, quienes habían puesto «en manos de los originarios de África, el cuchillo con que serían sacrificados los españoles de uno y otro lado del hemisferio».

Poco tiempo después, en 1819, le escribe una comunicación al rey de España, insiste sobre el mismo tema y le expresa su rechazo a las ideas de los revolucionarios, a quienes califica de «fanáticos secuaces de la libertad imaginaria»[56].

El temor y rechazo a la igualdad como factor desencadenante de la anarquía y la disolución social era compartido por los oficiales provenientes de la península. El general Pablo Morillo, jefe de la expedición pacificadora, quien llegó a las costas venezolanas en 1815, en más de una ocasión manifestó sus reservas y malestar por los ascensos militares otorgados a sujetos pertenecientes a las castas, indisciplinados y sin sentido del orden y del honor militar; desde su llegada desconoció muchos de los ascensos otorgados por José Tomás Boves, procuró disciplinar y establecer normas para el funcionamiento del ejército a su cargo, regularizó el suministro de recursos, castigó y persiguió el pillaje, intentó evitar los saqueos y, al finalizar el año de 1817, envió a España al capitán pardo Alejo Mirabal «por ser enemigo de los blancos y por el mucho influjo que tiene sobre las gentes de color».

Todos aquellos que estimaban inconveniente introducir modificaciones que afectaran el orden y estabilidad de la sociedad, veían con preocupación el discurso de la igualdad y la oferta de liberar a los esclavos que se hacían desde las filas patriotas. El 6 de julio de 1816, Simón Bolívar, en Carúpano, proclamó la libertad de los esclavos; el documento anunciaba que, restituida la República «… no habría sino una clase de individuos: todos serán ciudadanos».

Estas manifestaciones no eran vistas con simpatía por los defensores de la monarquía, pero tampoco tranquilizaban a quienes, independientemente de su posición política, no los convencía de un todo el discurso de la igualdad y la eliminación de las prácticas y costumbres que permitían preservar la calidad y limpieza de sangre, un valor que aun en medio de la guerra seguía siendo defendido y reivindicado cuando se trataba de constituir una nueva familia, tanto por los sectores privilegiados de la sociedad

---

56   Sobre estos pareceres pueden verse *La criolla principal* (Alfa, 2015) y *El último marqués. Francisco Rodríguez del Toro (1761-1851)* (Fndación Bigott, 2005), de Inés Quintero.

como por la gente del común. El caso de Fernando Perdomo en su querella contra Villanueva es ilustrativo de ello, al igual que lo ocurrido en el disenso interpuesto por los hermanos Díaz, indios caquetíos de la serranía de Coro.

«... Sin mezclas contrarias a nuestra limpia sangre»

El 19 de agosto de 1816, en la muy noble y leal ciudad de Coro, María Josefa Díaz se opone a la boda de su hermano, José Antonio Díaz, con Romualda Colina, una mulata[57]. Los hermanos Díaz no tienen ni padre ni madre, no saben leer ni escribir y son «personas miserables», sin recursos, ni siquiera para cubrir el monto de los sellos fiscales que exige el papeleo tribunalicio. Sin embargo, no admite la posibilidad de que su hermano se case con una mujer de inferior calidad.

La india María Josefa alega «disonancia de clases» entre su hermano y Romualda Colina: «... el padre de la pretendida fue esclavo de los Colina» y, por tanto, no dará su consentimiento. Se encuentra a la espera de que llegue su tío, José Antonio Bolívar, proveniente de Paraguaná, a fin de que apoye con su presencia y participación el juicio de disenso contra la boda de José Antonio.

El tío viaja expresamente de Paraguaná y llega a Coro. Tío y sobrina son indios naturales del pueblo de Santa Ana y como indios puros procuran preservar su calidad y limpieza de sangre evitando mezclarse con descendientes de esclavos, gente perteneciente a las castas.

El 1 de septiembre introducen su petición ante las autoridades de la ciudad. La solicitud dice así:

José Antonio Bolívar y María Josefa Díaz vecinos del Pueblo de Santa Ana, península de Paraguaná, en contra por el matrimonio entre Romualda

---

57 Disenso interpuesto en el matrimonio que José Antonio Díaz pretende contraer con María Romualda Colina, Coro, 16 de agosto de 1816, AGN, *Sección Disensos y matrimonios*, tomo XCIII, folios 1-24.

Colina de aquel vecindario con Antonio Díaz de nuestra legítima naturaleza, como que yo, el primero soy su tío carnal y yo la segunda su hermana legítima y mediando entre los contrayentes notable desigualdad de clase nos oponemos en cumplimiento del derecho que la ley nos franquea a ese enlace disonante, para que no se confundan nuestras legítimas propiedades indianas que tanto recomienda nuestro soberano, tan repetidamente por sus sabias leyes antiguas y sus Reales Cédulas.

En su representación afirman ser indios naturales, reputados como tales en su pueblo natal de Santa Ana y sin que pueda demostrarse entre sus ascendientes ninguna mezcla contraria a su limpieza de sangre. María Romualda, por el contrario, era hija de un esclavo negro que se casó con una india legítima: Juana María Gutiérrez. Alegan tío y sobrina que ese enlace ocurrido entre una india legítima y un negro esclavo no había sido culpa de ellos «… ni de los que al presente nos gobiernan, sino en las indolencias y disimulos de los años pasados, cuya tolerancia nos es así a nosotros como a nuestros sucesores de sumo perjuicio».

José Antonio Díaz, el pretendiente de Romualda, tiene 20 años, es albañil y trabaja en Coro; fue allí en donde conoció a la mulata, con quien quiere unirse en matrimonio. María Romualda tiene 26 años; según su partida de bautismo, nació el 16 de mayo de 1790 y es, tal como señala el documento, hija de un negro esclavo llamado José Antonio Colina y de una india legítima de nombre Juana María Gutiérrez.

Su padre falleció como consecuencia de una cornada de una bestia. El accidente ocurrió en la misma hacienda donde servía como esclavo de los Colina.

Lo único que atina a decir José Antonio, en su defensa, es que ignoraba que su prometida fuese hija de un esclavo.

En mayo de 1817, transcurridos varios meses del inicio de la querella, el tribunal se pronuncia en la causa de la familia Díaz y declara racional el disenso. Se ordena pasar oficio al señor teniente justicia mayor de la península de Paraguaná para que notifique a los alcaldes de indios del pueblo de Santa Ana que pongan tras las rejas a José Antonio Díaz y no lo dejen salir del pueblo «… hasta que se halle enteramente desvelado de semejante pretensión de matrimonio con la Colina que no se consentirá en aquellas inmediaciones».

El oficio llega finalmente a Pueblo Nuevo, el 2 de julio de 1817.

Coro, todavía en 1817, se mantenía leal a la Corona española, de manera que los principios contemplados por la Pragmática tenían plena vigencia en la localidad, por lo tanto, los parientes de José Antonio se salen con la suya y logran impedir la unión de un indio puro con una mujer descendiente de esclavos.

No se pueden violar impunemente los derechos de la naturaleza

En el otro extremo de Venezuela, ese mismo año de 1817, ocurre otro juicio de disenso. El caso lo inicia la ciudadana Florentina Doarza y el lugar es Angostura, territorio que, apenas unos meses antes, había sido tomado por las armas republicanas, luego de siete años ininterrumpidos de lealtad a la Corona. La lealtad monárquica de Guayana concluyó con el triunfo militar de Manuel Piar sobre las fuerzas realistas en la batalla de San Félix o Chirica, el 11 de abril de 1817.

Poco tiempo después de este hecho de armas, la ciudad de Angostura fue escenario de uno de los enfrentamientos que todavía en la actualidad sigue siendo motivo de discordia y posiciones encontradas. Me refiero al juicio, condena y fusilamiento de Manuel Piar. Un Consejo de Guerra lo sentenció a la pena capital por los crímenes de inobediencia, sedición, conspiración y deserción. La sentencia se ejecutó al día siguiente. El 16 de octubre de 1817 un pelotón de fusilamiento puso fin a la vida del general Manuel Carlos Piar.

142

El 17, un día después, Simón Bolívar se dirigió a la tropa, compuesta en su mayoría por los soldados que habían combatido bajo las órdenes de Piar. Las palabras del libertador no dejan lugar a dudas respecto a cuál era su parecer sobre la sentencia y el castigo impuesto al general Piar.

> Soldados: ayer ha sido un día de dolor para mi corazón. El General Piar fue ejecutado por sus crímenes de lesa Patria, conspiración y deserción. Un Tribunal justo y legal ha pronunciado la sentencia contra aquel desgraciado ciudadano que embriagado con los favores de la fortuna y por saciar su ambición, pretendió sepultar su Patria entre sus ruinas…. El cielo ha visto con horror este cruel parricida: el cielo lo entregó a la vindicta de las leyes y el cielo ha permitido que un hombre que ofendía a la Divinidad y el linaje humano, no profanase más tiempo la tierra, que no debió sufrirlo un momento, después de su nefando crimen[58].

Poco tiempo después y cuando seguramente no se habían disipado las opiniones encontradas respecto al «asunto Piar», las autoridades civiles y militares de Guayana atienden la petición de la ciudadana Florentina Doarza, quien pretende impedir el matrimonio de su hija Merced Alza con un oficial del ejército patriota: el capitán Felipe Domínguez. El padre de la muchacha, el ciudadano José Fajardo, la ha autorizado debidamente para que realice el trámite en cuestión[59].

Varios son los hechos que Florentina denuncia ante las autoridades. Primero, la extracción de Merced Alza, su hija, de su casa de habitación la noche del 23 de diciembre; segundo, la manera violenta e inconsulta como se hizo; tercero, la presencia

---

58 Simón Bolívar, «Manifiesto sobre la ejecución de Manuel Piar», Angostura, 17 de octubre de 1817, en *Simón Bolívar fundamental*, Caracas, Monte Ávila Editores Latinoamericana, 1993, tomo II, p. 65.

59 Expediente formado por la ciudadana Florentina Doarza, pretendiendo impedir y anular el matrimonio que contrajo su hija Merced Alza con el capitán Felipe Domínguez, vecinos de Angostura, 24 de diciembre de 1818, AGN, *Sección Disensos y Matrimonios*, tomo LXXXI-XXIV, folios 315-324.

y asistencia en el violento atentado de una «autoridad eclesiástica reconocida»; y cuarto, el «auxilio del brazo militar» en la ejecución del atropello.

En un primer momento –continúa Florentina– pensaron que «… sería ilusión de la imaginación lo que pasaba a nuestra vista; pero desengañados y puestos en nuestra cordura natural hallamos que es un hecho constante que por ningún modo se puede tergiversar».

El motivo de su preocupación era que, con anterioridad a este hecho, el capitán Domínguez jamás le había comunicado a ella ni al padre de Florentina, sus pretensiones esponsalicias con Merced. La muchacha, además, tenía empeñada palabra de matrimonio con otro sujeto, el señor José Antonio Rodríguez. La prueba del compromiso eran un reloj y un anillo propiedad del citado Rodríguez, entregados a Florentina como garantía de sus sanas intenciones. Los padres de Merced habían dado su consentimiento para la celebración de esta boda; no podían, en consecuencia, mantenerse indiferentes frente al atentado cometido por el capitán Domínguez.

Pero lo que más angustiaba a Florentina era que el atropello y la precipitación con la cual se había realizado la extracción de la muchacha tuviese como propósito hacer el enlace «… por los mismos medios de precipitación» y con la anuencia de alguna autoridad eclesiástica.

Merced tenía 16 años, por tanto, requería autorización de sus padres para unirse en matrimonio, tal como lo establecían las leyes antiguas. Su solicitud ante las autoridades de Guayana es que se impida la boda de su hija.

No se le escapa a Florentina y a su abogado que, desde hace varios meses, Guayana se encuentra bajo la autoridad del gobierno republicano. El alegato, si bien se fundamenta en los postulados de las leyes antiguas, invoca un principio que no debería admitir discusión: el derecho natural que la asistía como madre de la novia.

Dice así la petición de la ciudadana Doarza:

… las disposiciones que rigen en la materia, no son otras en este lugar que las que regían en la materia en tiempo de la dominación española, pues que si hay alguna contraria en el Gobierno Republicano, esta no se ha hecho trascendental a esta Provincia que se había mantenido hasta el presente bajo la servidumbre de nuestros opresores: en aquellas pues que regían es constante que las hijas de familia tienen una edad determinada por la ley en que deben poder y obtener el consentimiento paterno, materno, abolengo o de los tutores y curadores. ¿Cómo es pues que esta joven que apenas anda en 16 años pueda haber sido extraída de mi casa sin contar para nada conmigo? Soy yo algún mueble tan despreciable en este mundo que para conmigo se puedan violar impunemente los derechos de la naturaleza.

Al concluir su petición, se le informó que Merced Alza, su hija, se había casado con el capitán Domínguez. La boda se celebró esa misma noche con la presencia del padre Grimón, capellán del ejército.

La querella de la ciudadana Florentina Doarza ocurre a pocos meses de iniciarse la administración republicana en la provincia de Guayana. No podía Florentina argumentar disonancia de clase entre su hija y el capitán Domínguez, ya que, si bien esta causal estaba contemplada en las leyes antiguas, invocarla en tiempos republicanos podía resultar contraproducente y, con mayor razón, en la ciudad de Angostura, donde el tema de la igualdad y el debate sobre los pardos, luego de los sucedido con Piar, era materia especialmente sensible.

Y, aun cuando la ley republicana del año 1811 no se conociera en Guayana, tampoco era de mucho auxilio tratándose como se trataba de un oficial republicano; ya que esta misma ley y otras normativas republicanas establecían fueros y prerrogativas a los militares en servicios y admitían un juicio de disenso solo en el caso de que alguno de los novios fuese «un traidor a la patria». Y, obviamente, no era esta la situación del capitán Felipe Domínguez.

De manera que el único arbitrio que tiene Florentina es hacer valer su condición de madre preocupada y recurrir al «derecho natural», a fin de velar por el bienestar de su hija. El 24 de diciembre, justo al día siguiente de la extracción y boda de su hija, solicita la anulación del enlace y que la muchacha sea depositada en la casa del capitán Guillermo Grillet.

Ese mismo día, la Alta Corte de Justicia autoriza y ordena el depósito de Merced en la casa del ciudadano Guillermo Grillet; sin embargo, el comandante general y gobernador militar de Guayana, general Tomás Montilla, también con fecha 24 de diciembre emite un oficio desautorizando la decisión del alto tribunal. La comunicación del gobernador Montilla deja claro que la Alta Corte de Justicia no tenía ninguna competencia en la materia; el caso debía ser atendido por la jurisdicción eclesiástica, única instancia autorizada a dictaminar sobre nulidad del matrimonio. Sin embargo, como el caso involucraba a un oficial del ejército patriota, el tribunal eclesiástico debía entenderse directamente con su persona, a fin de determinar el procedimiento a seguir.

El caso queda pendiente hasta el 5 de enero del año siguiente. En esa fecha, el fiscal de la Alta Corte de Justicia emite una serie de recomendaciones. En opinión del fiscal, la resolución del depósito no podía verificarse ya que realizado el matrimonio constituía un despojo al marido. Solo el tribunal eclesiástico podía autorizar un arbitrio de este tipo. En relación con las denuncias de Florentina Doarza, el fiscal expone lo siguiente:

> … acaso se habrán producido algunos defectos en las diligencias previas al matrimonio, pero no estando propuestas como corresponde, no ha podido el tribunal suplir los vicios de la demanda y como no todos los defectos entran en realidad, no exigen por consiguiente una separación como la preparaba el depósito que afortunadamente no se llegó a hacer.

Recibidas las opiniones del fiscal, ese mismo día se produce el fallo de la Alta Corte de Justicia. El alto tribunal no le da la razón a Florentina, el asunto tiene que ver con «vicios de procedimiento». La ciudadana Doarza «... no formalizó la instancia preventiva y competente ante el mismo tribunal que indicase la fuerza o violencia que le irrogaba en la extracción o depósito de la contrayente por falta de su licencia o consentimiento previo a dicho contrato; ni acompañó el documento que acredite la menor edad de su referida hija para no poder casarse a su arbitrio en conformidad con las leyes del caso».

De forma tal que los vicios cometidos en su demanda, dejaban sin efecto su reclamo. La boda, según el parecer del fiscal, era legítima.

En cuanto a la nulidad del matrimonio, no era materia de su competencia, tal como había señalado el general Montilla en su oficio del 24 de diciembre. La recomendación del juez era que, para evitar en lo sucesivo conflictos de este tipo, se remitiese el expediente «... a la contemplación de S. E: el Consejo de Gobierno a fin de que si lo entiende conveniente, se sirva acordar la reunión eclesiástica anunciada que resulte sobre este negocio y otros concernientes a la religión en las actuales circunstancias».

También sanciona el juez que, en lo sucesivo, se conserven y ejecuten las leyes que rigen los contratos matrimoniales de los hijos de familia y menores sujetos a la autoridad de tutores y curadores con arreglo a sus edades, puesto que no había ninguna otra norma posterior que alterase el orden establecido.

La Alta Corte de Justicia no hace mención a la ley republicana del año 1811, se limita a declarar la vigencia de la normativa antigua. Mayor atención presta al hecho de evitar que se originen fricciones o contradicciones con las autoridades eclesiásticas en materia tan delicada como la anulación de un matrimonio. Este aspecto era de exclusiva competencia de los tribunales eclesiásticos y así debía seguir siendo.

147

A Florentina no le quedó más remedio que aceptar los hechos tal y como habían ocurrido, y acostumbrarse a la idea de que su hija era la esposa legítima del capitán Domínguez. Ya tendría tiempo para resolver si le devolvía a José Antonio Rodríguez el reloj y el anillo entregados en calidad de arras por su compromiso con Merced.

Los episodios que aquí se comentan nos remiten a las experiencias vividas por aquellas parejas que pretendieron contraer matrimonio y vieron contrariados sus deseos por la intervención de sus familiares, quienes se opusieron al enlace. En todos los casos, exceptuando el último, la negativa de los parientes se sustenta en la desigualdad existente entre los contrayentes, tal como sustentaban las leyes de la Corona. La declaración de igualdad consagrada por la Constitución de 1811, la abolición de las leyes que imponían degradación civil a los pardos, las alteraciones que impuso a los habitantes de Venezuela la Guerra de Independencia, la intranquilidad y la incertidumbre respecto al desenlace final de la contienda, no modificaron en lo más mínimo las prácticas antiguas. En parte, porque, como ya se ha dicho, hubo territorios –Maracaibo, Coro y Guayana– que se mantuvieron fieles a la Corona y, por tanto, no estuvieron sujetos a las leyes republicanas, pero también porque la Constitución de 1811, así como la normativa republicana sobre matrimonios sancionada en 1811, como el resto de las leyes y disposiciones sancionadas por las autoridades republicanas, no tuvieron ocasión de instaurarse de manera permanente, precisamente por las exigencias que impuso el conflicto bélico. Sin embargo, no parece ser esta la razón fundamental de que persistan los principios y prácticas antiguas. Difícilmente podía ocurrir una mudanza inmediata en los pareceres y prácticas respecto a la inconveniencia de realizar un matrimonio con alguien de inferior calidad, incluso entre los sectores menos favorecidos.

Como se vio en las páginas precedentes, la señora Mijares de Solórzano, caraqueña y mantuana; al igual que Nicolás Medina,

un hombre blanco y sin recursos; los hermanos Díaz, indios caquetíos de la serranía de Coro; y Fernando Perdomo, dueño de un
conuco en Cagua; en medio de las turbulencias de la guerra y ajenos al discurso y las novedades de la República, defienden su derecho o, más bien, anhelo de que sus parientes más cercanos –hijos,
hermanos, sobrinos– realicen un matrimonio con alguien que tenga, al menos, la misma condición.

Esta misma prevención está presente cuando Félix Argote, el
protector y pretendiente de la joven doña Vicenta Damado solicita autorización para casarse con la muchacha; en su petición no
se le escapa que él es un pardo y ella una blanca, pero en este caso
median razones más poderosas: la preñez y el honor de la joven, así
que el casorio se autoriza. Sin embargo, el alcalde del cuartel deja
por sentado su desacuerdo, precisamente porque la boda es entre
un pardo y una blanca.

El último episodio deja en claro las ventajas y recursos con
que cuenta el capitán Domínguez para sacar a Merced Alza de
su casa, casarse con ella esa misma noche, sin el consentimiento
de sus padres, aun cuando la muchacha es menor de edad. Es su
investidura militar lo que permite que pueda imponer su designio
matrimonial.

Estas historias nos muestran que durante el proceso de independencia no desaparecieron los valores y rutinas antiguas; también
nos lleva a interrogarnos acerca de si, transcurridos doscientos años,
estas rutinas y valores se encuentran efectivamente extintos entre
nosotros. La respuesta no admitiría una negativa categórica.

Tiempo para rezar

Durante el período colonial se instauraron en todas las provincias pertenecientes al imperio español un conjunto de prácticas religiosas que debían ser seguidas rigurosamente por todos los fieles de la religión católica. La participación en los oficios religiosos ocupaba a los habitantes de Venezuela, no solamente los domingos y días festivos consagrados por la Iglesia, sino también dentro de los hogares, en los cuales era común destinar un espacio para la oración. La violencia e inseguridad de la guerra motivó a muchos habitantes a procurarse un espacio de recogimiento en sus viviendas, a fin de poder dedicarse a la oración y al recogimiento, durante los años en que ir a la iglesia bien podía costarles la vida. El capítulo estudia estas peticiones, así como las preocupaciones y argumentaciones expuestas por los solicitantes.

Herencia ibérica

Los españoles que se trasladaron a los territorios americanos a partir del siglo XVI sintieron el natural anhelo de recrear y establecer en las nuevas tierras las instituciones, costumbres y tradiciones de sus lugares de origen. Esta necesidad de sentirse como en casa se vio reflejada en la disposición de las calles y en las construcciones de las viviendas, las cuales se hicieron a imitación de las existentes en las regiones de Andalucía y Cádiz, de donde provenían muchos de los conquistadores. En cuanto a las instituciones, debemos mencionar de manera particular –motivados por nuestro objeto de estudio en este capítulo– a la Iglesia católica, sobre la que recayó la tarea de adoctrinar a los indígenas durante los primeros años de conquista y colonización, y la cual se consolidó plenamente en el siglo XVIII, en gran parte del territorio manteniendo su función rectora de la vida espiritual de los habitantes de estas tierras.

Urbanística de una provincia

Durante la colonia se establecieron –a través de las Leyes de Indias– los parámetros urbanísticos de la ciudad, mediante los cuales se legisló el ordenamiento en cuadrículas para el caso de ciudades planas, o siguiendo la dirección de las ensenadas de las montañas cercanas, en el caso de lugares como La Guaira y Puerto Cabello. El centro de la cuadrícula estuvo reservado para la plaza, el lugar de mayor importancia para la vida urbana y desde donde partían las calles. Estos parámetros rigieron el ordenamiento de las ciudades en diferentes provincias de nuestro territorio, aún durante el siglo XIX.

Según señala Graziano Gasparini en su obra *La arquitectura colonial en Venezuela,* las viviendas construidas en ciudades y poblados fueron modestas, en ellas lo predominante no fue el lujo, como ocurrió con las edificaciones de los virreinatos, sino sus vastas proporciones que les daban luminosidad y ventilación a cada uno de sus espacios, cuyo escenario principal estuvo centrado en el patio interior, el cual ordenó, tal como lo hacía la plaza mayor, la distribución interna de las casas. Una de las principales características de esas edificaciones fue su construcción de una sola planta; sin embargo, no faltaron en las ciudades casas de dos niveles, pero a diferencia de las primeras el número fue muy reducido y, generalmente, eran las que pertenecían a las familias más acomodadas y de más elevada posición social. Una de las razones por las cuales se tuvo preferencia por las casas de una sola planta, tanto en la ciudad como en las regiones aledañas y del interior, fue por la experiencia con los terremotos.

Los espacios internos de las viviendas eran generalmente amplios, y estuvieron distribuidos –tal y como dice Carlos Duarte en su trabajo *Museo de Arte Colonial de Caracas «Quinta de Anauco»– de* la siguiente manera: un *área deservicio* que se ubicaba en la parte trasera de las casas, donde los sirvientes realizaban las diferentes labores domésticas. La *cocina* era un lugar abierto y alejado de las habitaciones principales para evitar que el humo se concentrara dentro de ellas. En el caso de las viviendas pertenecientes a las familias acaudaladas, estos espacios solían ser extensos debido a la gran cantidad de comida que se preparaba para alimentar no solo a la familia, sino también a la servidumbre; en el caso de casas modestas, los espacios de la cocina eran más pequeños.

El *estrado* era el espacio de la casa donde se recibía de manera informal las visitas, y se utilizaba además como lugar para leer y escribir, allí las mujeres hacían sus labores de bordado, sentadas sobre cojines o taburetes. El *salón principal* ocupaba la habitación más grande de la casa, y era el lugar de recibo formal en el que frecuentemente se daban grandes festejos. La *alcoba principal* se hallaba situada inmediatamente del salón principal, y la separación entre ambas habitaciones se hacía por medio de un simple arco sin puertas, con el objeto de que pudiese ser vista desde la sala principal.

Finalmente, el *comedor* estaba ubicado en el punto medio de la casa, después del salón y algo alejado de la cocina. Por lo general era muy espacioso y estaba provisto de alacenas empotradas en los muros y debajo de las ventanas.

La práctica religiosa entre la «ostentación» y el «fanatismo»

Una de las particularidades de la sociedad venezolana de los siglos XVIII y XIX, fueron las prácticas religiosas centradas en la asistencia a los oficios litúrgicos: misas los días de precepto, sermones y procesiones. Esta característica quedó plasmada en la obra del francés Francisco Depons, titulada *Viaje a la parte oriental de tierra firme en la América meridional*, en la cual señala que «Al igual que todos los españoles, los caraqueños se enorgullecen de ser cristianos… pero se engañan en creer que para serlo es necesario poner ostentación en la práctica religiosa…».

Depons, nombrado por el gobierno francés como corresponsal en Caracas con la misión de mantenerlo informado de los asuntos que considerase importantes, llegó a La Guaira en marzo de 1801, y desde ese momento sintió interés por conocer las costumbres de la región, y entre las experiencias que observó se encuentra «La vestimenta de los hombres para ir a la iglesia [la cual era] más o menos igual a la que usamos nosotros (los franceses). Sin embargo, han de ir de casaca o llevar capa o sobretodo». Resalta en su nota que esa manera de vestir para asistir a los oficios religiosos no era exclusiva de un sector de la sociedad ni dependía del «color», sino que era igual para todos, lo cual no deja llamar la atención, ya que para la época la marcada diferencia entre los diversos sectores que conformaban la sociedad se veía, entre otras cosas, en la manera de vestir, lo que hace pensar que la afirmación de Depons es una apreciación que atribuyó a la generalidad de la población a partir de lo que veía en el círculo con el cual se relacionó mientras estuvo por estos lares.

Según testimonios de personajes que estuvieron en nuestro territorio a finales del siglo XVIII, esta ostentación que observa Depons a principios del siglo XIX por parte de los fieles, viene de tiempo atrás. Carlos Duarte en su trabajo titulado *Vida cotidiana en Venezuela durante el período hispánico* comenta sobre la visita de un grupo de nobles franceses que visitó distintos lugares de Venezuela en 1783; entre ellos se encontraba el príncipe de Broglie, quien comentó sobre el ornamento de los hombres para ir a misa que «llevan escapularios y tienen en la mano unos rosarios muy ostensibles, que manipulan incesantemente». Añadiendo que tanto los hombres como las mujeres hacen constantemente «gestos de compunción bien marcados, por inclinaciones del cuerpo… las cuales son seguidas generalmente con unos golpes con el puño, en el hueco del estómago».

Otro noble francés que nos visitó ese mismo año –mencionado por Duarte en su obra– fue el barón Von Closen, quien estando en Puerto Cabello señaló respecto a las prácticas religiosas que «Hay demasiado fanatismo y demasiados prejuicios absurdos, en una palabra, demasiada ignorancia entre los habitantes quienes no pronuncian una palabra o toman una decisión sin decir un Ave y sin santiguarse como veinte veces; o besar el rosario que siempre cuelga de sus cuellos, decorado con muchas reliquias o cruces».

Más allá del parecer esbozado por el francés, la devoción, la oración y la asistencia a los oficios religiosos eran una práctica común entre los habitantes de estos territorios. El estallido de la Independencia no modificó esta situación, podría decirse que, más bien, se vio reforzada por las convulsiones políticas, así como por los eventos naturales que nos azotaron, particularmente el terremoto del 26 de marzo de 1812.

Celebraciones litúrgicas

El calendario de fiestas religiosas fue bastante nutrido durante los primeros años del siglo XIX, desde enero hasta diciembre se celebraban las fiestas de la Virgen de Candelaria, San Sebastián, Miércoles de Cenizas, Semana Santa, el Corpus Christi, San Juan, Santiago, Santa Ana, San Miguel, Virgen del Carmen, Virgen de la Merced, Virgen de Copacabana, Virgen de la Guía, Virgen del Rosario, Santa Rosalía, San Jacinto, Santo Domingo, San Francisco, San Pedro, San Pablo, San Jorge, Santa Teresa, San Rafael, la Inmaculada, entre muchas otras que se conmemoraban con procesiones especiales.

Este aspecto también llamó la atención de Depons, quien señaló en su obra ya citada, que «en Caracas son tantas [las celebraciones religiosas] que, en realidad, en muy pocos días del año no se celebra la de algún Santo o Virgen». Pero estas fiestas no fueron simplemente de tipo religioso, ya que con las plegarias se mezclaron las «diversiones públicas, como fuegos artificiales, música, bailes, etc.» y «a cada fiesta la precede una novena… y le sigue una octava», por lo tanto, la celebración del santo o la virgen podía durar varios días.

El templo en el hogar

La vida religiosa no se limitó únicamente al espacio de los templos, las casas también fungieron como lugares idóneos para el recogimiento espiritual. En ellas se podían establecer espacios denominados *oratorios domésticos,* los cuales eran utilizados para el servicio religioso de una persona o familia, y en ocasiones, para el beneficio de la comunidad cercana. Por la función que cumplían, eran considerados lugares sagrados, ya que en ellos se llevaba a cabo no solo la oración diaria, también se oficiaban misas, previo cumplimiento de algunos requisitos.

Según las características que presentaban, estos sitios se clasificaron en: *Oratorios de rincón,* los cuales podían estar ubicados en diferentes habitaciones de la casa como alcobas, salas o en el estudio; estos recintos podían constituirse con solo una imagen religiosa. *Cuartos de oración,* se situaban en una habitación exclusiva para la oración diaria, y se encontraban dotados con representaciones pictóricas y escultóricas. *Cuartos de oración para celebrar misas,* en ellos además de las oraciones diarias, se llevaban a cabo los oficios litúrgicos, razón por la cual las personas que lo solicitaban estaban en la obligación de tenerlos dotados con objetos tales como: atril, cáliz y misal, entre otros elementos indispensables para la celebración de estos actos religiosos. Finalmente, estuvieron los denominados *Oratorios portátiles,* los cuales presentaban imágenes que podían ser transportadas de un lugar a otro, bien porque se podían enrollar como pergamino, o bien porque eran pequeñas cajas de madera en forma de nicho que al abrirlos mostraban diferentes representaciones religiosas, por lo general pintadas.

La necesidad de cumplir con los ritos litúrgicos impuestos por la institución eclesiástica como medio para garantizar la salvación eterna, así como la tradición y el arraigo de la fe católica, llevó a muchos de los habitantes de la Provincia de Venezuela a intentar establecer oratorios dentro de sus propias casas, tanto en la ciudad como en las haciendas más alejadas de los núcleos urbanos, convirtiendo así un espacio doméstico en un lugar sagrado cuya función era «retirarse a hacer oración a Dios…», a semejanza de los templos, ya que en ellos se podía cumplir con los preceptos eclesiásticos, especialmente cuando las condiciones de los caminos, la carga familiar, los eventos naturales y la situación de la guerra impedían el traslado hasta las iglesias más cercanas.

Las características y procedimientos para establecer espacios de oración en las casas permanecieron vigentes durante las primeras décadas del siglo XIX, lo cual demuestra que los acontecimientos que caracterizaron las primeras décadas de ese siglo no alteraron la vida religiosa de la sociedad venezolana, por el contrario, continuó siendo parte importante de la vida cotidiana de sus habitantes, tal y como lo demuestra la cantidad de licencias expedidas a lo largo del territorio durante la primera mitad del siglo XIX, las cuales reposan en el Archivo Arquidiocesano de Caracas, en la sección de Oratorios.

Requisitos para el privilegio

Como indicamos anteriormente existían varios tipos de oratorios: los llamados *oratorios de rincón,* los *cuartos de oración,* los *cuartos de oración para celebrar misas,* y los *oratorios portátiles.* Esta clasificación se hizo de acuerdo a la función que cumplieron y al espacio que ocuparon dentro de la vivienda.

En los dos primeros casos, el establecimiento de esos espacios se hacía de manera libre, es decir, todo aquel que deseaba tener un *oratorio de rincón* o un *cuarto de oración* lo podía erigir sin la necesidad de contar con ningún permiso especial; no obstante, cuando lo que se pretendía era el uso de los *cuartos de oración para celebrar misas,* o los *oratorios portátiles,* se hacía indispensable contar con el permiso que otorgaba la sede apostólica, a través del arzobispado del lugar, una vez cumplidos los requisitos establecidos en la legislación eclesiástica.

En primer lugar, el interesado debía formalizar la petición a través de una solicitud escrita, donde era necesario expresar los motivos que tenía para el establecimiento de un lugar sagrado en su casa, especificando si se deseaba un *cuarto de oración para celebrar misas,* o un *oratorio portátil.* En segundo término, las autoridades eclesiásticas nombraban a un visitador –generalmente el cura de la parroquia donde se establecería el oratorio– para que realizara el reconocimiento del lugar y evaluara las condiciones de limpieza y dotación del recinto. Finalmente, una vez concluida la inspección, el párroco enviaba una comunicación al arzobispado donde informaba sobre la situación observada y, con base en esa apreciación, se autorizaba o no el permiso solicitado.

Razones heredadas

Fueron varias las argumentaciones de los solicitantes a la hora de pedir los permisos para el establecimiento de oratorios domésticos. Entre las principales razones destacan las referidas a la situación de los caminos, en las cuales se deja ver que el mal estado de las vías de comunicación impedía que muchas personas, habitantes de las zonas foráneas de la ciudad y de las regiones del interior, asistieran a la iglesia a «cumplir con el precepto de la misa» sobre todo en el invierno. Otra razón recurrente fue la relacionada con la carga familiar. En estas peticiones se hacía referencia no solo al núcleo familiar sino también a la servidumbre, e incluso a los vecinos de la zona quienes, al igual que el solicitante, podían verse impedidos de asistir a la iglesia, generalmente a causa de las incomodidades que producían las deficientes carreteras que existían para la época. Finalmente, otro de los alegatos comunes fue el que tuvo que ver con el estado de salud del solicitante o de alguno de los miembros de la familia, vinculado la mayoría de las veces con los dos argumentos anteriores, lo que permitía darle mayor dramatismo a la solicitud.

En cuanto a la situación de los caminos, debemos señalar que fue documentada en 1806 por Francisco Depons en su obra ya mencionada, donde señala lo siguiente: «la mayoría de [los caminos] están solamente trazados. Los atascaderos, las riadas, la falta de puentes y de barcos para atravesar los ríos, hacen impracticable los caminos durante la estación lluviosa; si bien no hay época en que lleguen a ser cómodos».

Con respecto al camino entre Caracas y La Guaira destaca que «es escarpado; bueno en verano, pero fatigante en invierno… Las acémalas lo recorren en cinco horas, pero una mula de silla, sin salirse del paso puede hacerlo en tres horas y media…», lo cual nos lleva a pensar que, en estas condiciones, una persona o un grupo familiar podía pasar un día de viaje y, bajo tales circunstancias, muchos se privaron de asistir a la iglesia; de allí que la devoción religiosa llevase a los fieles a ubicar en sus casas espacios destinados a la oración, precisamente para solventar todas estas dificultades.

Durante las dos primeras décadas del siglo xix, estas justificaciones sirvieron para lograr el permiso requerido, tal y como lo demuestra la solicitud realizada el 3 de noviembre de 1808, por don José Antonio Pérez[60], habitante y administrador de la Real

---

60 «Licencia concedida a don José Antonio Pérez», Archivo Arquidiocesano de Caracas, *Sección Oratorios*, Caracas, 18 de abril de 1810, carpeta 1. Todos los casos presentados en este capítulo corresponden al mismo archivo y sección, por lo tanto, en adelante esta información se omitirá en las siguientes notas.

Renta de Correos de Puerto Cabello, quien se dirigió a través de una carta al señor provisor y vicario general, para plantearle «con el debido respeto y veneración», que entre sus bienes se hallaba «una casa de bastante capacidad y consistencia en el Valle de San Esteban», ubicada dentro de la misma jurisdicción de Puerto Cabello. En su comunicación resaltó, que tanto su casa como otras tantas que había en la zona, eran utilizadas por innumerables familias para «tomar aires más saludables... especialmente en los días festivos, a que se agregan la concurrencia de muchos convalecientes a disfrutar de la temperie... para el restablecimiento» de la salud.

No obstante, el objetivo de la carta no era poner en conocimiento de las autoridades eclesiásticas las bondades del lugar, sino plantearle la necesidad que tenían en el dicho valle de contar con un espacio para celebrar el «Santo Sacrificio de la Misa, no sólo para el auxilio» de los pobladores de San Esteban, sino también para todos aquellos habitantes de los vecindarios cercanos, que para ese momento no contaban con medios para beneficiarse de la «gracia de Dios», debido principalmente a que «en tiempos de invierno se hacen intransitable los caminos... [más aún] con la crecida de los ríos».

La exposición de don José Antonio Pérez tenía como propósito justificar y solicitar ante la autoridad pertinente, «la competente licencia para construir en dicha mi casa un oratorio bajo las circunstancias y requisitos   que sean convenientes al efecto», es decir, con el decoro, limpieza y dotación que se exigía debido a la importancia que el espacio representaba como lugar sagrado de oración.

El Sr. Pérez, tuvo que esperar un año y cinco meses, para conocer la decisión tomada por el arzobispo. El 18 de abril de 1810 se despachó la licencia que había solicitado y se le autorizó «el uso del oratorio privado» que pretendía construir en su casa, dejándole en claro que las misas solo se podían celebrar «en presencia de la persona a cuyo cargo estuviere dicha casa» y, tal como lo había manifestado en su carta de solicitud, se le permitió que personas ajenas a su familia, es decir, habitantes del sector y de los vecindarios cercanos, pudiesen asistir a su oratoria privada a fin de cumplir con el mandato de oír la misa. Esta licencia, autorizada por el arzobispo y firmada por el párroco secretario José Tomás Larrazábal, tuvo una vigencia de cinco años, tiempo estipulado en casi todas las licencias expedidas en los siglos anteriores.

Cuando José Antonio Pérez hizo su solicitud en el año 1808, en los territorios que hoy conforman Venezuela, se venían produciendo una serie de acontecimientos que cambiarían el orden establecido hasta ese momento. Uno de esos sucesos ocurrió como consecuencia de las abdicaciones de Carlos IV y Fernando VII en Bayona; como se sabe, los reyes borbones cedieron la Corona de España e Indias a Napoleón Bonaparte, quien a su vez la entregó a su hermano José Bonaparte.

Dos años más tarde, el 14 de abril de 1810, ocurre otro hecho fundamental: el arribo al propio Puerto Cabello –lugar de residencia del solicitante– del bergantín *Palomo* procedente de Cádiz, cuyos tripulantes difundieron la noticia de la ocupación francesa a España, la disolución de la Junta Central Gubernativa del Reino y la creación de un Consejo de Regencia del Reino como máxima autoridad de la monarquía española.

Cuatro días más tarde de este suceso, el 18 de abril, mientras Pérez recibe en Puerto Cabello su permiso para utilizar el oratorio en su casa del Valle de San Esteban, el capitán general Vicente de Emparan y Orbe, en Caracas, manda a distribuir y a colocar carteles con las noticias recibidas de España y, un día después, el 19 de abril, se reunió el cabildo de Caracas a fin de considerar las noticias provenientes de la península y tomar las medidas conducentes a la defensa y gobierno de la provincia de Venezuela. Como es conocido, el resultado fue la destitución del capitán general Vicente de Emparan y Orbe de su cargo y la formación de la Junta Suprema Conservadora de los Derechos de

Fernando VII, nueva instancia legítima de representación de la Provincia de Venezuela.

Don José Antonio Pérez se valió en sus alegatos de las condiciones de las vías y del beneficio que proporcionaría no solo a él, sino al resto de sus vecinos, el establecimiento de un oratorio privado donde se pudiera disfrutar «de la palabra divina». Los sucesos que se desarrollaron entre 1808 y 1810, período en el que transcurre la petición y entrega de la licencia, no intervinieron en el tradicional desenvolvimiento de la vida espiritual de los habitantes de la provincia de Venezuela, ni tampoco después, tal como lo demuestran las peticiones y posteriores renovaciones que se hicieron durante los años de la Guerra de Independencia.

Esta continuidad puede advertirse en los trámites seguidos para mantener vigente el oratorio fundado en la llamada «Casa Solórzano», hoy conocida como la Quinta de Anauco. Esta edificación se construyó a instancias del capitán don Juan Javier Mijares de Solórzano y Pacheco, bisnieto del conde de San Javier y nieto del primer marqués de Mijares, fue concluida en el año 1797 y estuvo destinada al descanso y cultivo de café, caña de azúcar, árboles frutales y a la cría de animales. La casa de campo se encontraba ubicada entre los ríos de Catuche, el Guaire y Anauco, y constituyó por muchos años el lugar de residencia de la familia Mijares de Solórzano, poseedores del marquesado de Mijares.

Tres años después de finalizada la construcción, el «Teniente Coronel don Juan Javier Mijares de Solórzano, Caballero de la Orden de Santiago»[61], solicitó en julio de 1800 el permiso para realizar misas en el espacio que había dispuesto en su recién construida vivienda. En su petición señaló que poseía «una casa de campo y fundación de café en el otro lado del río Anauco» y en ella se encontraba residenciado con su familia «por convenirle a sus intereses, a más que lo ejecute por diversión, o por juzgarlo

---

61 «Licencia concedida a don Juan Javier Mijares de Solórzano», Caracas, 17 de julio de 1800, carpeta 3.

provechoso a su salud». Añadió a su petición que la ubicación de su casa en medio del río le impedía, especialmente en tiempos de lluvia, asistir con su familia «a cumplir con el precepto de oír misa a la iglesia de N. S. de Candelaria», parroquia que le correspondía por la ubicación de la casa.

Una vez hecha la correspondiente inspección, le fue entregada de manos del presbítero don Mateo Monasterios –ordenada del arzobispo de ese entonces, Francisco de Ibarra– la licencia solicitada, la cual probablemente fue concedida por un período aproximado de cinco años, tal y como solía ocurrir con casi todas las licencias otorgadas.

Dieciocho años más tarde, en 1818, su heredero y primogénito, don Francisco Javier Mijares de Solórzano[62], solicitó la renovación de la licencia con el fin de seguir gozando del beneficio del oratorio privado. Los argumentos planteados en su solicitud no variaron con respecto a los presentados por su padre años atrás, por el contrario, señaló igualmente que el hecho de que la casa de campo estuviese ubicada entre los ríos Catuche, Guaire y Anauco, le complicaba el traslado junto a su familia hasta la «jurisdicción de la parroquia de Nuestra Señora de Candelaria» para asistir a los oficios litúrgicos, sobre todo cuando llegaba el tiempo de lluvias y crecían dichos ríos.

No obstante, don Mijares de Solórzano le agregó al argumento ya señalado, la responsabilidad de tener a su cargo 25 esclavos «que para mi cultivo mantengo», por lo que resultaba más conveniente para el mantenimiento del orden que escucharan la misa de los días festivos en la propia hacienda, y no tener que vigilarlos cuando asistían a la parroquia, distante unas «cinco cuadras y media» de su vivienda. Pero el beneficio no estaba solamente dirigido a su esclavitud, sino «también a la Sra. mi madre [doña María Jerónima de Tovar y Ponte] y su familia y a mi que con

---

62 «Licencia concedida a don Francisco Javier Mijares de Solórzano», Caracas, 29 de mayo de 1818, carpeta 2.

frecuencia nos vamos a dicha hacienda por vía de recreo; o convalecencia como en el día que nos hallamos».

Para solventar esta situación pidió la renovación de la licencia a fin de continuar oficiando misas en «un oratorio bastante capaz y separado de todo los usos domésticos, [dotado] con ornamentos, vasos sagrados y cuanto es necesario para celebrar el Santo Sacrificio», y cumplir así con uno de los principales requisitos exigidos en la legislación eclesiástica.

La responsabilidad de tener a su cargo un número elevado de esclavitud, sirvió como argumento para obtener la renovación del permiso y mantener así el privilegio del oratorio doméstico. Al destacar su responsabilidad respecto a facilitarle a los esclavos la asistencia a la misa se cumplía con uno de los deberes y obligaciones de los «padres de familia» consagrados en las *Constituciones Sinodales del Obispado de Venezuela y Santiago de León de Caracas,* en las cuales quedaba establecido la obligación de cumplir con los santos sacramentos y la responsabilidad que tenían los «padres de familia» de que se acatase este mandato: «grandes son las obligaciones de los padres de familia: Y así es de grande el juicio de Dios, que les amenaza, si no las cumplen; y por el contrario son grandes los premios, que les esperan a los que se desvelan en el cumplimiento de tan grandes obligaciones».

Las mismas Constituciones establecían en su artículo 345 que los padres de familia debían poner especial cuidado «en que sus hijos, criados, y esclavos, guarden la Ley Santa de Dios, frecuenten los Santos Sacramentos, oigan misas todos los domingos, y fiestas de guardar…». Los solicitantes que recurrían al argumento de la carga familiar sintieron la necesidad de satisfacer el bienestar espiritual de sus miembros a través «de la palabra Divina», tal y como lo establecía el citado artículo.

Las *Constituciones Sinodales del Obispado de Venezuela y Santiago de León de Caracas* fueron sancionadas en 1687. Con ellas se intentó regular la vida de los fieles y de los sacerdotes reglamentándose las formalidades del culto y la enseñanza de la doctrina, las cuales se mantuvieron vigentes hasta principios del siglo XX.

Don Francisco Javier Mijares de Solórzano obtuvo el despacho favorable de su licencia por orden del arzobispo de Caracas Narciso Coll y Prat el 29 de mayo de 1818, el mismo año en que fue solicitada. La autorización establecía que en el oratorio se podía llevar a cabo la celebración de misas, tanto para el beneficio de los habitantes de la residencia, como para los vecinos de los alrededores.

A poco más de dos años, el 22 de diciembre de 1820, fue solicitada por su hermano don Miguel Mariano Mijares de Solórzano[63] la renovación de la licencia solicitada en 1818 por don Francisco Javier Mijares de Solórzano. La intención de esta nueva renovación era continuar gozando el privilegio que le brindaba, a él y a su familia, este espacio de oración dispuesto en la hacienda de café ubicada en las cercanías del río Anauco, en la jurisdicción de La Candelaria. Nuevamente vemos que los argumentos presentados fueron los mismos expuestos con anterioridad. La petición fue concedida, una vez más, bajo los mismos términos establecidos en el primer otorgamiento.

El poco tiempo que transcurre entre una renovación y otra podría estar asociado a varias razones. La primera es que tal vez, debido a lo convulsionado de los tiempos, se haya extraviado la licencia; una segunda razón podría estar atribuida a que probablemente la casa pasó a manos de don Miguel Mariano Mijares de Solórzano, y como uno de los requisitos para celebrar misas en los oratorios privados era que estuviese presente la persona a quien se le había otorgado el permiso, se hizo necesario el cambio de la licencia; finalmente, es posible que la renovación se haya otorgado por dos años; sin embargo, esto es poco factible, pues lo regular

---

63 «Licencia concedida a don Miguel Mijares de Solórzano», Caracas, 22 de diciembre de 1820, carpeta 2.

era que se concediese por cinco años, aunque hay casos en donde el permiso era otorgado por tres años.

Estas manifestaciones caracterizaron las frecuentes solicitudes realizadas durante los siglos XVII y XVIII, y continuaron vigentes durante los años de la guerra. La situación de inquietud y turbulencia que se vivió en Venezuela durante esas dos décadas no parece haber afectado la rutina de la oración y el recogimiento, dentro y fuera de los templos, aun cuando hubo otros hechos, como el terremoto de 1812, que incidieron de manera directa en la vida cotidiana y espiritual de los habitantes de Venezuela.

La ruina como justificación

El 26 de marzo de 1812 ocurrió en horas de la tarde un devastador terremoto que afectó una buena parte del territorio, las zonas más afectadas fueron Caracas, La Guaira, Choroní, Barquisimeto y San Felipe, entre otros poblados. La documentación existente sobre el suceso da cuenta de que el movimiento –que duró aproximadamente un minuto– dejó un saldo fatal de 15 000 o 20 000 muertes. Se menciona además que, por haber ocurrido un Jueves Santo, las iglesias se encontraban copadas de fieles, quienes aún no habían iniciado las procesiones, por lo que se estima que cerca de 3 000 o 4 000 personas quedaron sepultadas bajo los escombros de los templos que se vinieron abajo con el sismo.

Las viviendas urbanas no escaparon a este desastre, muchas de ellas se cayeron, dejando a innumerables familias a la intemperie. Quienes tuvieron posibilidad se trasladaron a las llamadas zonas foráneas, es decir, áreas aledañas a la ciudad, donde algunos poseían haciendas o algún familiar con propiedades. Las casas que no se derrumbaron quedaron inhabitables, tal como se señala en gran parte de las solicitudes para fundar oratorios en haciendas. La desolación que produjo el terremoto llevó a algunas autoridades a plantear la posibilidad de establecer una ciudad en la zona de Catia o Chacao, con la advertencia de que las nuevas construcciones debían ser más seguras y sencillas, como las existentes en Cumaná, donde eran frecuentes estos movimientos telúricos.

La voz de los eclesiásticos realistas no se hizo esperar y el mismo 26 de marzo señalaron que lo ocurrido había sido un castigo de Dios, quien condenaba la revolución, añadiendo, además, que el terremoto no había sido más que una prueba de la «cólera celestial» y que sucedió ese Jueves Santo porque un día como ese, en 1810, había comenzado la conspiración. Estos representantes de la Iglesia predicaron en todos los lugares que les fue posible contra el estatuto político establecido desde el 19 de abril de 1810.

La desolación producida por el terremoto llevó a muchas familias a trasladarse a sus casas de campo, las cuales eran utilizadas generalmente como lugares de descanso o como medios para el sostenimiento económico; sin embargo, a partir del 26 de marzo de 1812, pasaron a ser residencias permanentes de numerosos habitantes de la provincia. Lugares como San Diego de los Altos, Guarenas, San Francisco de Yare, los valles de Aragua, Caurimare, Santa Lucía, La Vega, Ocumare y Chacao, sirvieron de refugio para aquellos que buscaban escapar del desastre dejado por el sismo «hasta que la Providencia Divina» mejorara la suerte.

Con esta expresión don Juan Álvarez[64], hacendado en el pueblo de Guarenas, inició su petición, alegando que motivado al «acontecimiento fatal del 26 de marzo» se tuvo que trasladar con su familia hasta la mencionada propiedad, y en vista de la distancia que existía para llegar al pueblo, unido a las incomodidades de transitar por los caminos, se veía en la necesidad de hacer la respectiva solicitud, la cual le fue otorgada por orden del arzobispo el 17 de abril del mismo año 1812, por un período de tres años.

En los meses siguientes al terremoto, el temor se hizo presente, por lo cual, la prioridad de los habitantes de Caracas se

---

64   «Licencia concedida a don Juan Álvarez», Caracas, 17 de abril de 1812, carpeta 1.

centró en «ponerse a salvo de los eminentes peligros a que [se] estaba expuesto de un instante a otro si [se] permanecía en esta desgraciada ciudad», reducida a ruinas.

La amenaza latente de que se terminaran de derrumbar las edificaciones que se mantuvieron en pie, llevó a Isidoro Antonio López Méndez[65] a mudarse «precipitadamente con toda su familia» a su hacienda ubicada en San Francisco de Yare, y en vista de los inconvenientes que le producía el trasladarse hasta la iglesia, solicitó al arzobispo la autorización para fundar un oratorio en su casa con el objeto de «no carecer de los socorros espirituales que no puede prescindir ningún cristiano». Estos motivos fueron suficientes para que el mencionado López Méndez lograra obtener el 4 de abril dc 1812 el despacho de su licencia por un tiempo de tres años.

Isidoro López Méndez fue un importante activista de la Independencia, tesorero de la Universidad de Caracas, estuvo entre los promotores de la llamada Conjuración de los Mantuanos de 1808, participó en los sucesos del 19 de abril, fue diputado del Congreso de 1811-1812 y firmante del Acta de Independencia del 5 de julio de 1811. Al igual que muchos otros venezolanos se vio afectado de manera directa por el temblor y tomó la decisión de abandonar la ciudad para alojarse con su familia en su hacienda de Yare, de allí el interés de contar con su propio oratorio a fin de cumplir con sus deberes religiosos.

Esta alteración de la vida cotidiana que impuso el terremoto no solo perturbó a las personas afectadas por la destrucción de sus casas, sino también a aquellos individuos que tuvieron que recibir a sus familiares desamparados. Esta situación fue vivida por doña María de Jesús Frías[66], quien acogió en su estancia ubicada en Caurimare a «una numerosa multitud de familia» que llegó huyendo «de la reciente calamidad del Jueves Santo». Doña Frías,

---

65 «Licencia concedida a don Isidoro Antonio López Méndez», Caracas, 4 de abril de 1812, carpeta 1.
66 «Licencia concedida a doña María de Jesús Frías», Caracas, 2 de abril de 1812, carpeta 2.

imposibilitada de caminar y sintiendo la responsabilidad de tener que brindar a sus huéspedes y a ella misma el beneficio de la misa, solicitó el permiso correspondiente para fundar un oratorio en su vivienda, el cual le fue concedido el 2 de abril de 1812, por el arzobispo de Caracas Narciso Coll y Prat, por un período de tres años.

Por su parte, don José Ambrosio de las Llamosas[67], comerciante y político que se desempeñó activamente como miembro del Real Consulado de Caracas, alcalde del Cabildo Municipal de Caracas en 1810, copresidente de la Junta de Gobierno y uno de los promotores de la rebelión de los esclavos de la región de Capaya contra los republicanos, en 1812, también sufrió las calamidades producidas por el terremoto.

Es así como a raíz de los sucesos del 26 de marzo, Llamosas se vio en la necesidad de hacer un pequeño alto en sus actividades políticas para trasladarse con su familia a una hacienda que tenía en los valles de Santa Lucía. Dicho lugar ya poseía un oratorio en uno de sus espacios, «construido con toda decencia»; sin embargo, Llamosas ignoraba si la licencia se había vencido o si, por el contrario, permanecía vigente; optó por hacer una nueva solicitud en la cual manifestó «que por las actuales circunstancias» se veía en la necesidad de mudarse hasta su hacienda, pero no deseando de modo alguno que por esa razón su familia careciera «de los bienes espirituales», acudió al beneficio del oratorio doméstico, el cual le fue aprobado por cuatro años el 8 de abril del mismo año 1812.

Por otra parte, los oratorios portátiles resultaron ser un medio idóneo para cumplir con el precepto de la misa cuando la morada que se habitaba no contaba con un espacio destinado para tal fin. Esto le sucedió a don José Joaquín de Argos[68], quien señaló en su petición que se había visto obligado a «emigrar a este Valle [de Ocumare] en donde la Providencia Divina nos dejó por asilo una hacienda a que refugiamos, y que será por ahora nuestro

---

67 «Licencia concedida a don José Ambrosio de las Llamosas», Caracas, 8 de abril de 1812, carpeta 2.
68 «Licencia concedida a don José Joaquín de Argos», Caracas, 21 de abril de 1812, carpeta 4.

hogar», y en vista de que don Argos no contaba con un espacio adecuado para la celebración de las misas en los días festivos, acudió ante las autoridades eclesiásticas para solicitarles un permiso que le permitiera llevar a cabo, «el Santo Sacrificio de la Misa» en un altar portátil que poseía, con el compromiso «de que se procurará su mejor y más decente colocación cuando se haga uso del vestido y adornado de los ornamentos y utensilios necesarios y que desde luego tenemos».

El 21 de abril se le despachó la licencia por orden del arzobispo por un tiempo de tres años; sin embargo, se le impuso como condición que para continuar gozando del beneficio concedido, debía construir en su hacienda un cuarto de oración para oficiar misas con «la decencia requerida», pues los oratorios portátiles solo estaban reservados para aquellas personas que, por las funciones que cumplían, debían estar constantemente trasladándose de un lugar a otro.

Otro inconveniente que se dio a raíz del terremoto fue la pérdida de documentos, tal y como lo señala don Esteban de Ponte y Blanco[69] «caballero de la orden de Alcántara», quien se dirigió a las autoridades eclesiásticas para manifestarles «que el ilustrísimo señor anterior se dignó concederme la gracia de tener oratorio en la casa de campo que… poseo en lo interior del valle de Chacao», pero con la ruina que produjo el terremoto en su casa de la ciudad, tanto sus muebles como parte de sus documentos se extraviaron, entre ellos la licencia que le había sido otorgada en beneficio del oratorio mencionado.

El mencionado don Estaban Ponte y Blanco se vio en la necesidad de acudir ante la autoridad competente para suplicar «rendidamente a V.S.I. se digne prorrogarme la mencionada licencia», pues tuvo que mudarse a su hacienda con su «familia, criados, y esclavos» a quienes debía proveer «de la palabra Divina». El

---

69 «Licencia concedida a don Esteban de Ponte y Blanco», Caracas, 4 de enero de 1813, carpeta 2.

4 de enero de 1813 recibió la nueva licencia que le permitió continuar con el funcionamiento del oratorio que tenía establecido en su morada.

El suceso del terremoto, de manera natural, favoreció que los fieles se aferraran más a la oración; en tal sentido, los actos religiosos no se vieron interrumpidos, razón por la cual muchas personas encontraron en el establecimiento de oratorios domésticos, la forma más conveniente de cumplir con los preceptos canónicos, cuando las distancias de sus nuevos lugares de residencia no les permitieron trasladarse de manera regular hasta los templos.

Plegarias en medio de la agitación

La inestabilidad política y el clima de inseguridad que se vivió en nuestro territorio entre los años 1810 y 1821 llevó a muchas familias a refugiarse en sus haciendas para buscar mayor seguridad; no obstante, esta medida trajo consigo una serie de complicaciones que afectaron principalmente el habitual desenvolvimiento de los pobladores, quienes se vieron restringidos para hacer aquellas actividades que, hasta ese momento, habían formado parte de sus rutinas diarias. Uno de los aspectos que se vio afectado con esta situación fue el religioso, ya que la visita a la iglesia se complicaba como consecuencia del mal estado en que se encontraban las vías que comunicaban las haciendas con las parroquias.

Como ya hemos señalado, este y otros obstáculos fueron razones suficientes para que las autoridades competentes hicieran entrega de las licencias autorizando el uso de oratorios domésticos en las casas de las haciendas. Sin embargo, a estas argumentaciones se les unió una nueva causa: el saqueo y el robo de las casas. Esta inquietud fue expresada el 12 julio de 1815 por Eustaquio Machado[70], «vecino y hacendado de la jurisdicción del pueblo de

---

70 «Licencia concedida a Eustaquio Machado», Caracas, 14 de julio de 1815, carpeta 3.

la Victoria en el sitio de Aragua», quien señaló que la licencia que se le había otorgado en el año 1812 había vencido, y en vista de que persistían los mismos inconvenientes que le impedían ir hasta la iglesia, solicitaba la renovación de la misma; no obstante declara que, además de las razones ya expuestas, se le unía «mayores incomodidades por la situación actual [de] las convulsiones políticas que se han padecido de los robos y saqueos especialmente en los pueblos, haciendas y sus casas».

Esta misma inquietud movió a don Miguel Tejera[71] a solicitar una licencia para fundar un oratorio en su casa de hacienda, en vista de que «no es posible dejar sola la casa por lo extraviada que se halla y sería exponerla a ser rota, y saqueada como ha acaecido, a otras que han quedado sin quien las vea los días de precepto por haber sus habitantes ocurrido a esta ciudad a su cumplimiento». Don Tejera, quien poseía una hacienda plantada de café y otros árboles con algunos esclavos «en el sitio de Catia y quebrada que nominada Guaya», planteó en su petición que la única manera de mantener resguardados sus bienes y a la vez cumplir con los santos sacramentos era «poner un oratorio en mi dicha estancia previa la competente licencia».

El uso no estaría limitado solo al beneficio del solicitante, sino también a la «multitud de infelices que existen en aquellas inmediaciones quienes regularmente... [pasan hasta un año sin cumplir con los sacramentos] a causa de no tener... a quien dejar en sus chozas». Esta petición fue autorizada por el «Señor Gobernador del Arzobispado de Caracas» el día 8 de febrero de 1819, luego de haber sido inspeccionada por el cura de la parroquia de Nuestra Señora de Altagracia.

Al igual que ocurrió con el terremoto de marzo de 1812, la guerra produjo la pérdida de diversos bienes y el extravío de documentos. En tal sentido, fueron varias las solicitudes que

---

71 «Licencia concedida a don Miguel Tejera», Caracas, 8 de febrero de 1819, carpeta 1.

se presentaron ante el arzobispado en las cuales se exponía que «como resultado de los acontecimientos de la guerra se han extraviado o perdido las licencias que v.s.i. se había dignado conceder para la celebración del sacrosanto sacrificio de la misa en el oratorio de la hacienda». Estas fueron las palabras de don Vicente Sandoval[72] quien, el 24 de julio de 1815, pidió ante las autoridades la prórroga del permiso que se le había concedido para celebrar misas en su hacienda, destacando que era necesario para él y su familia mantener este recinto, pues aún subsistían «las gravísimas causas que movieron a v.s.i. a conceder semejante gracia».

Esta eventualidad también fue expuesta en octubre de 1816 por don Fernando Monteverde[73], apoderado del oficial de la real marina de guerra de España, Domingo de Monteverde, quien «compró y dejó» en la «jurisdicción del pueblo de San Mateo una hacienda nombrada el Palmar», que si bien poseía ya un oratorio que había sido debidamente autorizado, la licencia se había extraviado «por las actuales circunstancias» y era interés de su apoderado, continuar disfrutando de los beneficios que brindaba la celebración de la misa en dicho recinto, sobre todo porque el beneficio estaba dirigido principalmente para que «en los días festivos los esclavos y demás existentes en dicha hacienda» se proveyeran de la «palabra Divina».

En 1819, don Francisco Vicente Sandoval[74] se retiró a su estancia de Güigüe con su familia «que consiste en tres hermanas solteras», lugar donde poseía una hacienda heredada de sus padres. La razón de tal decisión se debió a que los médicos «han estimado como más oportuno a mi restablecimiento que me retire a un campo». La casa de la hacienda poseía un oratorio que había sido solicitado y autorizado en favor de sus mencionados padres,

---

72 «Licencia concedida a don Vicente Sandoval», Caracas, 24 de julio de 1815, carpeta 3.

73 «Licencia concedida a don Fernando de Monteverde y Molina», Caracas, 23 de octubre de 1816, carpeta 4.

74 «Licencia concedida a don Francisco Vicente Sandoval», Caracas, 3 de diciembre de 1819, carpeta 2.

quienes en su oportunidad alegaron la distancia y el tránsito dificultoso «que casi se hace impracticable, no solo en el invierno, sino aún en el verano».

No obstante, señala Sandoval, que en el oratorio dispuesto por sus padres en la hacienda se estuvo celebrando misas ininterrumpidamente «hasta el año de trece, en que con motivo de las turbulencias que ocasionaron la guerra… se extraviaron las licencias». En atención a que después de seis años aún persistían los mismos inconvenientes «he venido en suplicar a v.s., se digne prorrogármela sobre dicha concesión de oratorio privado que lograron mis padres, o concederme uno nuevo». El 3 de diciembre de 1819, Manuel Vicente Maya, arzobispo para ese entonces, ordenó que se concediera la licencia de oratorio privado por un tiempo de cinco años, con lo cual el mencionado Sandoval pudo satisfacer junto a sus hermanas la necesidad de escuchar «la palabra de Dios» en los días festivos.

Don Ramón de Ibarrolaburu[75], «vecino de esta ciudad de Valencia», también se vio afectado por la pérdida de la licencia concedida para fundar un oratorio en su «hacienda de trapiche… en el sitio que llaman de Guataparo Abajo». El oratorio construido de manera «capaz y decente», ya había sido renovado en el año 1814; sin embargo, para ese momento no pudo don Ibarrolaburu disfrutar del beneficio de la licencia porque se «hallaba… emigrado fuera de la provincia porque la ocupaba Bolívar con sus tropas». Una vez de regreso, quiso volver a tener el beneficio de su oratorio privado «y estando informado de que la concesión de la referida expira en el presente año no puedo menos que suplicar a v.s. que ha beneficio de mi esclavitud, y de un gran número de vecindarios… se tenga la bondad de concederme nueva licencia…» que «se ha traspapelado o perdido por las vicisitudes de los tiempos». La solicitud realizada en Valencia el 11 de octubre de 1819 tuvo

---

75 «Licencia concedida a don Ramón de Ibarrolaburu», Caracas, 10 de enero de 1820, carpeta 3.

respuesta tres meses después, el 10 de enero de 1820, cuando se despachó la licencia por un tiempo de ocho años.

Otro hecho que le tocó vivir a muchos de los habitantes de la provincia de Venezuela como consecuencia de la guerra fue la confiscación de bienes. Un ejemplo de esto lo tenemos con el caso de una propiedad que pertenecía al dirigente civil del movimiento independentista de Venezuela y hermano de José Félix Ribas, Juan Nepomuceno Ribas, a quien —a casi tres meses de su muerte— le decomisaron una hacienda denominada «el Palmar del Tuy» ubicada en el pueblo de La Victoria.

La incautación de esta propiedad que pertenecía a Juan Nepomuceno se hizo por orden de los llamados Tribunales o Juntas de Secuestros, los cuales funcionaron como instrumentos de los ejércitos realistas o republicanos —según el bando que tuviese el control— para obtener recursos económicos. El primer tribunal fue establecido en Caracas, en agosto de 1812, por Domingo de Monteverde, y reorganizado en mayo de 1815 por Pablo Morillo, manteniendo las mismas funciones.

Una vez que ocurría la confiscación de los bienes, estos pasaban a manos de otros dueños que, según fuese el caso, debían estar adheridos a la causa realista o republicana. De este modo, la hacienda incautada al patriota Juan Nepomuceno Ribas, pasó a convertirse en propiedad de don Santiago Machado[76], luego de ser arrendada «por cuenta del Rey (que Dios guarde)». Establecido don Machado y su familia en la nueva propiedad se vieron en la necesidad de solicitar una licencia que les permitiera hacer uso del oratorio privado que poseía la hacienda, en vista de que la autorización que existía se encontraba a nombre de su anterior dueño: Juan Nepomuceno Ribas, detalle que les impedía gozar de ese privilegio, pues era requisito indispensable para el funcionamiento de esos espacios de oración que la licencia estuviese a

---

76 «Licencia concedida a don Santiago Machado», Caracas, 7 de febrero de 1815, carpeta 4.

nombre del responsable de la propiedad, en este caso don Santiago Machado.

Por otra parte, la incomodidad que representaba el tener que trasladarse hasta la iglesia más cercana junto a su familia, así como la responsabilidad de tener que «estar a la mira de la esclavitud; sobre cuya conducta conviene tanto vigilar en el día», movieron a don Machado a requerir el beneficio del oratorio, que según consta en la petición, funcionaba en dicha estancia desde el año 1803, aproximadamente. Su súplica fue atendida por el arzobispo el 7 de febrero de 1815, fecha en la que se le despachó la licencia de oratorio por un tiempo de cinco años.

Un aspecto a considerar en esta petición es el énfasis que hace don Machado sobre lo vigilante que debe estar de su esclavitud, y es que puede ser que sienta temor por él y su familia al saber que esa esclavitud de la cual ahora era responsable, fue la misma que mató a Valentín Ribas, hermano de Juan Nepomuceno y José Félix Ribas, como consecuencia de la revuelta que produjo la guerra en nuestro territorio.

Una petición interesante, y única entre los documentos que fueron revisados en la *Sección Oratorios* del Archivo Arquidiocesano de Caracas, fue la realizada en septiembre de 1819 por don Miguel Martínez[77], comisionado de justicia del sitio de Las Palmas. Esta solicitud tiene la particularidad de que fue hecha para beneficiar principalmente a las «tropas transeúntes», que pasaban desde dicho sector de Las Palmas hacia las costas y Valencia. Añade don Martínez que «en tiempos de invierno por el estado en que se ponen los caminos» resultaba intransitable, en virtud de lo cual se hacía necesario que los vecinos de la población se mantuviesen «reunidos para prestar sus auxilios debidos a las tropas» que pasaban por la zona. La intención era que se le permitiera fundar una ermita en el pueblo, para que sus habitantes no se vieran

---

77 «Licencia concedida a don Miguel Martínez. Las Palmas», 17 de septiembre de 1819, carpeta 2.

en la necesidad de movilizarse hasta «el pueblo de Tinaco» a escuchar la misa en los días festivos, y estuviesen siempre presentes y dispuestos a la hora de ayudar a las tropas realistas que así lo requiriesen, pues el traslado hasta el pueblo podía llegar a «emplear dos días de la semana».

A fin de garantizar el otorgamiento, don Martínez le suplicó al encargado del Cuartel General de Las Palmas «interponer su poderoso influjo recomendando esta instancia al señor gobernador del arzobispado». El alto funcionario accedió a la petición y acompañó la solicitud con una recomendación que señalaba «Los buenos servicios contraídos por los vecinos de las Palmas, su adhesión a la justa causa del Rey Nuestro Señor, y el aprecio que me merecen los hacen dignos de que se les conceda lo que piden en esta solicitud; por cuya razón los recomiendo al señor gobernador del arzobispado don Manuel Vicente Maya, para que los atienda en ella». El mismo mes se le otorgó el permiso a don Miguel Martínez.

Estas peticiones para establecer oratorios privados sobre las cuales nos hemos detenido en las páginas precedentes dejan ver la continuidad de los valores religiosos durante los años de la guerra. La convulsión que se vivió entre los años 1810 y 1821 no alteró la devoción de los fieles, la inquietud e incertidumbre producto de la inestabilidad que se vivía en la provincia se convirtieron en alegato frecuente para justificar la necesidad de tener un espacio privado para la oración, ya que la guerra provocó que muchos habitantes se vieran en la obligación de salir de las ciudades a zonas más retiradas en busca de mayor seguridad, llevando con ellos el sentimiento de religiosidad que les imponía la necesidad de escuchar «el Santo Sacrificio de la Misa».

Desorden en la casa del señor

Los sacerdotes de Canoabo

EL DÍA 16 DE JULIO DE 1811, el pueblo de Canoabo se alistó para celebrar la misa en honor de Nuestra Señora del Carmen, patrona de la fidelidad al rey. Juan José Reyna, sacerdote titular del poblado, dejó en claro tal precepto.

Dos días antes, Reyna había recibido comunicación de Antonio Negrete, cura de Nirgua. En la misma le informaba acerca del pronunciamiento realista contra la Independencia ocurrido en Valencia unos días antes; y le manifestaba la necesidad de que el poblado de Canoabo se uniera a la reacción fidelista.

Reyna, convencido seguidor de la disciplina monárquica, informado del levantamiento en la cercana Valencia, en medio de su sermón, inusitadamente, se arrogó la jurisdicción civil del pueblo y proclamó a Fernando VII como única autoridad sin estar en conocimiento de que, solo diez días antes, Caracas había declarado la independencia de España.

En medio de la conmoción causada por la homilía, el teniente justicia mayor, don Martín Betancourt, instó al sacerdote a observar las autoridades republicanas. La respuesta del vicario fue arrestarlo hasta tanto no jurase fidelidad al rey. No obstante, luego de tres horas de prisión, Reyna lo dejó ir al pueblo de Montalbán.

Unos días después de estos sucesos, el 19 de julio, llegaron a Canoabo las noticias de la Declaración de Independencia a través de la *Gaceta de Caracas* y, con ellas, el completo desasosiego de quienes esperaban la vuelta al orden antiguo.

Informadas por el teniente justicia Betancourt y el cura de Montalbán José Antonio Borges, las autoridades patriotas reaccionaron frente a las actuaciones del padre Reyna, enviando una tropa proveniente desde San Felipe con la clara intención de restablecer el orden en Canoabo.

El padre Reyna, advertido de la inminente llegada de cincuenta hombres, eludió su captura huyendo a la montaña en compañía de tres de sus más cercanos fieles. Sin embargo, el asedio en que se vio el pueblo por parte de la tropa republicana obligó al presbítero a entregarse.

Enterado del desafuero, el gobierno patriota, en la persona de Juan Germán Roscio, se comunicó con el arzobispo Coll y Prat el 31 de julio y lo puso al tanto de los sucesos:

> El Br. Dn. Juan José Reyna que es cura en propiedad del pueblo de Canoabo, jurisdicción de la misma ciudad ha sido por desgracia uno de los agentes principales de la seducción de sus incautos feligreses que por muy cortos estuvieron distraídos del actual sistema del Gobierno de Venezuela y dispuestos a atentar contra la Soberanía de esta, imitando la infame conducta que ha dado lugar a la resolución tomada por el Gobierno contra Valencia. Fuera de esto es presumible que para la fecha estén las personas de dichos sacerdotes reducidas a prisión...[78]

Reyna, en consideración de las autoridades republicanas, incurrió en el despropósito de jurar fidelidad a Fernando VII y desconocer el imperio de la ley republicana. Dos aspectos destacan de la representación: el primero es la prontitud con la que el gobierno central atendió un incidente provincial; el segundo denota el especial interés del Estado en temas religiosos y los efectos que tenían sobre la esfera laica.

---

[78] «Comunicación de Juan Germán Roscio a Narciso Coll y Prat» del 31 de julio de 1811, en Vicente Suría, *Iglesia y Estado*, p. 72.

El 4 de agosto de 1811, el vicario de la Ciudad de Puerto Cabello, José Félix Roscio, le escribió al arzobispo Coll y Prat y le comentó los motivos que habían determinado la destitución de Reyna y el nombramiento de un sustituto[79].

El pastor republicano

La respuesta del gobierno de Caracas no se limitó a poner en prisión a Reyna a fin de abrirle causa por su conducta regalista. Las autoridades republicanas se apuraron en buscar un sustituto que se encargase del curato canoabense.

La elección recayó sobre el sacerdote Juan José Horta, religioso adepto al gobierno republicano, quien, luego de una serie de contratiempos sufridos durante su periplo hacia Canoabo, llegó finalmente al convulsionado pueblo a finales de septiembre.

Al momento de su nombramiento, el padre Horta se encontraba sirviendo como capellán de las tropas de Francisco de Miranda, en la campaña de pacificación de Valencia.

Horta advirtió, desde su llegada al pueblo, que la inclinación regalista no era exclusiva del cautivo Reyna, pues el pueblo compartía la misma propensión:

> entré a Canoabo a las diez de la noche, cuyos habitantes aunque reducidos ya por las fuerzas vecinas; ocultaban aun algunos resentimientos privados, y mucha ambigüedad y desconfianza así de la buena opinión, integridad y legitimidad del actual Gobierno como de la pureza y seguridad de la Religión; efecto todo de las preocupaciones del cura Reyna acaloradas con las imposturas y calumnias […] sin prever los infinitos males que iba a producir en unos pueblos ignorantes.

---

79 Archivo Arquidiocesano de Caracas (en adelante AAC), *Sección Episcopales*, legajo 38. La información y las citas textuales referidas al caso de los sacerdotes de Canoabo son tomadas todas de este mismo expediente.

Ante un panorama poco menos que inhóspito como el ofrecido por un pueblo reducido por las armas y el de una vecindad estimulada contra el orden insurgente de Caracas, la misión de Horta, más que la devoción propia de su oficio, le demandó un escrupuloso tratamiento de la materia política en su sermón:

> A la hora acostumbrada les di su misa y en ella les exhorté muy tiernamente a la subordinación y respeto a los magistrados constituidos, les di impresiones de las falsas noticias con que se denigraba por nuestros enemigos la conducta del vistosos pueblo de Caracas que lejos de destruir o manchar la pureza de la religión de Jesucristo el Supremo Gobierno se había declarado abiertamente su protector...

La misión de Horta consistió en extinguir, a través de la fe, cualquier resistencia al sistema político de Caracas. De ese modo, el orden republicano comenzaba a intervenir en la esfera religiosa a través de la asignación de sacerdotes partidarios de su causa.

El comienzo de 1812 no resultó más tranquilo para la incipiente República de Venezuela. Desde Maracaibo hasta Valencia, las manifestaciones a favor de la monarquía se hicieron recurrentes. Maracaibo, Coro y Valencia se pronunciaron en contra de la República y a favor del rey, obligando a las autoridades republicanas a responder con las armas la insurrección de Valencia mediante el envío de un ejército al mando de Francisco de Miranda y el marqués del Toro.

Reducida Valencia por las armas republicanas, Juan José Reyna fue atrapado por ser uno de los responsables de la insurrección. Luego de su captura, Reyna fue trasladado a Barquisimeto y le fue abierta causa por su comportamiento político.

Reyna, en el litigio, se defendió haciendo valer las órdenes recibidas por el vicario Antonio Negrete, alegando que había sido engañado por este. Así lo expuso en su oficio al arzobispo Coll y Prat.

La comunicación enviada por el vicario Negrete y basada en supuestas informaciones del cura regente de Valencia, Antonio González, le ofreció a Reyna una imagen convulsa de dicha ciudad. Curas llamando a su parroquia a jurar fidelidad a Fernando VII, a desconocer al sistema caraqueño y convocando tropas rebeldes a tomar cuarteles, entre otras menudencias, eran parte del paisaje esbozado en la carta. En atención a ello, Negrete le ordenó a Reyna seguir sus instrucciones.

La orden recibida por Reyna, según su alegato, exigía orientar a los feligreses a defender la *justa causa* ante los supuestos maltratos de los republicanos contra la religión y sus principales autoridades. La circular decía:

> Instrúyalos (a su pueblo) de los detestables designios de semejante gobierno y le animará a unirse a nosotros y con los católicos y leales guayaneses, corianos y maracaiberos en defensa de nuestra justa causa como lo acredita el inaudito atropello hecho al príncipe de Nuestra Iglesia al Señor Arzobispo y prisión escandalosa hecha a otros respetables sacerdotes del oratorio de San Felipe de Neri…

Reyna no hizo otra cosa que obedecer las instrucciones giradas por Negrete. Llegado a Barquisimeto, se le enjuició y declaró inocente, y, al ser liberado, ejerció su ministerio en la mencionada ciudad. Sin embargo, en virtud del inestable clima político, cuando Reyna se dirigía a Canoabo, cayó preso nuevamente, pues Miranda había ordenado someter a aquellas personas incursas en los sucesos de Valencia. Reyna fue encarcelado como un reo de consideración, a pesar de su condición de clérigo.

Ante semejante situación, y pese a la oferta de un indulto general ofrecido por Miranda, Reyna desconfiado, decidió escapar del cautiverio republicano y vagó durante numerosos días, sin destino determinado.

Debido al deterioro de su salud, se detuvo en Carora para buscar el resguardo de sus amigos de la infancia, devenidos ahora en autoridades republicanas. Fue auxiliado durante doce días por uno de sus conocidos, el comandante republicano de la plaza, Manuel Felipe Gil, quien, sin embargo, cuando lo vio restablecido lo devolvió a prisión en Barquisimeto.

Los percances no terminaron para Reyna. Desde Barquisimeto fue enviado prisionero a Valencia, junto a ladrones, desertores y otras especies de malhechores.

En Valencia se le dispensó la pena de prisión a través de un indulto general. Cuando se dispuso a regresar a su curato, recibió la noticia de su traslado a Caracas. Al llegar a la ciudad su situación no varió mucho.

La distancia que le separaba de Canoabo era la misma que le alejaba de todos sus emolumentos y prerrogativas. En Caracas, el padre Reyna se encontró en la más completa mendicidad, en una ciudad que, además de resultarle extraña, le era hostil vista de sus antecedentes políticos.

Las aflicciones denunciadas por Reyna en su representación, tenían como propósito que le devolviesen su curato en Canoabo. Con esa determinación descalificó a su sustituto Horta como un realista tránsfuga, basándose en los comentarios que le llegaban desde la población de Canoabo.

Denunciaba Reyna que Horta había jurado fidelidad a Fernando VII y lo acusaba de ser un cobarde, pues, al observar la torsión de las circunstancias a favor del bando republicano, se había involucrado con ellos.

Desterrado en Caracas, debido a su comportamiento en julio de 1811, Juan José Reyna entendió que la forma de recuperar su antiguo curato pasaba por señalar a sus rivales de fidelistas. No obstante, lejos de ser atendido en sus reclamos, fue enviado a la Casa de Ejercicios sacerdotales para su reclusión indefinida, según orden emitida por el gobernador político de Caracas. Reyna no volvería más a Canoabo.

Mortificados por la República, vindicados por el rey

El fragor de la guerra, acentuado a partir de 1813, no olvidó ni a Juan José Reyna ni a Juan José Horta, pues el destino de ambos se encontró directamente relacionado con los vaivenes políticos generados por el conflicto.

El patriota Horta no se mantuvo por mucho tiempo al frente del curato de Canoabo. Considerado favorablemente por José Félix Ribas, este ordenó al arzobispo Coll y Prat trasladar a Horta como cura coadjutor de la población de Marasma, cercana a Barlovento, en observación «de sus buenos sentimientos a favor de la Causa Patriota»[80] bajo los principios de garantizar la tranquilidad pública de aquel poblado ante las inquietudes realistas provocadas por el anterior sacerdote de esa población. La petición fue concedida al día siguiente por el prelado.

La estadía de Horta en Marasma, sin embargo, también fue breve, pues, al poco tiempo, se le encargó el curato del valle de Ocumare.

En febrero de 1814, las tropas realistas de Rosete invadieron la zona de Ocumare. En carta al provisor general del Arzobispado, fechada el 22 de febrero de ese mismo año, Horta le describe a su superior los estragos causados por el jefe realista y cómo había logrado sobrevivir al esconderse en el monte minutos antes del ataque. El pueblo había sido convertido en un camposanto. Casi 300 habitantes, fieles a la causa patriota, eran cadáveres que cubrían los caminos de Ocumare mientras que, transcurridos once días del ataque, de las casas solo quedaban las cenizas y el humo.

El rastro de la destrucción lo llevó hasta la iglesia del pueblo, la cual había sido profanada por las tropas de Rosete; allí se podían observar restos de excrementos, orina y basura. Tres cadáveres encontró en el recinto sagrado: uno en el altar, otro en la

---

80   «Orden del Comandante General José Félix Ribas al Sr. arzobispo Narciso Coll y Prat» fechado en 20 de agosto de 1813, en Vicente Suría, *Iglesia y Estado*, p. 162.

nave principal y otro en el coro. La guerra se había sentido incluso en la casa del Señor[81].

Al sucumbir la llamada Segunda República, en julio de 1814, Horta fue sometido a prisión y enviado a las húmedas mazmorras de Guayana; un año después fue trasladado al Castillo de San Felipe, en Puerto Cabello.

En Puerto Cabello, los grillos y las aflicciones propias de la celda persuadieron a Horta de abjurar de su comportamiento pasado ante el sacerdote de esa localidad, Antonio Perenal, a fin de lograr que le sacaran de prisión y recuperar la confianza dentro de una grey de contrastada inclinación realista[82].

En ese tono de clemencia, el sacerdote Perenal decidió atender la petición e informó a las autoridades realistas acerca de la precaria situación de Horta y, sobre todo, de su apego a la causa del rey.

El 15 de diciembre de 1815, Salvador de Moxó, principal autoridad política y militar realista, pidió información sobre el caso y ordenó a las autoridades del Castillo cambiarle a un aposento menos inhóspito dentro de la fortaleza porteña y concederle libertad de tránsito por el castillo[83]. A eso se limitó la reconsideración del caso de Horta.

Reyna tampoco fue olvidado por la guerra. Recluido en la casa de ejercicios de Caracas durante la administración republicana, la llegada de José Tomás Boves a Caracas, en 1814, reactivó en el religioso su beligerancia política.

---

81 «Carta de Juan José Horta al Señor Provisor General y Vicario General» fechada el 22 de febrero de 1815 en Ocumare, en José Félix Blanco y Ramón Azpúrua, *Documentos para la vida pública del Libertador*, tomo V, pp. 65-67.

82 «Carta de los Presbíteros Manuel Antonio Figuera y Juan José Horta a Antonio Perenal presentando su fidelidad al Gobierno establecido» fechada el 1 de noviembre de 1815 en el Castillo de San Felipe, en Archivo Arzobispal de Caracas, *Sección Episcopales*, legajo 39, folio 399.

83 «Carta de Salvador de Moxó al Capitán interino del Castillo de San Felipe pidiendo trato humano para los sacerdotes Horta y Figuera» fechado en 15 de diciembre de 1815, en Vicente Suría, *Iglesia y Estado*, p. 309.

En razón de su postura política, Reyna fue liberado de su encierro y pasó a enrolarse como capellán militar en las filas marciales del asturiano.

A finales de aquel año, Reyna partió junto a Boves hacia los Llanos. No obstante, en su paso por la población de villa de Cura, el comandante realista le asignó el curato de esa localidad, y allí Reyna fijó residencia.

Emplazado en aquel pueblo, Reyna estableció un estrecho vínculo con parte de su vecindario. Su permanencia frente al curato de Villa de Cura produjo un ligero conflicto entre las autoridades político-militares de la provincia y el Arzobispado, pues las instancias civiles no entendían el traslado de Reyna a su nuevo destino; no obstante, al leve forcejeo, la orden del prelado fue atendida y cumplida por las partes en cuestión.

Los avatares padecidos por Horta y Reyna, a partir de 1810, señalaron el inicio de una situación desconocida hasta el momento en el seno de la institución eclesiástica, la división y enfrentamientos políticos entre sus miembros y su participación activa en los acontecimientos que la década comenzaba a desbrozar.

La inesperada irrupción del orden republicano y su consecuente injerencia sobre la esfera religiosa, expresada en el nombramiento y destitución de curas, crearon las condiciones necesarias para que el sacerdocio participase en materias terrenales.

Sumado a estos elementos, la constitución de la República alteró el comportamiento de la curia en función de la desaparición de uno de sus pilares centrales, la unanimidad política. La extinción de ese fundamento produjo, en gran medida, el ingreso del clero en un territorio desconocido: el de la beligerancia política y el enfrentamiento bélico.

A partir de esos factores, la situación dentro de la institución eclesiástica comenzó a complicarse. Numerosos sacerdotes deliberaban, participaban e incluso actuaban en defensa de sus convicciones políticas, desatendiendo, en gran medida, sus obligaciones religiosas. ¿Recuperación de la tradición u obediencia a la nueva autoridad? Este era el dilema que comenzaba a sugerirse puertas adentro del clero y materializaba una división inminente de la corporación.

Las autoridades de la Iglesia, en rigor de esta situación, entendieron la necesidad de contener unas circunstancias que amenazaban con disipar definitivamente el orden en la Casa del Señor. Narciso Coll y Prat, arzobispo de Caracas y máxima autoridad católica en Venezuela, decidió expresar su preocupación relativa al tema y llamar la atención de sus pastores.

El edicto de abril

El arzobispo Narciso Coll y Prat, en edicto del 3 de abril de 1813, se dirigió a su Arquidiócesis de manera atribulada por el relajamiento disciplinario de los voceros de la Iglesia. Los desórdenes que se vivían en la institución se debían al contacto directo con una sociedad trastornada por las contiendas suscitadas a consecuencia de la Independencia de Venezuela, en 1811, y atizadas por el terremoto sufrido en marzo de 1812 y la restauración del orden monárquico, pocos meses después del telúrico acontecimiento. Consagrado como obispo de Caracas en España en el mes de junio de 1810, Narciso Coll y Prat llegó al puerto de La Guaira el 15 de julio de ese mismo año, enterándose, entonces, de los eventos políticos ocurridos en la arquidiócesis el pasado 19 abril. En medio de un entorno extraño y complejo, Coll y Prat, opositor intransigente del ideario político francés, asumió el principal cargo religioso de la provincia.

En el mencionado edicto, Narciso Coll y Prat reconoció los efectos padecidos por la curia ante las circunstancias políticas impuestas por la Declaración de la Independencia el 5 de julio de 1811. Ante tan conflictivas circunstancias, el sacerdocio no quedó al margen de ellas y Coll y Prat lo reconoció en su edicto de la siguiente manera:

A proporción que los pueblos han ido entregándose a las pasiones, y caído en la ignorancia y la corrupción, el clero también por un contacto casi inevitable, se ha ido relajando, y muchos de los que componen perdiendo el gusto a la disciplina santa y el amor al trabajo, el estudio y las letras. Este es el triste resultado de la general depresión de los siglos en que vivimos...[84]

Las causas para la perturbación en el orden sacerdotal de la diócesis, a juicio del prelado, se debían al peligroso acercamiento entre seglares y eclesiásticos por el advenimiento de la República. La instauración del orden republicano y el clima de agitación habían deteriorado la inveterada y rígida doctrina sacerdotal:

> ¡Qué inversión y qué trastorno, mis hermanos! ¡Qué vida ésta de ocio y perdición! La ignorancia es quien la mantiene, y ella es la raíz primera de la decadencia de la disciplina y de aquella ignominiosa corrupción que minando hasta el lugar santo degrada al sacerdocio y aun desacredita a la propia religión cuyo Honor y Gloria os está encargada...

La preocupación de Coll y Prat tenía basamentos, pues desde la instalación de la República, numerosos sacerdotes habían reaccionado visiblemente a favor de alguna de las facciones en conflicto.

El arzobispo estaba al tanto de numerosos casos de sacerdotes involucrados en la contienda desde el mismo año de 1811. Cuando no era el mismo sacerdote quien le informaba acerca de su posición, eran las poblaciones las que le remitían la información acerca de la conducta política de su párroco, o, en su defecto, las mismas autoridades civiles. No solo le llegaban informes sobre los sacerdotes que se encontraban involucrados políticamente en la contienda: también recibía informes sobre religiosos que se

---

84 «Edicto y Conferencias Morales de Narciso Coll y Prat» fechado el 3 de abril de 1813, en José Virtuoso, *La crisis de la catolicidad 1810-1813*.

encontraban en la cárcel, que habían sido torturados o asesinados en el fragor de la guerra.

En virtud de esto, el edicto del 3 de abril tuvo como propósito restablecer la disciplina entre sacerdotes y feligreses, distendida por los desmanes políticos ocurridos a lo ancho y largo de la diócesis. No obstante, la reconvención del arzobispo no obtuvo mayor éxito, como quedó de manifiesto durante el resto de la guerra y se mostrará a continuación.

La guerra de Aroa

1812 fue un año determinante en la vida del anciano presbítero Juan José Bustillos. Mientras la República desaparecía y se acentuaba la contienda entre realistas y republicanos; el religioso había sido enviado preso a Coro por el justicia mayor de Aroa, José Joaquín Altolaguirre, población donde Bustillos también ocupaba su curato.

Durante más de treinta años, Bustillos ocupó el ministerio sacerdotal del valle de Aroa. Sin embargo, la Proclamación de la Independencia, un año antes, lo distanció de su feligresía; pues a diferencia de la lealtad y fidelismo de los habitantes y las autoridades de aquel pueblo, el sacerdote era un consumado defensor de la República. En razón de esa adhesión, al restaurarse el orden monárquico Altolaguirre encarceló al religioso, iniciando, de ese modo, una enconada rivalidad.

La estadía de Bustillos en las incómodas bóvedas de Coro duró lo mismo que tardó en restablecerse el orden republicano. En 1813 retornó a su curato, no sin levantar resquemores entre el vecindario de Aroa y, en específico, con su teniente justicia mayor, José Joaquín Altolaguirre.

La exacerbación del conflicto entre patriotas y realistas acentuó las fricciones entre Bustillos, Altolaguirre y la grey de Aroa. En vista de eso, el anciano sacerdote salió de su curato a la cercana y republicana localidad de Guama, donde se hospedó en la casa de su compañero de causa, Pedro Ybero, antiguo vecino de Aroa.

Instado a retornar a su curato por Altolaguirre, Bustillos acudió a su superior directo, Matías Brizón, sacerdote de San Felipe, para que justificase a las autoridades de Aroa su prolongada ausencia. En carta enviada por Brizón a Altolaguirre, le señaló la prevención que el remitente le había hecho a Bustillos para que se mantuviese fuera de los linderos de Aroa, a fin de evitar cualquier desavenencia en pleno período de pacificación[85].

Pese a la justificación emitida desde la casa parroquial de San Felipe, el vecindario entendió la salida de su presbítero como una fuga, cuya intención era fraguar algún plan con su parcial Pedro Ybero, en contra de los habitantes de Canoabo y su teniente justicia Altolaguirre. No se equivocaban.

Bustillos inició las diligencias necesarias ante el capitán general Juan Manuel Cagijal para que nombrase a su amigo Ybero como teniente interino de Aroa.

Lograda la adjudicación provisional del cargo en la persona de Ybero se atizaron las fricciones dentro de Aroa. La reacción de la parcialidad realista de la localidad, encabezada por Altolaguirre, fue de irritación ante la presencia de los partidarios patriotas.

En ese estado de cosas, los vecinos principales de Aroa decidieron dirigir una representación a las principales autoridades realistas, a fin de plantearles la situación. Entre los aspectos más importantes referidos por la parroquia, estaban los atropellos cometidos por el dúo contra aquellos vecinos fieles al establecimiento real y el deterioro moral de la población, a partir de los «facciosos partidarios» que acompañaban a ambos.

Solicitaron, entonces, la remoción del teniente interino Ybero y pusieron en tela de juicio la conducta política del sacerdote.

---

85 «Carta de Mateo Brizón a José Joaquín Altolaguirre» fechada en 7 de marzo de 1814, en ACC, *Sección Judiciales*, legajo 168. En este caso, igualmente la información y citas que siguen a continuación son tomadas del mismo expediente.

La misiva tuvo respuesta pronta por parte de la mayor autoridad realista de la provincia, el capitán general Juan Manuel Cajigal, quien ordenó averiguar los hechos.

Ante la denuncia levantada por los vecinos, las autoridades realistas de Puerto Cabello convocaron a Juan Miguel Amiana, a fin de que investigara los sucesos.

Pese a que Amiana no efectuó el viaje, alegando motivos de salud, presentó un informe sobre los hechos, apoyando la petición de los vecinos y considerando a Pedro Ybero, como un «petulante con deseos de afligir la humanidad».

No obstante, al asunto al que prestó la mayor atención fue el relativo al del padre Bustillos. Las discordias entre Bustillos y Altolaguirre eran el núcleo de la inquietud de los vecinos de Aroa.

El informe de Amiana señaló la rivalidad entre ambos como el principal motivo de discordia, en una población fracturada por la guerra y enfrentada como consecuencia de la contienda particular entre el cura y el teniente del pueblo.

Motivado por el convulso panorama, y con la intención de evitar mayores conflictos, Cajigal decidió relevar de su cargo a Ybero y nombró en su lugar a Juan García, individuo sugerido por los vecinos y cercano partidario de Altolaguirre.

En medio del conflicto, el presbítero Juan José Bustillos no se queda de brazos cruzados. El 8 de enero de 1815 le escribe una representación al capitán general Juan Manuel Cajigal. La intención de la misiva era rendir justificación acerca del abrupto abandono de su curato, y exponer su relación con el teniente justicia mayor titular, José Joaquín Altolaguirre.

La comunicación de Bustillos se inició rechazando el nombramiento de Juan García y abogando por su compañero Ybero, a fin de restituirle el cargo de modo definitivo, pues a juicio del presbítero aquel era «un hombre de buenas calidades y circunstancias».

La representación de Bustillos dejó en claro la conveniencia de la estadía de Ybero como autoridad civil del valle, pues advirtió que su presencia frente al ministerio eclesiástico de la población dependía en gran medida de Ybero.

La misiva del religioso recibió rápida respuesta por las autoridades civiles de Puerto Cabello. El 13 de enero de 1815, de modo concreto y firme, Cajigal le recordó al clérigo que el nombramiento de Ybero tenía carácter provisional y que entendía que el mencionado Ybero le era más útil como militar.

Aclaró también Cajigal que su decisión no obedecía a la intervención de Altolaguirre, sino por el contrario, era una decisión propia en rigor del conocimiento que tenía de cada uno de los involucrados. Hasta aquí la reprimenda al sacerdote observaba formas matizadas.

Las observaciones se endurecieron al momento de valorar la relación entre Bustillos y Altolaguirre. A juicio del capitán general, el religioso se había separado de su condición sacerdotal al señalar de un modo tan hostil a otra persona, lo que no se correspondía a lo indicado por el evangelio.

Le aclaró también que la misma reprimenda se le había enviado a Altolaguirre, advirtiendo además al religioso que tomaría medidas más estrictas, en caso de continuar una discordia que incidía sobre «el escándalo tan pernicioso» en que se encontraba aquel pueblo[86].

La advertencia dejaba ver que, mientras durase la intervención del sacerdote en los asuntos terrenales, quedaba bajo el escrutinio de sus autoridades, sin mediaciones de la institución eclesiástica.

La reconvención de Cajigal abrió un período de tregua entre Altolaguirre y Bustillos; no obstante, al reasumir el primero la jefatura del pueblo de Aroa dirigió una comunicación a Salvador de Moxó para informarle el estado del pueblo a su cargo.

---

86 «Oficio de Juan Manuel Cagijal a Juan José Bustillos» 13 de enero de 1815, en AAC, *Sección Judiciales*, legajo 168.

La denuncia del reglamento

El 22 de marzo de 1816, El jefe realista superior de las provincias de Venezuela, Salvador de Moxó, encargado por Pablo Morillo de atender la pacificación de estas, ordenó a su secretario le remitiera a su despacho los antecedentes del presbítero Juan José Bustillos, en virtud de las denuncias recibidas en una misiva enviada desde Aroa por su teniente justicia mayor, José Joaquín Altolaguirre, y algunos vecinos, fechada el 6 de marzo de ese mismo año.

Altolaguirre informó a las autoridades el estado de las actividades de su pueblo en un informe relativo al estado de su población, ordenado por el *Reglamento General de policía para las provincias de Venezuela.*

En su descripción de la economía de Aroa, el teniente justicia explicó que la decadencia de la agricultura era consecuencia del impacto que la guerra había tenido sobre la disminución de los vecinos principales. Ello había generado que Aroa hubiese quedado bajo responsabilidad de los sectores campesinos, quienes, a opinión del remitente, se mostraban «displicentes y ociosos» por culpa de un clérigo que «dirige mal a su feligresía». De ese modo inició Altolaguirre la denuncia contra Bustillos.

Seguidamente, el justicia mayor de Aroa detalló las razones de su acusación contra el vicario del siguiente modo. A juicio de Altolaguirre, Bustillos no era digno de confianza por parte de las autoridades realistas a causa de su pública adhesión a la causa patriota[87].

La denuncia provocó la apertura de un contencioso en contra de Bustillos, y su posible remoción del curato de Aroa.

Enterado de la apertura de este proceso, el arzobispo Narciso Coll y Prat intervino en la defensa de su corporación y envió una misiva a Salvador de Moxó, fechado en 30 de marzo de 1816.

---

87 «Comunicación del Teniente Justicia Mayor José Joaquín Altolaguirre a Salvador de Moxó» fechado en 6 de marzo de 1816, en AAC, *Sección Judiciales*, legajo 168.

Coll y Prat abrió su exposición a Moxó reconociendo la rivalidad entre el acusado y su denunciante, quienes habían sido instados a comportarse adecuadamente tanto por las autoridades civiles como por las autoridades eclesiásticas. El arzobispo le requirió al jefe supremo la presentación de pruebas para llevar a efecto el juicio. Así mismo, le recordó a la autoridad civil que no se podían remover curas sin que el proceso siguiese los trámites establecidos por la ley.

Coll y Prat hizo valer la ancianidad de Bustillos y solicitó que se hiciese comparecer al cura antes de encarcelarlo o removerlo de su curato. Sin embargo, el jerarca eclesiástico le solicitó a Moxó alejar de la población a Altolaguirre mientras nombraba a otro sacerdote, en ese caso el de San Felipe, Mateo Brizón.

Una comisión enviada por Moxó se dirigió al lugar de la discordia. Concluidos los interrogatorios, el expediente resultante fue remitido al consejo de guerra, para luego pasar a la Real Audiencia, donde se decidió enviar el caso a la jurisdicción eclesiástica, por lo que Bustillos quedó entonces a disposición de las autoridades de su corporación.

Al momento de llegar finalmente el expediente al Arzobispado, Coll y Prat había sido llamado a presentarse a España por lo que Manuel Vicente de Maya asumió la dirección del cargo y aplicó al vicario dos escarmientos. En primer término, instó a Bustillos a presentar sus disculpas públicas y notorias a su contendor José Joaquín Altolaguirre, más allá de cualquier consideración de humillación o sufrimiento alguno.

Como segunda sentencia, apartó a Bustillos de su curato y del pueblo, por tiempo indefinido, enviando al anciano vicario, si lo tenía a bien, pasar a Duaca, población cercana a Barquisimeto. De ese modo, la Iglesia relevó de su cargo a Bustillos luego de tres años de disputas legales con su parroquia, Altolaguirre y las autoridades realistas. A pesar de ser un clérigo comprometido con la causa patriota, se mantiene activo como sacerdote con la anuencia de las autoridades eclesiásticas.

Ahora bien, no fueron solamente los sacerdotes proclives a la República los únicos que sintieron el rigor de la ley. Los adeptos al partido del rey tampoco escaparon de ser juzgados por su conducta política, como fue el caso de José de la Trinidad Camacho.

El sacerdote cautivo

Confinado en la celda de la casa de ejercicios de Caracas, José de la Trinidad Camacho remitió al capitán general de Venezuela, Salvador de Moxó, una representación solicitando su libertad, luego de más de año y medio de prisión[88].

Defensor de la *justa causa* de Su Majestad, Camacho fue cura en el pueblo de Las Sabanetas de Turén de la villa de Araure; además, sirvió como capellán en las tropas realistas durante la campaña de 1813. Pese a ello fue apresado en marzo de 1815, acusado por algunos vecinos de la villa de Araure de rebelión contra el rey, homicidio y saqueo durante la expedición contra la insurgencia republicana.

Sometido a prisión, el vicario de Las Sabanetas el 16 de octubre de 1816 solicitó a las autoridades civiles y militares que le liberasen de su encarcelamiento. Tres argumentos sustentaban su solicitud: su contrastada fidelidad al rey, sus servicios a la causa regalista y, en especial, la falsedad de las acusaciones.

Bajo esas tres premisas, Camacho inició su súplica indicando cómo, a consecuencia de una serie de informes falsos formados por algunos rivales, el vicario general le ordenó comparecer en la casa de ejercicios de Caracas para una reclusión que, a su juicio, resultaba penosa e injusta.

Alejado de su vecindario, ultrajado en su honor, privado de sus fueros y en completa soledad, el religioso recurrió a la única

---

88 «Representación de José de la Trinidad Camacho al Capitán General Salvador de Moxó» fechada en 16 de octubre de 1816, en AAC, *Sección Judiciales*, legajo 168. Las citas textuales y la información de este caso son tomadas del mismo expediente citado.

posibilidad de ser liberado, demostrar su adhesión y defensa del establecimiento regalista.

Con ese propósito recordó a Moxó sus servicios como capellán de los ejércitos del rey a las órdenes de Sebastián de la Calzada y José Ceballos, en 1813. Durante su encarcelamiento, encargó a su defensor, el presbítero Domingo Quintero, recopilar una serie de testificaciones que restablecieran su mancillado honor fidelista, le restituyesen su curato y apoyasen su inocencia y la veracidad de sus alegatos.

El defensor Quintero, en atención a dicha solicitud, recabó tres testimonios de peso dentro de la causa realista. Tres altos oficiales, responsables de la Campaña de Los Llanos, entre 1813 y 1814, prestaron su declaración a favor de Camacho. El trío de testimonios se adjuntó al documento enviado al capitán general.

El primero de ellos tiene fecha 24 de abril de 1815 y corresponde a la declaración del coronel de los Reales Ejércitos, Reyes Vargas, conocido dentro de la soldadesca de la época como el *Indio Reyes Vargas.*

Reyes Vargas, de forma breve, expresó en su testimonio una conducta adicta a *la justa causa* de parte del aludido Camacho, además de constatar su eficiente servicio tanto en la campaña dirigida por Ceballos y el mismo Vargas, como en la encabezada por Calzada contra las tropas patriotas.

Un poco más extensa resultó la declaración de Nicolás Hernández, capitán comandante de la descubierta de los carabineros del ejército de Apure, puesto que fue el cuerpo al que sirvió, como capellán, el cura Camacho. Expuso Hernández que, al momento de llegar en apoyo de las tropas del comandante José Cebados contra las filas patriotas, pudo presenciar la entrega de Camacho a la Causa de Fernando VII, aún en plena batalla.

El último testimonio fue ofrecido por Manuel de Lázaro, oficial mayor de la tesorería de ejército y funcionario de la Real Hacienda de Caracas, fechado el 9 de octubre de 1816. De Lázaro fue más específico respecto al desempeño del padre Camacho durante la campaña llanera de 1813 a 1814.

De Lázaro explicó que Camacho, acompañado de un gran número de personas armadas, había salido a recibir las tropas de Cebados en Araure. El oficial mayor manifestó haber presenciado al vicario anfitrión entregarle mil pesos a Cebados con la intención de socorrer a las tropas del rey, no conforme con está contribución, en la acción contra el enemigo republicano, Camacho apoyó al teniente realista José Yáñez al momento de dispersar sus tropas.

Las consideraciones presentadas por la defensa no dejaban lugar a dudas: Camacho era un valioso y celoso vasallo de la monarquía. Por tanto, en virtud de las argumentaciones, resultaba extraña, cuando no inapropiada, su larga estadía en la casa de ejercicios.

Los testimonios y representación de Camacho fueron atendidos por el secretario del capitán general, Dr. Oropeza quien recomendó pasar el caso a un juzgado que emitiese decisión al respecto.

El último trámite

En vista de los testimonios que presentó la defensa del clérigo Trinidad Camacho, el Superior Tribunal de Consejo de Guerra sumó el caso al juicio que llevaba contra una serie de sacerdotes por insubordinación. El Tribunal, en oficio fechado el 24 de noviembre de 1816, le otorgó a Camacho el indulto general ofrecido por el rey a todos aquellos leales vasallos que se encontraban encarcelados por su primer delito político.

No obstante el indulto tenía entre una de sus condiciones la pena de destierro del lugar de residencia del indultado; en consecuencia, Camacho no podía regresar a la villa de Araure. La medida obedecía a la necesidad de impedir los enfrentamientos entre los vecinos de algunas localidades y sus sacerdotes.

En cumplimiento de esa determinación, el tribunal pasó la decisión a la Real Audiencia y dejó en consideración del Arzobispado la designación de un nuevo destino para Camacho.

Casi un año después, el 20 de septiembre de 1817, Camacho dirige una segunda comunicación, esta vez a José Felipe Bigott, juez comisionado del caso, en la cual expone detalladamente todo el desarrollo del proceso, reconociendo incluso que las tropas en las que sirvió de capellán habían cometido excesos, pero nunca bajo su orden, como lo señalaban algunos vecinos de la villa de Araure.

El imputado consideraba que todo se encontraba lo suficientemente respaldado no solo para colocarlo en libertad, sino también para que le devolviesen su curato de Las Sabanetas de Turén.

Enteradas cada una de las instancias judiciales de la decisión tomada por el consejo de guerra, el 3 de noviembre de ese mismo año se le comunicó a Camacho su absolución luego de haber compurgado sus delitos durante dos años y medio de ejercicios espirituales. No obstante, en la misma comunicación se le informó que tenía prohibido regresar a Las Sabanetas de Turén.

A pesar de sus alegatos, influencias, manifestaciones de fidelidad al rey y reclamos, Camacho fue extrañado, tanto de su curato, como de su localidad.

El destierro de los sacerdotes fue una de las medidas aplicadas con mayor frecuencia a todos aquellos prelados que se involucraron en los sucesos de la guerra. Así le ocurrió también al prebístero patriota José Félix Roscio, quien fue extrañado de Venezuela y enviado a España por sus compromisos con la revolución.

Los juicios al vicario

José Félix Roscio, durante los años transcurridos entre 1810 y 1812, fue uno de los sacerdotes que apoyó la mudanza política ocurrida en el territorio desde su condición de vicario titular en la ciudad de Puerto Cabello. Al concluir la Primera República, en 1812, con la firma de la capitulación de San Mateo, fue sometido a prisión y encerrado en las bóvedas del castillo de Puerto Cabello, aun cuando la capitulación establecía el olvido de lo pasado y la prohibición de someter y perseguir a quienes habían apoyado la insurgencia. Inmediatamente se le abrió causa de infidencia por sus vínculos con el gobierno de Caracas.

El sacerdote, además, era hermano de Juan Germán Roscio, una de las más importantes figuras de los hechos del 19 de abril de 1810 y del primer gobierno republicano, autor del primer reglamento electoral, miembro del congreso constituyente, redactor y firmante de la Constitución de 1811, quien al igual que su hermano fue sometido a prisión y enviado prisionero a España en 1812.

El expediente abierto a José Félix Roscio lo acusaba de no pocos delitos: seducción desde el púlpito, revolucionario, recolección de donativos a favor de la República e incluso la amenaza de exterminar a los europeos de América[89]. Los testimonios que apoyaban cada una de estas acusaciones fueron hechos por distintos vecinos de Puerto Cabello.

Ante tan pesadas imputaciones, la situación de Roscio se encontraba más que comprometida. El 27 de diciembre de 1812 concurrió ante el comisionado de la Real Audiencia, Ignacio Javier de Uzelay, con el objeto de prestar declaración ante las instancias judiciales monárquicas. Esta declaración fue tomada como una confesión de sus crímenes. De ese modo, la Audiencia asumió una postura clara ante la conducta del sacerdote.

Al ser inquirido por la autoridad acerca de su cercanía al sistema de Caracas, Roscio negó todas las denuncias en su contra, alegando que había sido presa de las confusas circunstancias que envolvieron la caída de la República, pues él siempre había evitado involucrarse en circunstancias políticas. Su declaración es como sigue:

---

89 «Auto de proceder contra José Félix Roscio» fechado en Puerto Cabello el 12 de septiembre de 1812, en *Causas de Infidencia*, tomo II, p. 11.

> Preguntado que pasos dio el confesante para que se adoptara en este puerto el sistema de Caracas, contestado que, lejos de haber dado pasos para que se adoptará el sistema de Caracas, se opuso abiertamente en la Junta que se celebró para tratar de la materia con razones muy poderosas, haciendo presente los grandes inconvenientes de la desunión, la poca noticia del estado de las cosas de Europa que demostraba Caracas aun en sus papeles públicos, pues el confesante había visto en el poder del comandante Juan Tiscar correspondencia oficial que hacía ver que si se había disuelto La Junta Central había sucedido en su lugar el Consejo de Regencia, punto suficiente de reunión para todos los vasallos de la Monarquía española…

El padre Roscio rechazó su cercanía con Lino de Clemente, su presencia en la publicación de la Independencia y la acusación de haber insistido en la ilegitimidad de los reyes sobre el territorio americano. Al reconvenirle acerca de su participación en la sociedad patriótica indicó que su interés era solamente fomentar el adelanto de las ciencias, arte y comercio en el país, sin involucrarse en los temas políticos que se discutían en dicha sociedad.

Basado en la supuesta desconfianza hacia su persona por parte de los vecinos de Puerto Cabello, Roscio negó que hubiese intentado seducir a sus feligreses contra la autoridad realista y explicó que, en más de una ocasión, había discutido con su hermano, Juan Germán, a causa de la postura política radical de este, además de resaltar su propia actitud conciliadora durante los acontecimientos políticos de los años precedentes.

En relación al levantamiento realista ocurrido en la cercana Valencia, acusado de haber tomado el fusil y repartido armas al pueblo en defensa de la independencia, Roscio desmintió la acusación y afirmó que no había nunca usado un trabuco o cosa semejante.

Culminado el interrogatorio, se le remitió nuevamente a la bóveda que ocupaba en el fuerte San Felipe y se encargó su defensa al procurador de la Real Audiencia, Antonio Viso.

La estadía de Roscio era poco menos que penosa en el castillo de Puerto Cabello, pues aunado al encierro y aislamiento en el que vivía, se vio privado de su renta y de los servicios de su esclavo, lo que afectó aún más su precario estado. Su apoderado, Viso, envió una petición para conseguir el traslado de su defendido a un espacio mucho más cercano a la jerarquía y oficio de Roscio. Pese a ella, la detención se prolongó un tiempo más debido a que los testimonios contra el cura se acumulaban en las instancias judiciales, tanto de Valencia como de Puerto Cabello.

En abril de 1813, Antonio Viso presentó ante el juez de la causa una nueva exposición acerca del estado del presbítero en la celda. Roscio tenía ya 10 meses en prisión y, a la dureza del calabozo ocupado por el sacerdote, se agregaron el maltrato dejado por los grillos y el encono de sus compañeros de celda, atizados por los oficiales de la mazmorra. La humedad, el calor y la ausencia de aire fresco erosionaron la salud de Roscio.

Ante el calamitoso panorama, el procurador de Roscio sugirió al Tribunal de Justicia de la ciudad de Valencia el traslado del preso a otro sitio. La petición sugirió posibles lugares y personas dispuestas a recibirlo bajo fianza, a fin de calmar los padecimientos del religioso.

La petición tuvo efecto pues, a la presentación de la fianza por parte de don Manuel Zerpa, se ordenó el traslado del cura a la residencia del citado Zerpa, bajo estricta vigilancia de los religiosos José Antonio Robles y Fray Tomás Llorente, además de la obligatoria comparecencia del prisionero al decano regente de la ciudad.

Los tiempos de los tribunales, sin embargo, demoraron hasta el 28 de abril de 1813 el sobreseimiento de la causa, ordenando el desembargo de los bienes de Roscio y la separación de su curato para ser enviado a Caracas al término de ocho días. Luego de este dictamen, Roscio no dejó de tener problemas con la institucionalidad hispana.

Los juicios de Quero

El 10 de septiembre de 1814, luego de la caída de la Segunda República y del éxodo de los patriotas caraqueños a la provincia
de Barcelona, el gobernador militar de Caracas, Juan Nepomuceno Quero, ordenó investigar a un grupo de religiosos involucrados
con la facción patriota durante el período republicano.

Quero recurrió al arzobispo Narciso Coll y Prat y le solicitó
permiso para interrogar a los miembros de la corporación ante las
autoridades militares en resguardo del mantenimiento de la causa regalista.

Quero y el auditor de guerra interino, Isidro González,
comenzaron una ronda confidencial de interrogatorios a más
de veinte clérigos, con la finalidad de precisar quiénes eran los
sacerdotes con tendencias republicanas. Entre otros, fueron llamados a declarar los presbíteros Santiago González, Fray Juan José
García, José Anselmo Peña, Ignacio Ocampo, José Ignacio de las
Casas, Andrés Gil y fray Miguel Olaizola.

Cada uno de ellos, en su testimonio, señaló a José Félix Roscio como un declarado enemigo público del rey y de la nación
española, y exaltado seguidor de la causa patriota durante la existencia de la Segunda República.

En atención a estas declaraciones, el 21 de septiembre de
1814 las autoridades realistas iniciaron la formación de los respectivos sumarios contra Roscio y un grupo de sacerdotes para ser
enjuiciados y encarcelados en España.

Tanto Quero como Isidro González decidieron enviar a
España a los acusados sin cubrir las formalidades de la causa. Al
día siguiente de iniciarse el sumario, es decir, el 22 de septiembre
de 1814, fueron conducidos a bordo del bergantín *Palomo* y remitidos a la península. Junto a Roscio se encontraban los presbíteros Domingo Tramaría, Fray Francisco González, Fray Domingo
Hernández, José María Aguado, Ramón Betancourt, Fray Manuel

Samaniego, Nicolás Jaén, José María Aguilar, José Antonio Pérez, Juan Francisco Atencio, Gabriel Lindo y Andrés Domínguez.

Antes de enviarlos a España, las instancias judiciales realistas debían cumplir una serie de trámites exigidos por el Ministerio Universal de Indias, previos al envío de los presos. Esto no fue hecho. En el expediente se les acusaba de «víboras» y, por orden de José Tomás Boves, se remitieron solamente los testimonios contra los sacerdotes recopilados en las indagaciones, con la promesa de que el resto del expediente se enviaría cuando estuviese concluido.

El Ministerio Universal de Indias respondió el 6 de septiembre de 1815 advirtiendo que, mientras no se le enviase el material, no podía ser reconocido por ellos el envío de los sacerdotes, pues un proceso de esas características no podía ser soportado solo por los testimonios de algunos individuos. Por tanto, era necesario enviar de modo urgente todos los requisitos claramente dispuestos por la legislación penal española, aun cuando los clérigos ya se encontraban de aquel lado del Atlántico. La petición fue reiterada en otra Real Orden fechada el 26 de octubre de 1815, pues los defectos de forma de la causa eran numerosos.

La respuesta por parte de las autoridades realistas en Venezuela no fue atendida sino hasta el 23 de diciembre de 1815. En la misma, José Nepomuceno Quero justificó la ausencia de los requisitos exigidos amparándose en la precaria situación en que se encontraba la Provincia de Venezuela ante la aparición de numerosas facciones insurgentes y la consecuente ausencia de Pablo Morillo, quien se encontraba en campaña en la Nueva Granada. Alegó que los párrocos remitidos a la península no podían ser devueltos, en vista de la dura situación que se vivía por la guerra. Mientras tanto, los sacerdotes seguían presos en España.

El caso se extendió hasta 1819 cuando, finalmente, Salvador de Moxó envió los informes de la conducta política de Roscio a España. En los mismos constaba, según las indagaciones realizadas, que Roscio había mantenido una actitud ponderada durante la Segunda República[90]. Al contrario de lo manifestado por los testimonios acopiados por Quero y González.

Roscio, quien había sido sometido a prisión por insurrecto durante la Primera República, durante la Segunda se había mantenido al margen de los eventos. Para esa fecha Roscio y los otros curas tenían cinco años presos en las cárceles españolas.

En 1820, el proceso de Roscio se vio detenido debido a los avatares políticos ocurridos en la península española, la causa quedó sin resolverse y el religioso extraviado en territorio extranjero.

Su participación y simpatía por la revolución le costó no solo el extrañamiento de su país, sino una larga temporada en prisión. Pero no fue Roscio el único sacerdote perseguido y enviado como reo político a España, sin que mediaran los trámites exigidos por las leyes de la monarquía. Así le ocurrió también al sacerdote Sebastián Gallegos.

Ruegos por el clérigo

El 26 de marzo de 1818, la firma de Pablo Morillo, general en jefe de las tropas expedicionarias españolas, rubricó la orden de arresto y envío a España del religioso Sebastián Gallegos, por considerar perjudicial su estadía en el país. Las razones de esta decisión se originaron en las actuaciones políticas del presbítero durante la guerra.

Sebastián Gallegos había sido un patriota consumado y declarado entre 1811 y 1814. Los cargos de capellán militar de La Guaira y capellán del batallón de Caracas, e individuo cercano a la alta oficialidad republicana se contaban entre las acusaciones que pesaban en su contra, las cuales habían motivado que fuese sometido a prisión en 1815. Sin embargo, su permanencia en prisión no fue muy prolongada. En atención a su precario estado de

---

90 «Información sobre la conducta política del presbítero José Félix Roscio» fechado en 8 de agosto de 1819, Archivo de la Academia Nacional de la Historia, *Sección Civiles*.

salud, como consecuencia de una enfermedad venérea crónica[91], fue colocado bajo la responsabilidad de su hermano.

Desde 1815 y hasta 1818, el presbítero Gallegos se mantuvo al margen de cualquier tipo de deliberación política, dedicado a las labores del campo en la población de Magdaleno. Un aviso anónimo, en el que se le instaba a huir ante su posible envío y encarcelamiento a España fue la única referencia recibida por el sacerdote de que podría ser llamado por las autoridades de la monarquía.

El anónimo no era infundado. El 21 de febrero de 1818, un oficio de Pablo Morillo ordenaba que el presbítero Gallegos se presentara ante las autoridades religiosas de Caracas, a fin de que pudiese atender un asunto de su interés.

Seis días después se presentó el eclesiástico y quedó confinado por orden del *Pacificador*. En abril, Gallegos recurrió a la Real Audiencia y le planteó su caso.

La misiva del clérigo expuso tres razones. La primera, conocer las causas de su encarcelamiento; la segunda, pedir que se le administrase justicia según lo dispuesto por las leyes; y la tercera, su excarcelación, al menos mientras duraba el litigio, pues, de lo contrario, podría ser enviado a España sin ser enjuiciado.

Sobre este último aspecto, Gallegos, en oficio fechado 8 de abril de 1818, expuso que la amenaza de ser enviado preso a España podía resultar casi una pena de muerte en vista de su delicado estado de salud.

Gallegos, preso y enfermo, a los pocos días de enviar su pedimento, confirmó sus sospechas, pues desde el despacho de Pablo Morillo salió la orden de inmediata remisión a España. Morillo planteó que la presencia del religioso «resultaba perjudicial en el país». Las autoridades realistas no habían olvidado las actuaciones de Gallegos durante el período de las repúblicas.

---

91 «Informe sobre el estado de salud del presbítero Sebastián Gallegos por el Dr. Carlos Arvelo» fechado en 5 de mayo de 1815, en AAC, *Sección Episcopales*, legajo 39.

El fiscal de la causa, en rigor de lo pedido por el presidiario, acudió ante la Real Audiencia para conocer los motivos de su envío a España sin el juicio debido. La respuesta de la Real Audiencia redujo aún más el tiempo de estadía del vicario y con ello, sus esperanzas.

El oficio de la Real Audiencia, fechado el 16 de abril y dirigido al tribunal de la causa, dejaba saber que, en vista de que la orden de remisión provenía del mismo Morillo, era poco lo que se podía hacer para evitar el envío del vicario a España. De modo terminante se indicaba que el viaje de Gallegos debía realizarse inmediatamente. Permanecería en Venezuela solo el tiempo requerido para trasladarle de la cárcel al puerto de La Guaira[92].

La situación de Sebastián Gallegos parecía inexorable.

Luego de la explicación ofrecida por la Real Audiencia, el próximo pedimento no provino de la pluma de Gallegos, sino de Juana Tadino, su madre.

En su súplica, dirigida a la Real Audiencia y fechada el 17 de abril, doña Juana se dirigió a las autoridades, clamando por su vástago en los siguientes términos:

> Doña Juana Tadino, a nombre de mi legítimo hijo Don Sebastián Gallegos, con el más profundo respeto a Vuestra Alteza, que el expresado mi hijo temiendo ser enviado violentamente a España se acogió a la protección de Vuestra Alteza pidiendo se le juzgase y sentenciase antes de tomarse un procedimiento tan gravoso como su envío a España[93].

Doña Juana reclamó también el injustificado tratamiento recibido por su hijo al momento de ser remitido a la prisión de La Guaira. Pese a sus afecciones de salud, Gallegos fue trasladado

---

92 «Oficio de la Real Audiencia al fiscal» fechado en 16 de abril de 1818, en Archivo de la Academia Nacional de la Historia, *Sección Civiles*, legajo 809.

93 «Pedimento de Doña Juana Tadino a la Real Audiencia» fechado en 17 de abril de 1818, en ANH, *Sección Civiles*, legajo 809.

hasta los calabozos del puerto, custodiado por «seis u ocho oficiales con bayoneta como de quien se teme un asesinato». Al entender de la remitente, eso podía ser aceptable si se le comparaba con el despropósito de ser enviado a España, sin el debido proceso que juzgase a su hijo.

Partiendo de las fallas en el proceso, la madre del clérigo manifestó que «El fatal genio de la revolución aún no se aleja de los pueblos pacificados». Doña Juana, más que reclamar un indulto para su hijo, solicitó que tan solo se le abriese un proceso según lo contemplado por las leyes españolas. Nada más. Que se suspendiese la remisión de Gallegos a España mientras no se cumpliese lo previsto por la legislación vigente.

Un segundo elemento de preocupación exponía la madre del religioso: las afecciones de orina de su hijo y la atención de la que carecería durante su viaje a la península hispana:

> Los temores se han realizado y con lágrimas en los ojos digo a Vuestra Alteza que ayer a las doce y media del día sin embargo de hallarse mi hijo acometido del terrible accidente del mal de orina y haberlo expuesto le han conducido a La Guaira...

La madre del vicario intentó un último ruego. Solicitaba que, en el caso de que el prisionero fuese efectivamente enviado a la metrópoli, se le permitiese recurrir ante la ley, a diferencia de lo ocurrido en Caracas.

Ante la premura impuesta por la inminencia del traslado del recluso a España, la solicitud de Juana Tadino fue pasada sin demora el mismo 17 a la Real Audiencia. El 18 de abril se recomendó la suspensión del envío, pero no hubo caso, pues cuando doña Juana se enteró del fallo de la audiencia su hijo se encontraba rumbo a España, mortalmente enfermo y sin conocer los motivos de su viaje, con el riesgo inminente de no llegar vivo al otro lado del Atlántico.

La ruptura de la unanimidad

Numerosos sectores de la sociedad venezolana se vieron afectados por la Guerra de Independencia. Los sacerdotes no fueron una excepción. Todo lo contrario. En el seno de la casa del Señor, tanto los sacerdotes del clero llano como las autoridades eclesiásticas se vieron intervenidos directamente por la mudanza política ocurrida en el territorio de Venezuela: los conflictos y enfrentamientos descritos en las páginas precedentes dan cuenta de los desórdenes y fracturas que agitaron la vida de los religiosos durante estos convulsionados años.

Señalados por la tradición como garantes de la moral y la paz dentro de la sociedad, el nuevo orden les entendió como punto de enlace con una sociedad que no terminaba de atemperarse al ideario que la República les proponía. En atención a ello promovió dentro de la curia la promoción y adhesión a sus ideas y la sujeción a una autoridad política distinta a la estipulada por la costumbre.

La ruptura de esa unanimidad, cimentada alrededor de las figuras de Dios y el rey, no solo provocó discrepancias y exteriorizó numerosas divergencias, sino que fracturó al sacerdocio en dos sentidos, uno que separó a los sacerdotes de sus autoridades al no atender los lineamientos impuestos por ella y otro que causó el enfrentamiento entre sus miembros.

La defensa y compromiso con el orden republicano ocasionó la persecución y encarcelamiento de los infractores y alteró los términos de la relación entre las autoridades civiles y la jerarquía eclesiástica. Una nueva forma de relacionarse entre ambas instancias sería el signo de los nuevos tiempos, y el marco para nuevos enfrentamientos al concluir la Guerra de Independencia y darse inicio a la construcción de un Estado liberal, en el cual se mantuvo la beligerancia política de los guardianes de la religión.

Entre dos fuegos

Fieles al rey, leales a la República

La Universidad de Caracas –al igual que otras instituciones–, no condenó los hechos del 19 de abril de 1810, cuando fueron destituidas las autoridades españolas y se conformó una Junta Suprema en nombre del rey Fernando vii; al contrario, en diferentes comunicaciones entre el nuevo gobierno y la Universidad, hasta los primeros días de 1811 se advierte una clara afinidad y cierto grado de colaboración y apoyo entre las dos instancias, aunque, en los primeros meses de 1811, esta relación se deterioró como consecuencia de la intromisión del gobierno en asuntos académicos y administrativos de la universidad, y por la ejecución de medidas y aceptación de propuestas que atentaban contra los valores del antiguo régimen, fundamentales para el mantenimiento del orden.

Como es ampliamente conocido y se ha dicho ya en otros capítulos de este libro, el 19 de abril de 1810 se conformó en Caracas la Junta Conservadora de los Derechos de Fernando vii. En las semanas siguientes se sumaron a la iniciativa Mérida, Cumaná, Barcelona, Margarita y Trujillo. Caracas asumió la soberanía y representación de las provincias como medida de emergencia ante la grave crisis política y militar de la España peninsular, desatada por la abdicación de Fernando vii y Carlos iv a favor de Napoleón Bonaparte, y luego de la creación de la Regencia como máxima autoridad de la monarquía española, inmediatamente después de la disolución de la Junta Central Gubernativa de España e Indias, el 2 de febrero de 1810, institución reconocida por los americanos.

La primera medida de la Junta de Caracas fue asegurar el control militar de la provincia; con ese fin nombró, para el mando general de las tropas, a los capitanes Nicolás de Castro y Juan Pablo Ayala; seguido, el Cabildo de Caracas juró lealtad al nuevo gobierno en la plaza Mayor, ante los distintos cuerpos del ejército, en unión al Batallón de Granaderos de Aragua, bajo la dirección del comandante José Leandro Palacios y de Miguel de Ustáriz y Mijares, teniente de los Granaderos de Blancos. De esta forma, el joven gobierno aseguró la lealtad y control de las fuerzas armadas, y procedió a designar el 25 de abril de 1810 la Junta Suprema de Gobierno, integrada por las personalidades más influyentes y destacadas de la sociedad caraqueña de principios del siglo XIX.

El 19 de agosto de 1810, la Secretaría de Gracia y Justicia, en nombre de la Junta Suprema de Caracas, le envió al rector de la Universidad de Caracas, Dr. Tomás Hernández Sanabria, un oficio para ser leído en el claustro universitario del día siguiente, en el cual se informó del nombramiento de varios individuos vinculados a la Universidad en altos cargos directivos del gobierno de Caracas. Algunas de estas personas a los pocos meses integrarían el Congreso Constituyente de 1811 y como diputados firmarán el Acta de Independencia y la primera Constitución de la República.

Entre los miembros de la Universidad que participaron en el gobierno de Caracas podemos destacar a don Francisco José Ribas, quien se desempeñaba como catedrático de la Universidad de Caracas; doctor en Teología, licenciado en Filosofía y Teología, firmó el acta del 19 de abril de 1810, fue representante del Cabildo Eclesiástico y vocal de la Junta Suprema. Don Juan Germán Roscio, catedrático de la Universidad, doctor en Derecho Canónico y Civil, se desempeñó como secretario de Relaciones Exteriores de la Junta Suprema y fue, al mismo tiempo, diputado en el Congreso, redactor del Acta de Independencia y de la Constitución, y miembro del Poder Ejecutivo en 1812. Don Félix Sosa, catedrático de la Universidad, bachiller en Filosofía y en Derecho, doctor en Teología, fungió como vocal de la Junta Suprema y fiscal del Tribunal de Seguridad Pública. Don Mariano Cova, bachiller y licenciado en Derecho Civil, maestro en Filosofía y doctor en Derecho, fue miembro de la Junta de Cumaná y representante de esta provincia en la Junta Suprema de Caracas; miembro del Tribunal de Seguridad Pública, diputado del Congreso, firmante del Acta de Independencia y de la Constitución. Don Nicolás Anzola, miembro de la Junta Suprema como vocal y secretario de Gracia y Justicia. Don José de las Llamozas, copresidente de la Junta Suprema. Don Fernando Key Muñoz, secretario de Hacienda de la Junta Suprema. Don Martín Tovar Ponte, copresidente de la Junta Suprema, diputado del Congreso, firmante del Acta de Independencia y de la Constitución. Don Isidoro López Méndez, tesorero de la Universidad, vocal de la Junta Suprema, presidente del Tribunal de Seguridad Pública, diputado del Congreso, firmante del Acta de Independencia y de la Constitución. Y don Francisco Javier Ustáriz, diputado del Congreso, firmante del Acta de Independencia y uno de los redactores de la Constitución. Además de profesores y egresados de la Universidad, todos eran miembros de las familias más adineradas e influyentes de la provincia, desempeñándose hasta la fecha en diferentes cargos políticos y administrativos. En respuesta a dicha comunicación, el claustro se mostró complacido y respaldó que miembros de su comunidad participaran activamente en el nuevo gobierno[94].

La cercanía y colaboración entre la Universidad y la Junta Suprema se evidenció nuevamente meses después, el 8 de octubre

---

94   Esta información, así como los datos, informes y debates del claustro de la universidad, se conservan en el Archivo Histórico de la Universidad Central de Venezuela, en la *Sección Actas del Claustro Universitario*, tomo v. Estos documentos fueron compilados por Ildefonso Leal en el libro *La Universidad de Caracas en los años de Bolívar (Actas del Claustro Universitario)*, Caracas, Ediciones de la Universidad Central de Venezuela, 1983, 2 tomos. Las citas textuales que acompañan este trabajo son tomadas de este libro.

de 1810, cuando la Junta Suprema intercedió por Juan Germán Roscio, catedrático de Derecho Civil de la Universidad de Caracas y miembro activo del gobierno en la Secretaría de Relaciones Exteriores, para adelantar su jubilación. El claustro universitario, atento a las nuevas asignaciones y responsabilidades del profesor, y a pesar de no contar con el tiempo establecido de 20 años para su jubilación, se la concedió, aunque le faltaban ocho. El Dr. Roscio, hasta la fecha, había cursado estudios en Teología, Sagrados Cánones y Derecho Civil, graduándose en 1794 como doctor en Derecho Canónico y, posteriormente, de doctor en Derecho Civil en 1800. Desde 1798 se desempeñó como profesor de la Universidad de Caracas.

Ese mismo día, el claustro universitario recibió un oficio del Dr. don José Domingo Díaz, remitiendo el prospecto del *Semanario de Caracas, y se* acordó que el rector le contestara, felicitándolo por la iniciativa.

Muchos estudiantes de la Universidad de Caracas, así como algunos de sus profesores, simpatizaron o pertenecieron a la Sociedad Patriótica de Caracas. Esta organización fue un club político que actuó entre 1811 y 1812 en Venezuela. Para pertenecer a él se debía cancelar una contribución y la calidad de sus miembros se definía por su actividad, ya fuesen militares, religiosos o ciudadanos. El crecimiento de esta organización se debió, principalmente, a su órgano divulgativo y propagandístico: *El Patriota Venezolano*. Gracias a él se crearon filiales en Puerto Cabello, Valencia, Barcelona, Trujillo, Barinas, entre otras[95].

---

95 Es poco lo que se ha escrito sobre la tertulia política conocida como la Sociedad Patriótica de Caracas y sus filiales, salvo los trabajos realizados por Carole Leal Curiel, titulados «El árbol de la discordia», en Anuario de Estudios Bolivarianos, año VI, 6, 1997, Caracas, Instituto de Investigaciones Históricas Bolivarium, USB, pp. 133-187; «Tertulia de dos ciudades», en François-Xavier Guerra, Annick Lempérière (coord.), Los espacios públicos en Iberoamérica, México, FCE-Centro Francés de Estudios Mexicanos y centroamericanos, pp. 168-195, y «Tensiones republicanas: de patriotas, aristócratas y demócratas. El club de la Sociedad Patriótica de Caracas», en Guillermo Palacios (coord.), *Ensayos sobre la nueva historia política en América Latina*, México, Colegio de México, 2007.

La Sociedad Patriótica de Caracas asumió la función didáctica de ser una «escuela de patriotismo», conformada para «educar en las ideas que coincidan a la salud, libertad y mejoras de la patria [al igual] que ilustrar en la virtud del ardiente patriotismo, en la verdadera Libertad»[96]. Esta tarea fue ejercida a través de los debates, y por la expresión simbólica de muchas de sus acciones, calificadas por sus contemporáneos como escandalosas. Asimismo, asumió el papel de órgano de la regeneración política y de la libertad, tal como lo expresa el simbolismo de ella: «el ojo de la vigilancia», y en algunas memorias y escritos de sus principales miembros resaltan las ruidosas acciones en las barras del Congreso por parte de los socios del club; la destrucción de los símbolos monárquicos, así como las agresiones cometidas contra la Alta Corte de Justicia.

La primera noticia de su actividad pública ocurre con ocasión de la ceremonia de instalación del Congreso, el 2 de marzo de 1811. Ese día, las diferentes instituciones, entre ellas la Sociedad Patriótica, adornaron con alegorías las sedes de los lugares por donde transitarían los nuevos diputados. La Sociedad colocó en el balcón de la casa de sus sesiones una representación de la Fama, y tras ella «la constelación de Tauro, símbolo del memorable 19 de abril, con el principio de este mote 'Independ.'. A cada lado, un altar, uno representando la Justicia, y el otro la Constitución, mediante un libro que llevaba el lema 'Libertad y sumisión ante la Ley'».

La segunda aparición de esta sociedad se registró con motivo del escándalo que sus acciones causaron al celebrarse el primer aniversario del 19 de abril, en 1811. Durante las celebraciones, Francisco Espejo –bachiller en Artes de la Universidad de Caracas en 1775 y bachiller en Derecho Civil en 1781–, desde el balcón de la casa sede de la Sociedad Patriótica, profirió unos cuantos vivas a la libertad y a la independencia absoluta, y mueras al rey

---

96 *El Patriota de Venezuela*, Nº 3, en *Testimonios de la época emancipadora*, pp. 361-370. Citado por Carole Leal, *Tensiones republicanas…*, p. 4.

Fernando VII. El escándalo concluyó con un recorrido que realizaron algunos de sus miembros por las principales calles de Caracas, durante el cual patearon el pendón real.

En los juicios conocidos como *Causas de Infidencia* se tipifica el delito de haber sido miembro de algunas de las sociedades patrióticas bajo el calificativo de «patriota exaltado» y se condenan como escandalosas las acciones realizadas por sus miembros, como la destrucción de los símbolos de la monarquía, quemar y ahogar retratos del rey de España e Indias, patear la bandera española y promover algarabía en contra del monarca español. Otro delito fue la ceremonia de plantar árboles de libertad, así como pasear, con fines didácticos, la bandera republicana. También era considerado inconveniente la defensa pública del sistema republicano a través de las canciones patrióticas y americanas, como *Carmañola americana*, *Canción americana*, *Caraqueños otra época empieza*, atribuida a Andrés Bello y Cayetano Carreño, y *Gloria al bravo pueblo,* entre muchas otras.

Vida universitaria en medio de la rebelión

A pesar de las circunstancias excepcionales que se vivían en la provincia, la Universidad trató de mantener cierta cotidianidad administrativa y académica. En estos meses se discutieron asuntos relativos a graduaciones, elecciones de diferentes autoridades universitarias, solicitudes de grados y asuntos financieros, aun cuando ya se tenía noticia en Caracas del desconocimiento de las ciudades de Coro y Maracaibo a la Junta de Caracas, y la decisión de esta última de enviar tropas para someterlas.

El 22 de enero de 1811, tal como estaba establecido en la Real Cédula de 4 de octubre de 1784 y en la Constitución de la Universidad de Caracas, el claustro universitario se reunió en la capilla de la institución para realizar la elección del rector, ejecutada cada dos años, a fin de nombrar al sustituto del doctor Tomás Hernández

Sanabria. El rector tenía a su cargo el gobierno económico de la Universidad, la convocatoria de claustros, sustituciones de cátedras, entre otras funciones. Salió favorecido el Dr. don Manuel Vicente Maya, bachiller en Filosofía, en Derecho Civil y Canónico y doctor en Teología. Además, profesor de Latinidad y Sagrados Cánones, y diputado al Congreso Constituyente. Posteriormente, se juramentó la nueva autoridad en presencia de una gran cantidad de doctores miembros de la institución. El 9 de abril de 1811 se realizó la elección del administrador o mayordomo de la Universidad, y, con uniformidad de votos, el nombramiento recayó en don José Manuel García Noda.

El 19 de marzo de 1811, el Supremo Congreso le envió al claustro universitario dos decretos, uno para solicitar instrucción acerca de las pretensiones del bachiller Pablo Alavedra de recibir los grados en Sagrada Teología, sin cobrarle caja, propinas ni otros derechos por ninguno de los actos que debía practicar, y otro para que se llevase a efecto la formación de nuevas constituciones y plan de estudios, acordes con los nuevos tiempos.

Al día siguiente se reunieron las autoridades universitarias y se acordó informar al Congreso sobre la aplicación, aprovechamiento, mérito y pobreza del bachiller Alavedra, y que, por todas estas circunstancias, era acreedor de este privilegio. Informan también que los fondos de las cajas de la Universidad se hallan exhaustos y que, de continuar con esa situación, no podrían cubrirse los salarios de los profesores. Solicitaron, entonces, su mayor colaboración.

En cuanto al segundo mandato, se acordó poner en la consideración de las autoridades que «aunque es verdad están mandadas hacer nuevas constituciones y plan de estudios, y aún se tienen nombrados sujetos para su formación», no ha tenido este asunto el proceso deseado, porque se han estado practicando diligencias para hacerse de medios y árbitros para la dotación de las cátedras.

Luego de declarada la Independencia de Venezuela, en julio de 1811, el Congreso insistió nuevamente al claustro respecto a la necesidad de «formar nuevas constituciones conforme con el sistema de gobierno republicano». El rector le comunicó al Poder Legislativo que sobre dicho asunto había enviado comunicación el 20 de marzo.

A pesar de las condiciones extraordinarias que vivía la provincia, la institución seguía funcionando con normalidad. El cancelario de la Universidad de Caracas le remitió un oficio al claustro universitario para informarle acerca de las actividades musicales realizadas en la institución. Las autoridades se manifestaron complacidas y afirmaron que la música del zaguán del colegio era considerada «...importante a la emulación de las juventudes, sin que haya motivo de reunión de gentes dentro del mismo colegio, y que con certificación de este acuerdo se conteste al señor cancelario con las atenciones acostumbradas».

Federico Meyer envió al claustro un memorial, a fin de solicitar los permisos necesarios para establecer una cátedra de Anatomía y Cirugía en la Universidad de Caracas. El 19 de septiembre de 1811, ya consumada la Independencia, acordaron estar conformes con la propuesta de Meyer, siempre que las horas de clases fuesen por la mañana, de diez a once, y, en la tarde, de cinco a seis, concluidos los ejercicios y actos literarios de la casa de estudios.

El 10 de octubre de 1811, el claustro se reunió para decidir quién ocuparía el cargo de bedel de la Universidad, vacante desde la muerte de don Juan Ramírez. Se leyeron los memoriales de los dos únicos pretendientes: don José Simosa y don Ramón Ramírez. La votación favoreció a Ramírez.

Esta vida apacible entre las dos instancias se vio perturbada en diferentes oportunidades, como consecuencia de la intervención de las nuevas autoridades en asuntos académicos y administrativos, primero por parte de la Junta Suprema y luego del Congreso Constituyente, lo que despertó molestia e incomodidad en la Universidad.

La Junta Suprema solicitó el 18 de enero de 1811 información sobre la petición del estudiante don José Joaquín González para graduarse en Medicina, dispensándole el defecto de legitimidad por ser expósito. Entre los documentos enviados por la Junta se encontraban documentos comprobatorios de su condición de blanco, de su buena conducta y aprovechamiento. La Universidad reconoció la aplicación y estudio de don Joaquín, pero consideraron la solicitud de la Junta como un intromisión en los asuntos académicos de la Universidad, informándole que las leyes de la institución exigían «que los que opten a los grados han de justificarse precisamente ser hijos legítimos y limpios de toda mala raza». Igualmente, le recordaba que la institución velaba y velaría siempre para que se cumpliera dicha norma. El claustro universitario mencionó, en la misma comunicación, los casos del doctor don José Domingo Díaz y los bachilleres don Ramón Madrid y don Lorenzo Laza, quienes obtuvieron una dispensa de su condición de expósitos del rey de España e Indias, a fin de ser considerados hijos legítimos y optar a los títulos universitarios. Le reiteran que solo el rey, y no la Junta Suprema, tenía el poder de dispensar esta condición.

A pesar de la presión ejercida por la Junta a la Universidad de Caracas a favor de don Joaquín González, el claustro le negó la posibilidad de graduarse. Las autoridades caraqueñas no insistieron más en el asunto.

El 4 de mayo de 1811, disuelta la Junta de Caracas desde que se instaló el Congreso, la Secretaría del Supremo Congreso envió a la Universidad un oficio y otros documentos relativos a la solicitud del licenciado José de los Reyes Piñal para optar al grado de doctor en Derecho Civil, sin cancelar el monto establecido por la Universidad. Las autoridades universitarias consideraron esta comunicación como una nueva intromisión del Poder Legislativo en asuntos académicos y, aun cuando reconocieron los méritos personales y profesionales del pretendiente, las cajas de la

Universidad se hallaban exhaustas y tales fondos eran necesarios para mantener la institución, por tanto no admitieron la petición de los diputados y le negaron la graduación a José de los Reyes.

El Supremo Congreso de Venezuela se impuso sobre el parecer de la Universidad, al autorizar, el 25 de junio de 1811, la concesión de la gracia al licenciado don José de la Concepción Reyes Piñal para recibir el grado de doctor en Derecho Civil. A las autoridades universitarias no les quedó más remedio que acatar la decisión del cuerpo legislativo y realizaron los trámites necesarios para el grado de Reyes Piñal.

La regencia del reino, en representación del rey don Fernando VII, decretó el 31 de enero de 1812 admitir, en las universidades americanas, a los súbditos españoles que tuvieran ascendencia africana, «a fin de que lleguen a ser cada vez más útiles al Estado». Para cuando llegó esta ley, en marzo de ese año, el gobierno de Caracas ya había desconocido la autoridad de la regencia y rechazado la convocatoria a formar parte de las Cortes Generales y Extraordinarias; por tanto, al no reconocer la máxima instancia de la monarquía, la universidad no prestó atención al decreto[97]. Los pardos seguían fuera de la universidad, tal como lo establecían las leyes de la institución, contrariando a la Constitución Federal, sancionada en Caracas el 21 de diciembre de 1811, en la cual, además de sancionar la extinción de los fueros y el principio de la igualdad, se incorporaba un artículo revocando y anulando, en todas sus partes, las leyes antiguas que imponían degradación civil a esta parte de la población libre. A partir de esta fecha, este sector quedaba en posesión de su estimación natural y civil y restituida a los imprescriptibles derechos que les correspondían como a los demás ciudadanos. Sin embargo, seguían sin poder ingresar a la universidad.

Desde su fundación, en 1727, las Constituciones de la Real y Pontificia Universidad de Caracas establecían importantes

---

97 Archivo General de la Nación, *Reales Órdenes, 1809-1813*, tomo XVIII, folio 222.

consideraciones sobre la legitimidad y limpieza de sangre para ingresar y graduarse en ella. Se revisaba el linaje del solicitante, a fin de comprobar que no pertenecía ni descendía de negros, judíos, moros o indios. El cumplimiento de este requisito llegó a ser indispensable para la admisión y graduación en la Universidad, y la obtención en ella de un cargo, y fue utilizado como mecanismo efectivo para preservar el estatuto jerárquico de la sociedad y garantizar que los descendientes de los africanos no pudiesen ingresar a las principales instituciones de la provincia.

La Universidad contra la libertad de cultos

Estos conflictos administrativos, entre la Junta Suprema y la Universidad, no tuvieron mayores consecuencias: la relación entre el gobierno y la institución mantuvo su ritmo. Distinto ocurrió con el debate sobre la libertad de cultos. Las autoridades universitarias vieron con preocupación el apoyo del nuevo gobierno a escritos, ideas y otras medidas que atentaban contra los principios básicos y fundamentales de la monarquía española y su religión; el asunto se hizo evidente con la publicación de los escritos de William Burke en la *Gaceta de Caracas,* órgano oficial del gobierno de Caracas.

Burke llegó a Caracas desde Inglaterra en noviembre de 1810. Desde esa fecha, hasta marzo de 1811, publicó en la *Gaceta de Caracas* varios trabajos bajo el título *Derechos de México y de la América del Sur,* allí planteó su idea de crear una Confederación de Estados desde México hasta el Virreinato del Río de la Plata, siguiendo el ejemplo de los Estados Unidos de Norteamérica. La posición de Burke fue ambivalente y extrema; por una parte predicó la tolerancia, pero por otra manifestó la necesidad de una guerra a muerte para lograr la independencia de América, si era necesario. Entre sus tratados divulgados en la *Gaceta de Caracas,* el 11 de febrero de 1811 se publicó su ensayo sobre la libertad de cultos, en el cual, a través de ejemplos históricos y de citas del Evangelio, postuló y defendió que la tolerancia religiosa era el camino de la ilustración y del progreso, en oposición a la intolerancia reinante, juzgada por el autor como perjudicial y culpable de las atrocidades existentes en la sociedad hispánica.

El 23 de febrero de 1811, días después de publicarse el tratado de Burke, el claustro universitario se reunió para discutir el asunto sobre el tolerantismo religioso, el cual atentaba contra «las buenas costumbres, de la Santa Doctrina del Evangelio, la política y felicidad de la Provincia». Ante tal atropello a los valores de la monarquía, las autoridades universitarias le asignan la tarea al Dr. Juan Nepomuceno Quintana y al Dr. Felipe Fermín Paúl, bajo el asesoramiento de los doctores José Gabriel Lindo, Francisco Javier Sosa, Domingo Viana y Antonio Gómez, a fin de que se pronunciaran contra el escrito de Burke, su publicación en la *Gaceta de Caracas* y el consentimiento de las autoridades.

Ese mismo día, en una reunión de emergencia del claustro, esta delegación envió una primera representación a la Junta Suprema de Caracas, «dirigida a persuadir la inconvivencia del tolerantismo de diversas religiones». La Universidad consideró que lo publicado en la *Gaceta* era opuesto a la conservación y estabilidad de la religión católica, y que dicho anuncio y su divulgación era peligrosa, atentaba contra las costumbres y la seguridad del mismo gobierno: «el tolerantismo sobre que se ha discurrido prepara un mal inevitable a la presente y futuras generaciones…».

En opinión de los universitarios, estas ideas tendrían como consecuencia el crecimiento de la desunión y discordia entre sus miembros, fomentando los desórdenes y la anarquía. Exigieron que se recogiera inmediatamente la *Gaceta,* y prohibieron cualquier nueva edición en relación con «aquella funesta opinión».

La controversia sobre el trabajo de Burke fue propiciada por el arzobispo de Caracas, Narciso Coll y Prat. Se originaron tres impugnaciones: la primera se tituló *Apología de la intolerancia religiosa,* del fray Pedro José Hernández, miembro de la orden franciscana de Valencia, quien, con ejemplos históricos y citas del Evangelio, señaló los daños espirituales y temporales que causaría el tolerantismo. La segunda se tituló *Ensayo político contra las reflexiones de William Burke*; su autor fue un médico de Tenerife llamado Antonio Gómez. La tercera objeción se tituló *La intolerancia político-religiosa vindicada o refutada sobre el discurso de la tolerancia religiosa de William Burke,* de Juan Nepomuceno Quintana, miembro de la Universidad de Caracas. Esta impugnación fue la respuesta más extensa y profunda en contra del autor y su trabajo[98].

La intolerancia político-religiosa, escrita por el Dr. Quintana, en representación de la comisión creada por la Real y Pontificia Universidad de Caracas, trató de demostrar que la tesis de Burke era un error capital que atacaba el sistema político-religioso de los pueblos y comprometía la tranquilidad con novedades peligrosas en materias delicadas; se pretendía imponer la influencia de una filosofía engañosa en la búsqueda de cautivar con sus declaraciones insinuantes la amistad más desinteresada. Consideró que la materia religiosa era muy delicada en estas tierras y que el tratado de Burke lastimaba la profunda ortodoxia del pueblo de Caracas, alarmaba la creencia popular y arriesgaba la unión, la paz y la felicidad.

En su réplica consideró que Burke había invadido diversos campos, no solamente al dirigir sus ataques y críticas a instituciones y gobiernos, sino al poner en discusión el dogma católico de la visibilidad y potestad de la Iglesia católica. Para Quintana no había duda respecto a que la autoridad de los monarcas tenía un origen divino y que sus potestades eran inviolables, aun cuando fuesen

---

98 Juan Nepomuceno Quintana, *La intolerancia político-religiosa vindicada o refutada del discurso que a favor de la tolerancia religiosa, publicó Burke, en la Gaceta de Caracas* del martes 19 de febrero de 1811, Nº 20, por la Real y Pontificia Universidad de Caracas, en J.F. Blanco y R.Azpúrua, *Documentos para la historia de la vida pública del Libertador,* Caracas, Ediciones de la Presidencia de la República, 1983, tomo III, pp. 61-102.

tiranos; sin embargo, no estaba de acuerdo con que la voluntad de los reyes tuviese su origen en Dios, ya que era confundir maliciosamente la voluntad con la potestad de los reyes. Para terminar, consideró que la intolerancia, como principio, era una doctrina conforme al verdadero espíritu de la caridad humana.

El claustro universitario se reunió nuevamente el 5 de junio de 1811 para discutir el texto realizado por Juan Nepomuceno Quintana, con la asesoría de Felipe Fermín Paúl. Acordaron que el Dr. Manuel Vicente Maya llevase el original al arzobispo para imprimirla a la brevedad posible y agradecieron al Dr. Quintana por su «aplicación, esmero y eficiencia con que ha dado cumplimiento a la confianza que la universidad depositó en él para el empeño de la obra». Aunque el arzobispo Coll y Prat promovió la impresión del escrito de Quintana, las autoridades republicanas se negaron a dar el permiso para ello y la refutación permaneció entonces manuscrita. Después de la restitución de la monarquía en la provincia, fue impresa en el taller de Juan Baillío entre agosto y septiembre de 1812, y el arzobispo Coll y Prat costeó su impresión. Este fue quizá el único asunto que enfrentó al gobierno republicano con las autoridades universitarias. De resto, las relaciones se mantuvieron sin mayores trastornos.

Demostraciones de regocijo y patriotismo por la regeneración política

El secretario de Estado invitó a la Universidad de Caracas para que hiciese sus demostraciones de regocijo y patriotismo «en obsequio de la regeneración política de Venezuela, sobre el supuesto de cumplirse el primer año de ella el día diez y nueve del corriente». La Universidad acordó realizar la celebración con un concierto y una iluminación especial. Para cumplir con las exigencias de la ceremonia, se exigió a cada individuo vinculado a la Universidad la cantidad de cuatro pesos.

La Universidad de Caracas respaldó la Declaración de Independencia del 5 de julio de 1811. Cuatro días después, el claustro universitario acordó que el rector Manuel Vicente Maya –quien días antes consideraba que el Congreso no tenía las facultades para declarar la independencia y fue el único diputado que no firmó la Declaración de Independencia– contestara al Poder Ejecutivo «con las voces más expresivas de la complacencia y satisfacción que el claustro ha tenido en resolución tan justa del Supremo Congreso asegurando a Su Alteza que todos los individuos de esta universidad han recibido la noticia con la más agradable impresión y que están prontos a las demostraciones de júbilo que corresponden a tan heroica resolución».

El mismo día que el Congreso Constituyente de Venezuela declaró la independencia absoluta de España, el 5 de julio de 1811, los estudiantes de la Universidad de Caracas, pertenecientes muchos de ellos a la Sociedad Patriótica, junto con otros individuos recorrieron las calles de la capital celebrando el acontecimiento. Entonaron canciones patrióticas, se organizaron en milicias y quemaron y ahogaron el retrato del rey Fernando VII en el río Guaire.

El 13 de ese mismo mes, la Secretaría de Gracia y Justicia respondió a la Universidad y agradeció su apoyo enviándole dos impresos del Acta de Independencia y un decreto sobre la forma de prestar juramento los habitantes del territorio venezolano.

Sin embargo, luego de la promulgación de la Independencia, la situación política, económica y militar de la República empezó a complicarse. El bloqueo de las costas venezolanas por buques de guerra españoles; la fracasada campaña militar del marqués del Toro, Francisco Rodríguez del Toro, contra la ciudad de Coro; la insurrección de los realistas en Valencia, la emisión del papel moneda, el desastre económico de la República; el fracaso de la campaña contra Guayana; el terremoto del 26 de marzo de 1812 y la ofensiva del jefe español Domingo de Monteverde fueron acontecimientos que debilitaron a la joven República. La respuesta de los estudiantes y profesores de la Universidad de Caracas fue de compromiso y defensa del proyecto independentista.

Estudiantes en armas

Robert Semple, testigo de los acontecimientos ocurridos en la provincia de Caracas entre 1810 y 1811, afirmó que, luego de la rebelión ocurrida en Valencia el mismo mes de julio de 1811 en contra de la República, «toda la población masculina fue armada y recibía instrucción militar con regularidad, de manera que entre la gente distinguida llegó a ser de moda dormir en los cuarteles»[99].

No solo miembros de las familias nobles y principales de Caracas sirvieron como oficiales y soldados a la causa patriótica: también los estudiantes de la Universidad de Caracas se comprometieron de manera directa en la protección y defensa de la República.

El padre y diputado por La Grita, Manuel Vicente de Maya, en la sesión del Congreso del 26 de agosto de 1811, levantó su voz de protesta porque los estudiantes fueron reducidos a ser soldados, perjudicándoseles y ocasionando que desertaran de los estudios literarios. Como rector, solicitó que se buscase algún remedio[100].

En la sesión del día 3 de septiembre, el mismo diputado volvió a realizar un llamado de atención acerca de lo perjudicial que resultaba a la moral y a la instrucción pública que los estudiantes universitarios estuviesen distraídos en las labores del soldado, como si en realidad lo fuesen[101]. Ese día, el Congreso acordó que el diputado Francisco Javier Yanes redactara un decreto en el cual se prohibiese que los estudiantes siguieran sometidos a las tareas del soldado.

---

99 Robert Semple y otros, *Tres testigos europeos de la Primera República*, p. 67.
100 Sesión del 26 de agosto de 1811, *Congreso Constituyente de 1811-1812*, tomo I, p. 263.
101 Sesión del 3 de septiembre de 1811, *Congreso Constituyente de 1811- 1812*, tomo II, p. 21.

El decreto estuvo listo el día 5 de septiembre; en él se acotaba que: el Supremo Congreso de Venezuela consideraba que la ilustración y fomento de las ciencias

> no es menos necesaria que la fuerza armada para la conservación y felicidad del Estado, y que son ya muy considerables los perjuicios de que aquéllos y la moral pública se resienten con que la juventud estudiosa se ocupe tan seriamente en el servicio de las armas...[102]

Poco tiempo después, el mismo Congreso decretó que todos los escolares fuesen relevados del servicio militar, y solo «en los casos urgentísimos de invasión se pondrán en lo sucesivo sobre las armas». También ordenó a los comandantes de los batallones y demás cuerpos militares que no admitiesen a ningún estudiante, aunque se presentase voluntariamente, a menos que tuviera la licencia y consentimiento de sus padres.

A pesar de estas medidas, el Poder Legislativo recomendó que todos los estudiantes se instruyeran en el ejercicio y manejo de las armas los domingos, y que para esta tarea se escogiera un oficial de probidad y experiencia militar[103]. La idea era que, desde el ciudadano más importante y acaudalado, pasando por los estudiantes, hasta el hombre más pobre, todos fuesen entrenados para proteger la libertad y la República.

Sin embargo, el desarrollo de la guerra obligó a las autoridades republicanas a tomar nuevas medidas para salvar la patria. Francisco de Miranda, cuando la situación en el año 1812 estaba bastante comprometida, hizo uso de las facultades dictatoriales que se le confirieron el 26 de abril e intentó, de manera infructuosa, hacer varios llamados para que la población regresara a los cuarteles y

---

102 Sesión del 5 de septiembre de 1811, *Congreso Constituyente de 1811- 1812*, tomo ii, pp. 23-24.
103 «Los estudiantes y el servicio militar», *Las Fuerzas Armadas de Venezuela en el siglo xix. Textos para su estudio. La Independencia, 1810- 1830*, Caracas, Ediciones de la Presidencia de la República, 1963, tomo I, pp. 111-112.

detener de esta manera el avance de Domingo Monteverde, quien, a principios de mayo, se había apoderado de la ciudad de Valencia. El llamado de Miranda no tuvo éxito.

Por tales circunstancias, el Generalísimo solicitó autorización para dictar la Ley Marcial, cuya finalidad era incorporar al ejército a todos los hombres que se hallaban en Maracay[104]. Miranda, desde esta ciudad, dictó dos proclamas, el 28 y 29 de mayo, a fin de llamar a todos los habitantes para que se ocupasen del principal deber que se les presentaba en ese momento: defender la República.

La publicación de la Ley Marcial se realizó el 19 de junio de 1812 y se convocó por igual a blancos, pardos y negros libres.

> la salud del pueblo es la suprema ley y deben callar todas las demás que no sean necesarias para salvar la patria del peligro en que se halla. Ella exige que todos nos armemos contra los malvados que la ofenden y procuran destruirla, despojándola de los más sagrados derechos que ha recuperado después de trescientos años de esclavitud y tiranía... todos los hombres libres capaces de tomar las armas, desde la edad de quince años hasta la de cincuenta y cinco, se presentarán con las suyas ante los comandantes militares... serán considerados como traidores a la patria los que faltaren a ese deber[105].

Este llamado no consiguió restablecer el control de la República. Ya era demasiado tarde. Un mes después, el 24 de julio de 1812, se firmó la Capitulación de San Mateo, que puso fin al primer intento republicano. El documento fue firmado por el general Francisco de Miranda, jefe del ejército republicano, y el capitán

---

104 «Acta de la Trinidad: medidas de emergencia», *Las Fuerzas Armadas de Venezuela en el siglo XIX. Textos para su estudio. La Independencia, 1810- 1830*, Caracas, Ediciones de la Presidencia de la República, 1963, tomo I, pp. 165-167.

105 Ley Marcial, *Las Fuerzas Armadas de Venezuela en el siglo XIX. Textos para su estudio. La Independencia, 1810-1830*, Caracas, Ediciones de la Presidencia de la República, 1963, tomo I, pp. 177-180.

de fragata Domingo de Monteverde, comandante de las tropas realistas.

Esta capitulación, como ya se dijo, puso fin a la existencia de la República. El incumplimiento de lo pactado y la persecución llevada a cabo por las autoridades realistas contra los defensores de la República ocasionaron la emigración de muchos de los principales actores de la revolución hacia las islas del Caribe; entre ellos, numerosos catedráticos y alumnos de la Universidad de Caracas que habían simpatizado y colaborado en la causa republicana.

Fidelidad a la Corona: persecución, represión y censura

Los acontecimientos ocurridos entre 1810 y los primeros meses de 1812, la lucha armada contra el régimen monárquico y el entusiasmo mostrado por algunos catedráticos y estudiantes a favor de la República obligaron a los jefes militares realistas y a las autoridades universitarias ratificadas por estos, a dictar una serie de medidas encaminadas a restablecer la fidelidad de la Universidad de Caracas a la Corona española.

El 30 de septiembre de 1812 se reunieron por primera vez las autoridades universitarias. La primera decisión de este organismo fue suprimir de sus archivos cualquier vestigio

> de los que compelido de la fuerza se vio obligado a celebrar en el tiempo del gobierno intruso y revolucionario que miró y observó siempre a este cuerpo con desconfianza porque no manifestaba la adhesión y actividad que deseaban los novadores a favor del pérfido sistema cuyas ideas jamás se han ocultado a la Universidad…

En el claustro universitario solo quedaban tres de los miembros originales que habían participado en los años anteriores. El 30 de septiembre de 1812, quienes componían el claustro aclararon que sus acciones en el gobierno anterior tuvieron como finalidad evitar «los funestos efectos de la fuerza» y que por esta razón se comisionó al rector y al secretario para que revisaran

> las actas del tiempo de aquel gobierno, y tilden, borren y supriman todas aquellas expresiones que se notaren en ellas menos conformes a sus ideas y sentimientos y arrancadas por la violencia de unos funcionarios cuyo frenesí y furor patriótico, no guardaba consideración alguna con los cuerpos e individuos que se oponían y repugnaban sus opiniones.

Ese mismo día, se nombró al doctor Juan Nepomuceno Quintana representante de la Universidad de Caracas ante la Regencia de España «para que pueda representar, pedir y agenciar aquel doctor cuanto esté pendiente y ocurriese de nuevo en utilidad de la enseñanza pública, de la religión y del Estado en el orden político».

Domingo de Monteverde ordenó a la Universidad de Caracas que los catedráticos «arrancaran de las manos de sus discípulos los libros perjudiciales opuestos a la religión del Estado y pública tranquilidad», a fin de evitar la propagación de las ideas subversivas entre los colegiales. También se ofrecieron premios a los estudiantes que delataran a los sospechosos de poseer cualquier tipo de «literatura política» y se autorizó al gobierno para que allanara las casas de los colegiales cuyos padres estuviesen comprometidos con el movimiento independentista. Se ordenó, además, a los catedráticos «no permitir a sus estudiantes libro alguno que sea contra la religión, buenas costumbres y sagrados derechos del rey».

Uno de los personajes vinculados a la Universidad de Caracas perseguido por el gobierno monárquico por haber simpatizado con el régimen republicano fue el Pbro. Dr. Santiago Zuloaga, cancelario de la institución, quien tenía a su cargo la aprobación o no de otorgar los grados académicos en la Universidad. Partidario de la independencia, en junio de 1810 envió comunicaciones a los vicarios diocesanos, exigiéndoles obediencia a la Junta Suprema, puesto que algunos sacerdotes, pese a la orden contraria, se dedicaban públicamente o en los confesionarios a hablar contra las autoridades constituidas.

El 8 de octubre de 1812, Domingo de Monteverde, comandante en jefe de las Armas de Su Majestad Católica, a través del arzobispo de Caracas, Narciso Coll y Prat, solicitó al claustro suspender al Dr. Santiago Zuloaga del cargo de cancelario y maestrescolía «por su conducta en este cuerpo por el tiempo del gobierno revolucionario», «hasta que Su Majestad bien informado de los motivos que influyen en ello se digne resolver lo que sea más conforme a su Soberana Voluntad». Nombraron en su lugar al Dr. José Suárez Aguado.

El 22 de octubre de 1812, la regencia del reino, preocupada por la situación financiera y académica de las universidades americanas, envió una circular a los virreyes, gobernadores y capitanes generales, solicitándoles a todas las universidades un informe sobre «el producto anual de sus rentas, los arbitrios que las producen, los medios menos gravosos que puedan adoptarse para aumentarlas, el número de cátedras existentes, sus institutos, dotación, las obras por donde se enseñan las facultades, el costo de los grados mayores, su inversión y el número de años de estudio que preceden para obtenerlos»[106]. El claustro de la Universidad de Caracas se reunió el 24 de julio de 1813 para discutir el asunto y «reformar los estudios y demás objetos de que pende el esplendor ilustre de este responsable cuerpo»; se comisionó a los doctores don Felipe Fermín Paúl y a don José Cecilio Ávila.

El 7 de enero de 1813 el gobernador y capitán general de la provincia, Domingo de Monteverde, envió un oficio a las autoridades de la Universidad de Caracas recomendando que «el señor doctor don Manuel Vicente Maya, continúe desempeñando el

---

106 Archivo General de Indias, *Indiferente General*, legajo 551. Citado en Ildefonso Leal (introducción y compilación), *Cedulario de la Universidad de Caracas* (1721- 1820), Caracas, Universidad Central de Venezuela, 1965, pp. 356-357.

Rectorado de esta Real y Pontificia Universidad por dos años más o hasta variar el aspecto del estado político del gobierno de esta Provincia que acaba de pacificarse». El claustro aprobó el 18 de ese mes, por unanimidad de votos, la petición de Monteverde como medida de emergencia ante la inestabilidad política que vivía Venezuela para principios de 1813. Ese año, y contradiciendo lo que establecían las Constituciones de la Universidad de Caracas, no se realizaron las elecciones rectorales.

El rector reelecto Maya manifestó al gobernador su deseo «de contribuir cuanto esté de su parte a la pública tranquilidad». Hasta ese momento, el doctor Maya había demostrado su lealtad a la monarquía española y, como rector, apoyó la política de pacificación emprendida por Monteverde en su condición de jefe militar de la provincia.

El 17 de julio de 1813, se reunió el claustro universitario para realizar la elección del cargo de mayordomía de la Universidad de Caracas, «se leyeron los pedimentos de los únicos dos opositores que se han opuesto a la dicha mayordomía». El seleccionado fue don Nicolás Quintero por mayoría de votos, bajo la condición de que «haya de aumentar la fianza con fincas e hipotecas especiales a satisfacción del venerable claustro».

En estos primeros meses ocurrieron algunos acontecimientos que marcarían el fin del gobierno realista de Domingo de Monteverde. A principios de 1813, Santiago Mariño invadió el Oriente venezolano y logró, al poco tiempo, la liberación de las provincias de Cumaná y Barcelona. Simón Bolívar, por su parte, partió desde Cúcuta el 14 de mayo de 1813 con el objeto de recuperar el control de la República. Domingo de Monteverde abandonó Caracas para dirigirse al centro y hacer frente a Bolívar, pero no tuvo éxito.

Simón Bolívar y el restablecimiento de la República

El 6 de agosto de 1813 Simón Bolívar entró victorioso en Caracas y el 8 anunció en una proclama la restauración de la República.

La primera reunión del claustro de la Universidad de Caracas, luego del triunfo de Bolívar en la capital, se efectuó el 12 de agosto. En ella, a petición del gobernador político de la provincia, y por mediación del arzobispo de Caracas, Narciso Coll y Prat, las autoridades universitarias repusieron en su cargo de cancelario al doctor don Santiago Zuloaga, quien, como ya se dijo, había sido suspendido de su cargo «por su conducta en este cuerpo por el tiempo del gobierno revolucionario».

Al día siguiente, Simón Bolívar invitó al doctor de la Universidad de Caracas don Francisco Javier Ustáriz a redactar un plan de gobierno provisorio para Venezuela, cuya finalidad era organizar el Estado y darle forma y base legal a la República en medio del conflicto. El proyecto de Ustáriz, completado con algunas ideas de Bolívar, fue el marco institucional que normó el gobierno de la llamada Segunda República.

Este plan de gobierno provisorio fue presentado por Bolívar a la Universidad de Caracas en los primeros días del mes de octubre de 1813. El claustro se reunió el 5 de octubre y a pesar de no contar con los asistentes necesarios para realizar el acto formal, ya que solo contaban con 10 de los 12 miembros que se necesitan, «se procedió a la celebración del acuerdo […] atendiendo a las circunstancias presentes en las que no es fácil el juntarse más individuos por hallarse todos empleados en el servicio de la Patria». La decisión de la Universidad fue nombrar a los doctores don Felipe Fermín Paúl y a don José Antonio Pérez «para que lo vean y expongan los proyectos y razones que crean justas y necesarias…».

El 14 de octubre, las autoridades civiles de Caracas, en nombre del pueblo venezolano, nombraron a Simón Bolívar capitán general de los ejércitos de Venezuela y se le confirió el título de

Libertador. Unos días más tarde, el 23 de octubre, el Libertador, a través de la Secretaría de Gracia y Justicia, le envió un oficio a la Universidad sobre las pretensiones de don Carlos Galíndez y don Pedro Herrera; el primero solicitaba dispensa del tiempo de estudios para graduarse de bachiller y el segundo por no tener la edad requerida para culminar sus estudios. El claustro decidió aceptar las solicitudes, luego de corroborar la información de los alumnos.

El 12 de febrero de 1814, los republicanos, al mando del general José Félix Ribas, rechazaron y derrotaron a las tropas realistas del coronel Francisco Tomás Morales, segundo al mando de las tropas de José Tomás Boves. A principios de febrero de ese mismo año, un cuerpo realista al mando de Morales se acercó a La Victoria para cortar las comunicaciones entre Valencia, donde se hallaba Simón Bolívar, y Caracas, donde se encontraba José Félix Ribas. Este salió de la capital y marchó a La Victoria donde llegó el 10 de febrero. En Caracas reforzó su ejército con estudiantes de la Universidad de Caracas. El 12, Morales atacó con 2500 hombres de caballería, 900 de infantería y algunos cañones. Ribas contaba con unos 1500 hombres en total y 5 piezas de artillería. Al final de la tarde, un cuerpo de caballería, al mando del teniente coronel Vicente Campo Elías, rompió el cerco realista provocando su retirada. Esta fecha, muchos años después, fue consagrada como «día de la juventud» por la Asamblea Nacional Constituyente de 1947, a fin de reconocer los servicios prestados a la República por los jóvenes universitarios de 1812.

El claustro de la Universidad de Caracas se congregó el 12 de mayo de 1814 para discutir un informe enviado por Bolívar, sobre el licenciado Tomás Quintero y sus intenciones de optar al título de doctor en Teología. La Universidad aceptó la solicitud, pero suplicó al Libertador su ayuda para mejorar la situación financiera de la institución, como consecuencia del terremoto de 1812 y de la guerra.

El 2 y 6 de junio de 1814 se reunió nuevamente el claustro para discutir la terrible situación financiera que atravesaba la Universidad desde 1811 y que se había agudizado en los últimos años. Para no cerrar la Universidad por falta de fondos, ya que no había recursos ni siquiera para cancelar el sueldo de los profesores, el claustro decidió que todos los universitarios que se hallaran en la ciudad de Caracas contribuyeran con un peso mensual durante un año. Los doctores Nicolás Anzola y Francisco Jaén serían los encargados de recibir estas donaciones.

La situación que estaba viviendo en estos meses la República no era la más favorable; diferentes acontecimientos propiciaron, nuevamente, la derrota del sistema republicano y de los ejércitos patriotas. La división de los republicanos en dos centros de poder: uno en Caracas y otro en Cumaná, el sitio de Puerto Cabello, núcleo de resistencia realista, le causó a los patriotas un desgaste significativo en tropas y recursos. La decisión de Bolívar de fusilar a los prisioneros españoles de Caracas y La Guaira; la insurrección, a favor de la causa realista de los llaneros al mando de José Tomás Boves y las crueldades de sus jefes, así como sus consecutivos triunfos militares, favorecieron el miedo y la decepción de la población frente a la causa republicana en los territorios bajo el mando de Bolívar y Santiago Mariño. Estos acontecimientos desencadenaron la emigración a Oriente, el 7 julio de 1814, ordenada por Simón Bolívar para salvar a la población de Caracas de las tropas realistas al mando de Boves. Concluyó así el segundo intento republicano.

La restitución del gobierno realista en Caracas

En el período comprendido entre 1814 y 1821 la Universidad cerró sus puertas a las corrientes renovadoras y liberales, y desató nuevamente una violenta persecución contra los alumnos y catedráticos que colaboraron en la Independencia durante 1811 y 1812, y posteriormente entre 1813 y 1814.

El 11 de agosto de 1814, a poco más de un mes de la emigración a Oriente y el fracaso del gobierno de Simón Bolívar, se reunieron en la sede de la Universidad de Caracas los pocos miembros del claustro que se quedaron en la ciudad y reconocieron a las nuevas autoridades monárquicas. El claustro acordó, de nuevo, «los medios que deban tomarse para la conservación de estos estudios generales, fomento, honor y subsistencia de esta Universidad Real y Pontificia y dar cuenta a Su Majestad de su resulta». Consideraron que lo discutido en las sesiones anteriores del claustro comprometían los estudios, el honor y la estabilidad de la Universidad de Caracas, y por esto ordenaron, nuevamente, que «se borren y testen de modo que puedan leerse haciéndose lo propio con cualquier otro papel que se haya presentado y que mientras se tomen otras providencias efectivas para el logro de aquellos objetos».

Acordaron que el rector, en cumplimiento de los estatutos y Reales Cédulas de la Universidad, dispusiera tomar las medidas necesarias para que los estudiantes regresaran a clases, y que los catedráticos continuaran con sus actividades, aun sin haber cobrado sus sueldos. Por último, y atendiendo el estado de la Universidad, nombraron un diputado, a fin de que llevara a «Su Majestad un informe sobre la fidelidad con que la universidad se ha conducido en las circunstancias del gobierno extinguido». Se designó al Dr. don Rafael Escalona y Dr. don Nicolás Osío. Durante esos días, y para demostrar su fidelidad a la Corona española y desconocer los gobiernos republicanos, la Universidad de Caracas y sus miembros hicieron demostraciones públicas en obsequio de Su Majestad don Fernando VII.

Un mes más tarde, el 12 de septiembre, el claustro se reunió para discutir la apertura o no de las actividades académicas de la Universidad de Caracas, «interrumpidos por las calamidades que han afligido a esta ciudad y su Provincia en este año y parte del pasado». Acordaron reiniciar las clases el 19 de ese mes, «disponiendo todo aquello que estime oportuno para que se efectúe con esplendor y magnificencia en utilidad de la juventud estudiosa»; además, solicitaron que en esas actividades de reapertura de la Universidad se felicitase «…principalmente en ella a Su Majestad por su restitución al Trono». En esa reunión de las autoridades universitarias, el doctor Francisco Correa expresó su satisfacción ante los acuerdos, pero consideró que

> para poner un fundamento sólido a este edificio que han querido desquiciar los Revolucionarios se declare nulo todo lo obrado en el tiempo que dominaron éstos para cerrar la puerta al desorden y manifestar que esta Real y Pontificia Universidad no ha aprobado un sistema tan pernicioso evitándose otras fatales consecuencias…

También solicitó que «los catedráticos prueben su conducta política ante el señor Rector Dr. Manuel Vicente de Maya conforme a lo solicitado por Su Majestad […] y que no se lean más libros que los que previenen las constituciones, desterrándose todos los que se han introducido de pocos años a esta parte».

Esto causó el repudio y asombro del Dr. José Gabriel Lindo, quien expuso ante el claustro lo siguiente:

> no puede estar de acuerdo en manera alguna con el dictamen del señor Correa sobre la conducta escolástica de los catedráticos de la Universidad en el cumplimiento de sus respectivas lecturas por la experiencia y ciencia que tuvo de ser su Rector en propiedad y de interino en ausencia del señor actual… antes más bien haber tenido el honor por lo que respecta a los veinte años que ha leído la cátedra de Teología de Prima por el Suma de Santo Tomás…

También reaccionó en contra el Dr. José Cecilio Ávila, quien dijo que «aunque no tiene que sincerar su conducta política y escolástica protesta que jamás ha enseñado en la cátedra de su cargo de Sagrados Cánones sino conforme a las constituciones de la universidad y por los autores aprobados en las más célebres Universidades de España, que nunca ha enseñado doctrinas contra la monarquía, ni contra las opiniones nacionales».

Para inicios de 1815, la ciudad de Caracas y sus alrededores se encontraban en calma bajo el gobierno monárquico; ello se debió básicamente a dos hechos importantes: la emigración de Simón Bolívar y muchos jefes de la revolución a diferentes islas de Caribe y la llegada, en abril de ese año, del mariscal de campo Pablo Morillo al frente de una expedición de más de 10 000 hombres.

La Universidad, poco a poco, se fue recuperando de la crisis política e institucional que había experimentado en los años anteriores como consecuencia de la Guerra de Independencia y por la participación de sus miembros en estos acontecimientos.

El 22 de enero de 1815, se celebraron las elecciones para escoger el nuevo rector de la Universidad de Caracas que, hasta ese momento y por órdenes de Domingo de Monteverde, había sido el doctor Manuel Vicente Maya. Se juntaron en la capilla de la institución los señores doctores y maestros del claustro, y se leyó el capítulo doce de la Real Cédula de 4 de octubre de 1784 sobre la elección de rector. Posteriormente, se procedió a la elección, que recayó en el Dr. don Juan de Rojas, quien alcanzó diez votos. El Dr. don Tomás Hernández Sanabria logró cinco y el Dr. don Francisco Tosta obtuvo dos. El recibimiento del nuevo rector se realizó al día siguiente, quien «prestó juramento después del cual se le puso en posesión de dicho empleo; y seguidamente hicieron los señores Doctores y Maestros… el juramento prevenido por la Constitución».

A pesar de que la Universidad de Caracas había abierto nuevamente sus puertas, se vio obligada a cerrarlas entre marzo y junio como consecuencia de las «calamidades que han afligido a la ciudad y las provincias en los últimos tiempos». El claustro universitario se reunió nuevamente el 1 de julio de 1815 para «tratar el medio de evitar el perjuicio que puede seguirse a los estudiantes de no haber cursado diariamente las aulas y seguido las pasantías en estos últimos años con motivo del terremoto y las calamidades». Dos días después se reunieron de nuevo «con el fin de determinar sobre varios pedimentos hechos por los cursantes de estos Generales sobre la habilitación del tiempo que duró la revolución».

Las autoridades universitarias determinaron que los perjuicios y la ruina habían sido ocasionados por la pérdida de tiempo transcurrido durante las «convulsiones políticas de estas provincias» y la que causó el terremoto del 26 de marzo de 1812. Reconocieron «el mérito de los cursantes por su innata inclinación a la justísima causa de España y aplicación de las letras, ya que no ha estado en culta de ellos», y por esta razón acordaron suplicar a don Pablo Morillo, por intermedio del gobernador y capitán general interino brigadier don José Ceballos, solucionar lo más pronto posible la terrible situación de los estudiantes universitarios y de la institución.

El 4 de mayo de 1815, el Ministerio de Indias, en nombre del rey don Fernando VII le solicitó a los virreyes, presidentes y gobernadores de las provincias americanas, la visita a los colegios, seminarios y universidades para realizar las reformas que fuesen necesarias[107]. Efectivamente, el 24 de julio de 1815, el doctor don José Manuel de Oropeza y Torre, teniente gobernador y asesor general de la Provincia de Venezuela, le envió una comunicación al rector y cancelario de la Universidad de Caracas informándole su visita como representante del gobernador y capitán general.

A las diez de la mañana del 29 de julio, se presentó el Dr. Oropeza y Torre, acompañado de cuatro doctores, y fue recibido por los miembros del claustro precedido por el rector Rojas. El

---

107 Para que los virreyes, presidentes y gobernadores ordenen visitar los colegios, seminarios, universidades y convictorios reales, haciendo las reformas convenientes en los puntos que se dirijan a su mayor adelantamiento. Madrid, 4 de mayo de 1815. AGI, *Audiencia Caracas*, legajo 446, en *Cedulario de la Universidad de Caracas (1721-1820)*, pp. 357-358.

claustro le expresó «la más profunda obediencia manifestado en el semblante y expresiones los íntimos sentimientos de gratitud a las paternales providencias de Nuestro Amado Soberano y de júbilo de que afortunadamente hubiese recaído la comisión en el enunciado señor Dr. don José Manuel de Oropeza, digno miembro del gremio y claustro de este cuerpo literario».

El visitador Oropeza proclamó «con energía ponderando la paternal beneficencia de nuestro Amado Monarca hacia los fieles vasallos de América» y su intención de promover y proteger «las letras y la virtud». Exigió la fidelidad de los miembros de la Universidad de Caracas al rey de España y a las leyes de la institución, y manifestó «que sería conveniente suprimir, mejorar o modificar [las leyes], acomodándose a los presentes tiempos». Solicitó Oropeza que, para poder cumplir su misión, necesitaba que la Universidad nombrara una comisión de cuatro personas del gremio para que:

> con el mayor cuidado y atención posible, examinara las constituciones de su gobierno, viesen si están en puntual observancia, propusieran las que juzgasen, que con respeto a los presentes tiempos se hubiesen hecho imposible, e inútiles, las que fuese necesario suprimir, mejorar o modificar, y que representen cuanto les pareciere conducente a restablecer y adelantar al antiguo lustre de la Universidad…

Los encargados de llevar a cabo esta tarea fueron Manuel Vicente Maya; Domingo Viana, de la Orden de Nuestra Señora de las Mercedes; Francisco Sosa, de la Orden de San Francisco; y José Antonio Borges, abogado de la Real Audiencia. Por petición del claustro, se conformó otra comisión integrada por José Joaquín Hernández y Francisco López, a fin de presentar el estado financiero de la Universidad y estimar los fondos necesarios para que los catedráticos pudieran subsistir con decencia, sin abandonar sus cátedras, para ocuparse de otras actividades que les proporcionasen la subsistencia.

El primer informe que se presentó ante la solicitud del visitador Oropeza fue el relacionado al estado de la Biblioteca de la Universidad de Caracas y sus necesidades inmediatas, como la dotación de un mejor espacio y la actualización de sus libros. Era un espacio ubicado en «un salón estrecho y bajo, expuesto al humo de la cocina que ha ennegrecido sus paredes y libros y hace molesto el estudio en ciertas horas, especialmente de la mañana». Tampoco contaba con obras modernas, fundamentales para el estudio de los alumnos. Sin embargo, tenía una importante colección de obras clásicas.

También se notificó sobre el estado del edificio de la Universidad, que se encontraba en el centro de la ciudad de Caracas, continuo al Palacio Arzobispal. En el interior, la institución contaba con una sala principal amplia y cómoda. No obstante, los salones de clases presentaban problemas, ya que eran estrechos, oscuros y con poca ventilación, lo cual causaba molestia a profesores y alumnos. Para ese momento, solo estaban disponibles seis aulas, ya que el resto de aquellas se encontraban destruidas por causa de la guerra.

Días antes de la visita del doctor Oropeza, el doctor Francisco Delgado Correa, catedrático de Latinidad, le envió al claustro una carta el 20 de julio de ese año, informándole el estado de algunas aulas de clase después de albergar las tropas de Pablo Morillo. En su carta explica:

desde el momento mismo que la tropa estaba alojada en el Seminario salió de él, traté de continuar la lectura de mi clase que ha estado interrumpida durante el alojamiento de ella; pero aunque ha venido parte de los estudiantes, no he podido entrar a la clase, así porque aunque se ha dado lechada, hay tanta multitud de pulgas que no permiten pasar persona alguna ni aun por los Claustros…

Ante la suciedad y los insectos, solicitó a las autoridades su limpieza «tanto más necesario cuanto me expongo a perjudicar mi salud con unos insectos que dañan la sangre». Refiere en su carta que hasta los mismos estudiantes limpiaron el salón de clases, pero no pudieron eliminar las pulgas del lugar. En su carta también criticó la decisión del rector de sacar del recinto los bancos para otra actividad, quedando el salón de clase sin asientos para los estudiantes. Imploró a las autoridades tomar las medidas necesarias para asear la clase «y que quede sin insectos y capaz de estar en ella sin incomodidad ni molestia, y que los bedeles pongan los bancos, mesa, silla, imagen y demás utensilios para la lectura».

Una de las primeras medidas tomadas por José Manuel Oropeza y Torre fue prohibir a los profesores de la Universidad de Caracas la utilización de los textos de los enciclopedistas, y se les obligó a enseñar nuevamente con la orientación tradicional de Aristóteles. El presbítero Salvador García de Ortigosa, de la Congregación del Oratorio de San Felipe Neri, fue uno de los sacerdotes que puso énfasis en la religión como arma política. Fue uno de los clérigos que, junto a Felipe Lamota, consideró que el terremoto del 26 de marzo de 1812 había sido un castigo de Dios a los patriotas por desconocer al monarca español. En 1816 publicó *Pláticas doctrinales predicadas en la Santa Iglesia Metropolitana de Caracas en los cinco días de la Dominica de Pasión.* Una de estas señalaba lo siguiente:

> la iglesia os ordena bajo excomunión que os abstengáis de todas las obras que inspiran a los pueblos máximas de independencia y revolución, y de los autores que declaman contra los monarcas, o cualquier otra legítima autoridad. Tales son los impíos escritores Voltaire, Rousseau, Montesquieu, y toda esa gavilla de revolucionarios que alarmaron al pueblo contra el trono…

El claustro universitario exhortó a la comunidad universitaria a guardar fidelidad a la Corona española, y ordenó la publicación de la obra de García de Ortigosa como texto fundamental, desencadenando una persecución ideológica a quienes continuasen enseñando con los textos de autores más contemporáneos.

El doctor José Gabriel Lindo, miembro de la Universidad de Caracas, de 80 años de edad, quien se había pronunciado en contra de las palabras del Dr. Francisco Correa sobre comprobar la conducta política de los catedráticos el 12 de septiembre de 1814, fue enviado preso a España por Pablo Morillo el 21 de septiembre de 1815, con varios sacerdotes simpatizantes de la causa republicana. Fue parte de la persecución política emprendida por Monteverde, que continuó Morillo. Lindo se desempeñó como rector de la Universidad de Caracas entre 1807 y 1809. Obtuvo los títulos de maestro en Filosofía en 1755, doctor en Teología en 1761 y doctor en Derecho en 1762. Fundador de la cátedra de Lugares Teológicos e Historia Eclesiástica.

Su sobrino, el maestrescuela doctor don Nicolás Antonio Osío, miembro de la Universidad de Caracas, le solicitó al claustro el 12 de octubre de 1816 un informe para demostrar la fidelidad de su tío «y conducta moral y política y los buenos dilatados servicios que ha hecho al público y a la religión», y de esta manera recurrir «al rey, Nuestro Señor, a impetrar de su Real Clemencia permiso para que mi tío el Dr. Dn. Gabriel José Lindo pueda volver a estos países a terminar en el seno de parentela la avanzada carrera de sus días, y que les restituyan sus bienes secuestrados».

Entre las preguntas formuladas por Nicolás Osío al claustro para completar el informe destaca:

¿si en todo tiempo ha sido leal y amante al rey…? ¿si en la última revolución política de estas provincias, siendo rector interino de la Real y Pontificia Universidad, hizo los mayores esfuerzos por liberar a los jóvenes cursantes de ir a la guerra…? ¿Si aunque en aquella época por escrito o a boca haya producido algunas expresiones que parezcan favorecer o inclinar al sistema revolucionario juzgan haya sido esto efecto de debilidad o más bien exprimidos a fuerza del temor de la crueldad de los tiranos, que nos oprimían como lo hicieron otros muchos leales vasallos que llevaron en la cara la máscara del patriotismo conservado en sus corazones el amor y lealtad al soberano y suspirando íntimamente por el feliz momento del restablecimiento del suave legítimo gobierno?...

La Universidad apoyó a Lindo, uno de sus miembros más antiguos y destacados, certificando que don Gabriel se había dedicado desde su juventud a la carrera universitaria; el informe destacaba los progresos realizados por el catedrático, así como los aplausos y el concepto público que le merecían su celo y los sacrificios desplegados en la Universidad

teniendo una vida tan abstraída de lo que contribuía a la pública felicidad, habiendo en sus escritos, conversaciones y discursos públicos manifestando a la pública adhesión a nuestro legítimo Soberano y siendo sus conocimientos tan vastos y su virtud tan acrisolada, no es de creer se hubiera prostituido haciéndose del partido de los facciosos y abandonando la obediencia del rey [...] antes bien es de presumir que si prefirió alguna especie que parezca convenir a la revolución, más fue sacada por la fuerza e hija del alucinamiento con que aquel desastroso gobierno intentaba seducir, esparciendo noticias falsas, que expresión de los sentimientos propios de un corazón virtuoso...

Por todos estos motivos, el claustro solicitó al rey de España e Indias la restitución de los bienes a su familia y su pronto regreso a la capital de Venezuela, porque «con sus luces y concepto trabajaría sin cesar en afianzar y extender el espíritu público del gobierno legítimo, y con su caudal contribuiría al fomento de la educación».

El informe no tuvo el efecto esperado: poco tiempo después de ser remitido a España con el fin de incidir en el desenlace de la causa contra el catedrático en cuestión, el doctor Lindo murió en prisión el 15 de marzo de 1817.

El impacto de la guerra sobre la Universidad se expresó también y de manera dramática en la vida financiera de la institución: el enfrentamiento dispersó a los estudiantes y, si en tiempos de paz la casa de estudios recaudaba anualmente unos 1200 pesos por derechos que el alumnado pagaba por recibir los grados académicos, durante la guerra estos ingresos mermaron considerablemente. A esto debe añadirse que los capitales universitarios que estaban impuestos a censo sobre numerosas haciendas no pudieron cobrarse, ya que la Junta de Secuestros confiscó muchas de estas propiedades argumentando que sus dueños habían colaborado con la revolución.

Lo fundamental en estos años no era mejorar los débiles salarios del personal docente: lo esencial era salvar la Universidad, que se hallaba sumida en una completa bancarrota financiera, haciendo necesaria su reestructuración económica. Como ya se mencionó, el 29 de julio de 1815 se nombró una comisión integrada por el Dr. José Joaquín Hernández y el maestro Francisco López, a fin de estudiar el régimen económico de la Universidad y proponer cuantas reformas estimaran convenientes.

Desde el 30 de julio hasta el 16 de septiembre, esta comisión trabajó en el archivo universitario, cuyos papeles se hallaban desorganizados y perdidos. De la inspección realizada se concluyó que las rentas fijas de la Universidad de Caracas alcanzaban 1863 pesos y tres reales, procedentes de un capital de 37 267 pesos y 5 reales impuesto a censo sobre numerosas haciendas que le pertenecían; pero los gastos para pagar el personal docente y administrativo sumaban 2727 pesos y 6 reales. De aquí que los gastos excedían a los ingresos en una cantidad aproximada a los 864 pesos, y 3 reales y medio.

La solución a los problemas financieros y muchos otros que fueron evaluados por la comisión integrada por el Dr. José Manuel de Oropeza y Torre, teniente gobernador y asesor general como lo exigía la Real Cédula del 4 de mayo de 1815, fue presentada al rey de España e Indias a mediados de 1817. La comisión le presentó una serie de modificaciones de los Estatutos de la Universidad de Caracas, pero sugirieron al rey que

> sin embargo de ser más útiles sólo servirían de paliar el mal mientras no se formase un plan de estudios que al mismo tiempo que facilitase los progresos de las ciencias cerradas todos los pasos peligroso que conducían a la insubordinación y anarquía... y al mismo tiempo se diese al rectorado una importancia, una renta o unos emolumentos cuantiosos que separándole de toda otra ocupación pudiera dedicarse exclusivamente a dirigir la enseñanza...[108].

Para superar esta crisis económica la comisión esperaba que los catedráticos renunciaran a sus aspiraciones de pedir aumento de sueldo mientras se superaba la escasez y que cedieran, a favor de la Universidad, los beneficios que percibían por concepto de exámenes y bonos por los grados académicos. Además de esto, proponía que la Corona decretara que de los cabildos de las ciudades, así como de las capellanías eclesiásticas y terceras partes de las rentas del Obispado, se estableciera una contribución en beneficio de la Universidad. Igualmente, se suplicaba al monarca que aplicara a la Universidad parte de las rentas de las vacantes mayores y menores, y de los fondos del Real Consulado. El claustro acordó apoyar este plan de contribuciones, pero no se logró ningún resultado positivo mientras la situación política de sus territorios de ultramar fuese tan comprometida. Sin embargo, otros puntos menos importantes sí fueron modificados en los Estatutos de la Universidad de Caracas, por Real Orden del 17 de diciembre de 1817.

---

108 Aprobación de las adiciones hechas a los Estatutos de la Real Universidad de Caracas, con las prevenciones y modificaciones que se expresan, 17 de diciembre de 1817. AGI, Audiencia de Caracas, legajo 446, *Cedulario de la Universidad de Caracas (1721-1827)*, pp. 370-407.

Fracasadas estas gestiones, los catedráticos se vieron privados de cobrar sus salarios. En 1819 se les adeudaba la suma de 3000 pesos. Temerosa la Universidad de que abandonaran sus empleos y se paralizaran nuevamente las actividades, comisionó al rector Dr. José Manuel Oropeza y al cancelario Dr. Nicolás Antonio Osío para que abriesen una suscripción, a fin de que todos los padres y particulares contribuyeran con algún donativo y así saldar la anterior deuda. A tal efecto, el 18 de febrero de 1819, los mencionados funcionarios hicieron público el siguiente escrito:

> siendo tan importante a la Religión y el Estado la buena educación de la juventud en los principios de la fe católica […] y dependiendo ésta de los buenos maestros que velando atenta y solicitamos sobre las acciones e inclinaciones de los niños, no sólo han de preservarlos de las máximas irreligiosas, antipolíticos e inmorales y de los perniciosos libros, partos legítimos del abismo que a las sombra del desorden general se han introducido en estos países, sino también gravar en sus tiernos años las impresiones que duran por lo regular toda la vida e inspirarles principios rectos para que sean después modelos de buenos y virtuosos ciudadanos…

Le expresan al público en general la situación de emergencia de los profesores universitarios considerando que sus rentas «son escasas y mezquinas y aun éstas no se les pagan». La Universidad, a pesar de haber tomado durante los últimos años las medidas necesarias para solventar la situación, todavía le adeudaba a los docentes más de 3000 pesos. Por esta razón solicitaron, como último recurso:

> abrir una suscripción general de todos los padres de familia y los sujetos amantes al bien público y sana ilustración de la juventud y rogarles se dignen contribuir por una vez con la cuota que sea de su agrado a fin de extinguir este débito y atender a la futura subsistencia de los catedráticos ínterin mejora el aspecto de estos países.

Aunque muchos hacendados y comerciantes se excusaron manifestando que sus propiedades estaban arruinadas a causa de la guerra, pudo recogerse la cantidad de 678 pesos, suma que se repartió entre los bedeles, el secretario y los catedráticos. Los individuos que colaboraron con más dinero fueron: Francisco González y Pablo Echezuría, con 100 pesos cada uno; Francisco Azpúrua y Juan José Machado, con 50 pesos; y Rafael Herrera, con 40 pesos. La familia Mijares donó en total 64 pesos, de los cuales el marqués de Mijares –quien fuera uno de los hombres más ricos de la provincia antes de los acontecimientos de 1810– fue el que menos aportó de toda la lista de donaciones, con apenas 4 pesos.

A pesar de la terrible situación política, económica y militar que vivía la provincia de Venezuela, la máxima casa de estudios trató de mantener la cotidianidad y normalidad de sus actividades, procurando funcionar al margen de los enfrentamientos y conflictos. El 22 de enero de 1817 se realizó en la Universidad de Caracas la elección del nuevo rector que sustituiría al doctor don Juan de Rojas. Salió electo con 31 votos el doctor don Pablo Antonio Romero.

Al finalizar el mes de febrero de 1818, el Ayuntamiento de Caracas le solicitó a la Universidad que presentara un informe sobre la pretensión de la ciudad de Valencia de convertirse en la capital de Venezuela. El 4 de marzo, el rector y el claustro en pleno se reunieron a discutir la solicitud de las autoridades municipales y cuestionaron la propuesta: «parece, pues, que Valencia no ha tomado la pluma con otro fin que el de sindicar la conducta y fidelidad de la inocente y leal Caracas».

La Universidad, como máxima institución del conocimiento, «no puede menos que rebatir los calumniantes sofismas de la ciudad de Valencia, formando en la materia para mejor inteligencia un plan analizado de las cuatro razones o columnas, en que aquel lo fundan y apoyan su aventurera representación». Fue contundente en su largo informe sobre las desventajas de trasladar la capital. Los argumentos presentados por las autoridades de Valencia se fundamentaban en la destrucción de Caracas por el terremoto de 1812; las ventajas del Puerto Cabello sobre La Guaira; las ventajas de Valencia al ser punto céntrico de todas las provincias de Venezuela; y la supuesta fidelidad de los habitantes de Valencia y la infidelidad de los de Caracas. El claustro unánimemente refutó los argumentos «que los representantes de Valencia quieren inconsideradamente una formalidad en la traslación de Capital a su árido y tostado suelo».

Durante los meses siguientes la Universidad trató de recuperar progresivamente su normalidad. Se eligió a un nuevo bedel luego de la renuncia de don Gabriel Porras. Se le entregó el título de maestro en Filosofía al padre Fr. Lorenzo Rivero el 21 de noviembre de 1817, el grado de doctor en Sagrados Cánones al Dr. Tomás Hernández Sanabria el 28 de enero de 1818 y el grado de doctor en Teología a José Luis Montesinos el 31 de julio de 1818.

Ese mismo año de 1818, Pablo Morillo tuvo algunos reveses militares significativos. Fue derrotado en Calabozo el 12 de febrero de ese año. Después, el 16 de marzo, derrotó a Simón Bolívar en la batalla de Semén, pero recibió una grave herida. En reconocimiento por esta victoria le fue concedido el título de marqués de La Puerta.

La Universidad de Caracas, el 15 de diciembre de ese año, «acordó felicitar al Excelentísimo señor don Pablo Morillo, por los nuevos ascensos, y confianza que Su Majestad ha depositado en su persona».

Para principios del año siguiente se realizó la elección del nuevo rector, obteniendo la mayoría de los votos el Dr. don José Manuel Oropeza, con 34 votos contra los 11 que obtuvo el Dr. don Felipe Fermín Paúl.

En un memorial dirigido por el rector don José Manuel Oropeza al capitán general don Ramón Correa, fechado el 11 de octubre de 1819, se presentan diferentes datos sobre el funcionamiento de la Universidad de Caracas, pero lo más significativo de ese informe es el número de estudiantes que estaban cursando en sus aulas. La institución en 1810 contaba en sus diferentes cátedras con 505 estudiantes. En 1813 la universidad solo tenía 120 alumnos. El año siguiente la matricula se redujo a 105 y descendió a 98 en 1815. Entre esta fecha y 1819 se incrementó su número a 234, gracias a la paulatina normalidad de la institución y las diferentes reformas realizadas por las autoridades[109].

En junio de 1820, por órdenes recibidas de España, Pablo Morillo hizo jurar en el territorio dominado por los realistas la Constitución de Cádiz. La Universidad de Caracas participó activamente en la organización de la jura en la capital. Al poco tiempo, Morillo, por orden de las Cortes españolas, inició las negociaciones con las autoridades de la República. Estas tuvieron éxito y, el 25 de noviembre de 1820, suscribió con Bolívar un tratado de suspensión de hostilidades por seis meses y el 26 otro que se llamó de Regularización de la Guerra. Después de entrevistarse con Bolívar en el pueblo de Santa Ana, Morillo regresó en diciembre a España. Allí prestó servicios durante el resto del trienio liberal como capitán general de Castilla la Nueva. Quedó a cargo del ejército realista en Venezuela el mariscal de campo Miguel de la Torre.

Al poco tiempo se desconoció el armisticio y comenzaron nuevamente los enfrentamientos. Bolívar organizó la campaña final en Venezuela, concentró sus fuerzas en San Carlos y el 24 de junio de 1821 obtuvo, en la sabana de Carabobo, la rápida y definitiva victoria que selló la Independencia de Venezuela. Los territorios liberados de Venezuela y Nueva Granada constituyeron la República de Colombia.

---

109 Archivo General de Simancas, legajo 8266 de Estado. Citado por María Luis Plaza, «La Universidad de Caracas en los últimos tiempos de la época colonial», en *Boletín de la Academia Nacional de la Historia*, Caracas, N° 132, 1950, pp. 441-444.

La universidad republicana

Establecida la República, la Universidad de Caracas continuó exigiendo la certificación de limpieza de sangre hasta 1822, cuando se estableció la reforma de la ley para eliminar este impedimento. A partir de entonces, el aspirante a un título universitario solo tenía que demostrar que era hijo legítimo y católico.

A pesar de haberse eliminado el sistema de estratificación social basado en el origen del individuo, en la Universidad de Caracas prosiguió cierto rechazo hacia los sectores sociales que tuvieran ascendencia negra, como los pardos. En 1826, el estudiante José Álvarez abandonó la institución «por las molestias y vejaciones que sufría así de parte de los demás jóvenes sus condiscípulos como de los padres de éstos por ser pardo». Frente a esta conducta del estudiantado, el secretario de Estado del Departamento de Interior, Manuel Landa, pidió al rector que prestara atención a esta situación a fin de que los alumnos comprendieran que todos «los ciudadanos eran capaces de desempeñar los destinos públicos y practicar las virtudes sociales».

El triunfo de la Independencia y el establecimiento del orden republicano tuvieron un impacto decisivo en la Real y Pontificia Universidad de Caracas. A partir de 1826 adoptó el nombre de Universidad Central de Venezuela. El 10 de enero de 1827 arribó Simón Bolívar a Caracas y la Universidad designó a los doctores Domingo Quintana y Valentín Osío para entregar a su excelencia los cordiales saludos de bienvenida. Se incorporaron a la comisión dos alumnos y dos seminaristas de la institución. A principios de ese año fue designado por Simón Bolívar como rector de la Universidad el Dr. José María Vargas.

Las constituciones reales sancionadas por el rey Felipe v en 1727, que rigieron la Universidad de Caracas desde su fundación, fueron sustituidas por los Estatutos Republicanos promulgados por Simón Bolívar el 24 de junio de 1828, luego del trabajo elaborado por las comisiones del claustro universitario encargado de hacer los estudios correspondientes. El Libertador también había consultado sobre la materia a los doctores Carlos Arvelo, Cristóbal Mendoza, José Cecilio Ávila y José María Vargas.

Ellos introdujeron una serie de cambios en la Universidad: la institución se abrió a todos los grupos sociales, se redujeron los aranceles de grado, se eliminaron las propinas obligatorias, se reglamentaron las oposiciones a cátedras; se abrieron sus aulas a todas las ciencias e idiomas, se crearon las cátedras de Anatomía y Cirugía; Derecho Práctico, Político, Ciencias Administrativas y Economía Política; se instalaron nuevos laboratorios; se suprimió el latín como lengua oficial de la enseñanza; se equiparon las aulas y laboratorios; se le aumentó el sueldo a los profesores y, por decisión de Bolívar, la Universidad fue dotada de un importante patrimonio capaz de generar una abundante renta, a fin de que se pudiesen acometer el conjunto de reformas.

Simón Bolívar le donó a la Universidad un millón de pesos que le había obsequiado el Congreso de Perú como muestra de agradecimiento. También concedió a la biblioteca las dos obras que le regaló el general Wilson y que pertenecieron a la biblioteca de Napoleón Bonaparte, *El contrato social* de Jean-Jacques Rousseau y el *Arte militar* de Raimondo Montecuccoli. La colección de libros clásicos de Francisco de Miranda, donados por este en su testamento «en señal de agradecimiento y respeto por los sabios principios de literatura y de moral cristiana con que alimentaron mi juventud», fueron entregados a la Universidad en 1828, procedentes de Londres: eran 142 volúmenes.

Antes de abandonar Venezuela, en julio de 1827, la Universidad le rindió una ceremonia de reconocimiento. En su discurso de orden, Tomás José Sanabria, hijo del Dr. Tomás Hernández Sanabria, reconoció la labor de Bolívar en los términos siguientes:

los elogios no son ni pueden ser una cosa indiferente, cuando son dirigidos a aquellas personas que justamente los merecen. No puede elevarse el corazón humano a más alto punto, que cuando guiado por recta razón, pronuncia el elogio de aquellos héroes benéficos a quienes la Providencia escoge para ostentar su poder y manifestar su gloria.

Sanabria terminó su discurso de reconocimiento al Libertador mostrando que el futuro de la nueva República estaba en la Universidad, «aquí está el futuro senado, los futuros ministros; en una palabra, la futura Venezuela…».

La nueva Universidad Central de Venezuela se encontraba para esta fecha en una difícil y cambiante situación, no solo por los problemas económicos que tenía que enfrentar, sino por el complejo escenario que enfrentaría en los nuevos tiempos republicanos, sobre todo a partir de la desintegración de Colombia y la formación de la República de Venezuela bajo el mando de José Antonio Páez, en 1830. Pero eso es otra historia.

Piedra sobre piedra

El rastro de la guerra

Se decía que un «movimiento eléctrico» de cuatro segundos de duración fue la causa del terremoto que «sacudió la tierra en todas direcciones», el 26 de marzo de 1812. La electricidad redujo las ciudades de San Felipe, Barquisimeto, Mérida, La Guaira y Caracas «a sus fundamentos». Caracas perdió las dos terceras partes de sus edificios, casi todas las iglesias parroquiales y las catedrales quedaron agrietadas y cuarteadas. En su libro *Recuerdos sobre la rebelión de Caracas,* José Domingo Díaz cuenta que eran las cuatro de la tarde; en Caracas se «sentía una calma inmensa que aumenta la fuerza de un calor insoportable»; el cielo estaba «extremadamente claro y brillante y caían algunas gotas de agua sin verse la menor nube que las arrojase»[110].

---

110 José Domingo Díaz, *Recuerdos sobre la rebelión de Caracas*, Caracas, Academia Nacional de la Historia, 1961. Este capítulo se realizó a partir de una revisión exhaustiva de oficios, documentos impresos y material epistolar de los años de la guerra, los cuales fueron seleccionados de la abundantísima información que se encuentra en las *Memorias de O'Leary* y en los *Documentos para la vida pública del Libertador*; igualmente, se revisaron numerosos testimonios coetáneos en los cuales sus autores dan cuenta de la destrucción y el caos ocasionados por la guerra. De la misma manera que se ha hecho en los demás capítulos, hemos evitado incorporar todas las notas y referencias que dan cuenta de cada uno de los documentos, cartas y oficios utilizados y nos hemos limitado a incorporar solo aquellas que consideramos indispensables para mayor claridad del lector. En la redacción fue especialmente orientador el trabajo de Pedro Cunill Grau, *Cambios en el paisaje geográfico venezolano en la época de la emancipación*, Santiago de Chile, Boletín de la Academia Chilena de la Historia, N° 86, 1972.

José Domingo caminaba de su casa hacia la Catedral cuando «comenzó la tierra a moverse con un ruido espantoso». Corrió hacia la plaza y vio como la Catedral se desmoronaba a sus pies, junto con «algunos balcones de la Casa de Correos». «Entre el polvo y la muerte» vivió la destrucción de Caracas, «una ciudad que era el encanto de los naturales y de los extranjeros».

Las calles se llenaron de escombros, los acueductos cedieron, las casas se resquebrajaron. En los días siguientes y durante mucho tiempo se afirmó que habían muerto más de 10 000 personas; incluso se llegó a decir que las víctimas llegaron al alarmante número de 30 000 personas. Estudios más recientes han llegado a la conclusión de que en Caracas la cifra de muertos pudo haber sido de 2 000 personas[111].

Los testimonios señalan que un año después del terremoto aún se recordaba a «los huérfanos llamando a sus padres, a las viudas llorando a sus esposos, a los ricos empobrecidos, a los pobres sin socorros»; en una palabra a la «miseria y consternación que se veía por todas partes». Las ciudades quedaron destruidas y por mucho tiempo las ruinas formaron parte del paisaje visto por propios y extraños.

Antes del terremoto y de la guerra las cosas eran distintas. Los valles de Aragua eran fértiles, verdes y productivos. El viajero inglés Robert Semple visitó Venezuela entre 1810 y 1811 y describió las poblaciones de Mariara, Agua Blanca, Cura, El Consejo, San Joaquín, Guacara, La Victoria y Valencia. Aseguró que el viaje era tan sorprendente que compensaba muchas de «las molestias que padece el viajero». Las iglesias eran blancas y por la limpieza de algunas casas se apreciaba el progreso general del lugar. Las aguas del río Tuy eran claras y se dividían «en varios brazos» que corrían entre los árboles hasta el valle, para luego regresar a «un solo caudal, claro y rápido». Los puentes estaban construidos con

---

111 Rogelio Altez, *El desastre de 1812 en Venezuela. Sismos, vulnerabilidades y una patria no tan boba*, Caracas, Universidad Católica Andrés Bello, Fundación Polar, 2006.

restos de troncos de los árboles que la corriente arrastraba. Llamaron su atención «unas protuberancias como emplastos de tierra formadas por cierta clase de hormigas», cuyo marco era una frondosa vegetación compuesta por plantas de caña brava que crecían «veinticinco a treinta pies y se mueven de un lado a otro al menor impulso de la brisa».

La laguna de Tacarigua, era un lugar «magníficamente pintoresco», sus aguas llegaban al pie de las colinas que conducían hacia la ciudad de La Victoria. El lago se extendía «más allá de Valencia, hasta donde la vista alcanza» y «se podían ver plantaciones florecientes y haciendas bien cultivadas», incluso algunas cosechaban trigo de buena calidad. El viajero vivió una escena fascinante, pues logró ver «el curioso espectáculo del trigo y la caña de azúcar creciendo juntos», sin ni siquiera estar «separado por un corto espacio del pequeño cañaveral dentro del cual se hallaban».

Diez años después el efecto destructor del terremoto y de la guerra dejaban al país en la completa ruina. Otro viajero inglés, William M. Duane, quien estuvo en Venezuela en 1822, exponía que en las ciudades «la tierra continuaba desmoronada formando montones sobre aquellos que esperaban encontrar su seguridad». Respecto a Caracas, le sorprendió la «ausencia de todo lo que signifique confort» y la dificultad de encontrar «buena compañía» en la ciudad. Caminó por las calles y las encontró «enteramente derruidas y enyerbadas», algunas casas no tenían techos y crecían en sus paredes árboles «a través de las desmoronadas ventanas». Le pareció que la ciudad protegía «los restos sepulcrales de familias enteras, cuyas paredes domésticas se tornaron en mausoleo»[112].

En este país empezó una guerra que duró ocho largos años, cuya devastación terminaría de reducir lo construido en polvo. La correspondencia y testimonios de la época reflejan muy claramente que el enfrentamiento se redujo a una guerra de exterminio,

---

112 William M. Duane, *Boletín de la Academia Nacional de la Historia*, Caracas, tomo XXII, enero-marzo, 1939.

donde la muerte y la venganza condujeron a la destrucción total y con ella apareció la extorsión, la inclemencia, el saqueo, el furor, el hambre, la enfermedad, el dolor, el horror. Un conflicto en el que se dejaron ver las consecuencias que produjo una guerra cuyo propósito fue eliminar al otro, sin que importara la ruina de todo.

En los caminos se veían cadáveres por todas partes y en las ciudades predominaba el olor que exhalaba «la corrupción de los insepultos». Así describió Simón Bolívar los horrores de la guerra que apenas iniciaban en 1814. Vio el dolor en los «ojos arrancados», en los «cuerpos lanceados» y en los miles de «inocentes que habían sido arrastrados por caballos desbocados».

Sobre la destrucción ocasionada por la guerra, ese mismo año de 1814, Antonio Muñoz Tébar aseguró que apenas había «una ciudad o pueblo que no haya experimentado la desolación». En estado de desgracia quedaron Mérida, Barinas, Caracas, Guanare, Bobare, Barquisimeto, Cojedes, Tinaquillo, Nirgua, Guayos, San Joaquín, Villa de Cura, valles de Barlovento. Algunas de estas ciudades habían sido consumidas por las llamas y lo único que podía distinguirse eran cenizas, fragmentos y cadáveres. En los valles de Aragua y del Tuy, «donde se formaban las delicias de Venezuela», el «espectáculo de sangre, de miseria, y el vestigio del crimen se hallaba por todas partes».

El pueblo de Ocumare quedó prácticamente aniquilado y sus pobladores fueron mutilados sin que importara el sexo ni la edad. El horror fue tan despiadado que a tres personas las asesinaron en el «templo, sobre los altares». En las cercanías y en las calles del pueblo se veían más de 300 troncos humanos esparcidos y «en las ventanas y en las puertas se elevan aquellas partes de sus cuerpos que el pudor prohíbe nombrar». Los sobrevivientes «fueron marcados en el rostro con una P, para su perpetua afrenta». En Aragua de Barcelona también se ejecutó una carnicería espantosa, «los niños perecieron sobre el seno de las madres y un mismo puñal dividía sus cuellos», a una mujer preñada le arrancaron el feto del vientre y «le destrozaban con más impaciencia que el tigre devora su presa». Algunos fueron desollados y luego arrojados «a lagos venenosos o infectos». Se aplicaron terribles castigos como arrancar la palma de los pies y forzar «a correr sobre un suelo pedregoso»; otro consistió en sacar «íntegras con el cutis las patillas de la barba»; y «a todos antes o después de muertos, cortaban las orejas». Se dice que algunos compraban las partes arrancadas para adornar sus casas y así «regalarse con su vista»[113].

José Félix Blanco, sacerdote, capellán y combatiente en las filas patriotas en su *Bosquejo histórico de la revolución en Venezuela,* comparó la devastación que la guerra causaba con el efecto producido por una «plaga de langosta» que dejaba a su paso una estela de miseria:

> Campos y poblados arden por todas partes bajo el furor del incendio de sus hachas. Las ciudades se convierten en sepulcros y por largo tiempo una atmósfera pestilente anuncia en ellas una población de muertos[114].

En 1818 John Robertson, cirujano del ejército de Bolívar, estuvo en Guayana y tuvo la oportunidad de visitar las poblaciones de Las Piedras y Caicara: ambas presentaban un espectáculo aterrador. Cuenta que al bajar a la orilla del río llegó al sitio donde estuvo el pueblo de Las Piedras y lo único que encontró fue un «revoltijo de desechos y desolación». Las casas no pasaban de la docena, eran de barro y parecían chozas, las calles estaban cubiertas de maleza, «arbustos y masas de enredaderas trepadoras» y «apenas existe un sendero en calles que tuvieron 50 pies de anchura». En la parte alta del pueblo se encontraba «lo que anteriormente fue

---

113 Antonio Muñoz Tébar, «Manifiesto que hizo al mundo el secretario de estado del gobierno republicano por orden del Libertador, 24 de febrero de 1814», *Memorias del General O'Leary*, tomo 13, pp. 444-453.
114 José Félix Blanco, *Bosquejo histórico de la revolución de Venezuela*, Biblioteca de la Academia Nacional de la Historia, 1960, p. 178.

una hermosa Plaza», ahora «completamente llena de malezas», y la recién levantada capilla estaba «derrumbada hasta sus cimientos»[115].

También el pueblo de Caicara se encontraba destruido. En 1818 Caicara solo tenía «cuatro o cinco casas que más parecen chozas, y dos de ellas están hechas de cueros secos de res». El pueblo quedó destrozado tras un enfrentamiento entre patriotas y realistas.

En general, la agricultura, la industria, las pocas máquinas, los almacenes y el movimiento del comercio estaban estancados, y tan solo quedaban «vestigios de la antigua grandeza». En las ciudades, casi desiertas, no se veían más que algunos burros pastando y «no se oía sino el llanto de las esposas, los insultos brutales del soldado, los lamentos desmayados de la mujer, del niño, del anciano, que espiran de hambre». La guerra no dejó nada en pie y todas las virtudes, los talentos y la riqueza de la población fueron condenadas. Fue tanta la destrucción que la belleza de las mujeres se vio afectada por la delación, el asesinato, la brutal venganza y la violación.

Antes de la guerra, hacia 1810-1811, Robert Semple quedó impactado con la belleza de las mujeres caraqueñas, que se «vestían y se comportaban» de la misma manera «que las mujeres españolas». Decía el viajero que tanto «aquí como allá la principal ocupación matinal de las mujeres es su asistencia a misa, ataviadas de negro y tocadas con mantilla, luciendo medias de seda y coqueteando con el abanico que siempre llevan en constante movimiento». Las mujeres eran «graciosas, espirituales y simpáticas», y a estos «encantos naturales saben unir el atractivo de sus vestidos y de su andar donoso. Son generalmente bondadosas y afables en sus maneras»[116].

En una correspondencia del general Morillo, interceptada en 1819, se describe la ruina de las poblaciones y el doloroso

---

115 José Rafael Fortique, *John Robertson, cirujano del Ejército Libertador*, Editorial Puentes, Maracaibo, 1972.
116 Robert Semple, *Bosquejo de Caracas, 1810-1811*, Caracas, Grupo Montana, 1964.

estado en que se presentaban las descarnadas mujeres de Guayana. Decía Morillo que «entre más de 200 mujeres que hasta la fecha tenemos a la vista, no hay ni una sola jojotilla de pecho parado que haya podido animar al señor mayor de 25 años. Todas están pandas, lazarinas, bubosas, puercas, feas y miserables, en términos de espantar hasta la lujuria de tres meses que nos acompaña»[117].

Ciudades y poblados enteros huían al saber de la cercanía de las tropas, independientemente del bando que representaban. Los movía el terror de perder la vida, pues sus bienes nada valían. En estas movilizaciones reinó el desorden y la desesperación conducidos por el miedo y el terror. Un ejemplo lo encontramos en la emigración que realizó la población de Caracas en 1813. Pedro Urquinaona relata este suceso y dice:

Imposible es, señor, trazar el cuadro de las escenas calamitosas que experimentó Caracas en aquel día de consternación, centenares de europeos y naturales del país debían emigrar en pocas horas, abandonando sus bienes y su familias a las precisas convulsiones y a la relajación de los malvados; y no era posible trasladarse de un modo regular y seguro al puerto de La Guaira para ejecutarlo. En la celeridad creían cifrada su salvación y en tales apuros todo era desorden, angustia y terror. Así sucedió: eran las diez u once de la mañana cuando llegó la noticia; y dos horas después el camino de La Guaira estaba cubierto de mujeres, niños y ancianos de todas clases, que en sus rostros fatigados presentaban la imagen del pavor. Esa noche se embarcó la mayor parte en diez o doce buques del comercio que sin provisiones dieron la vela cargados de infelices[118].

Igual de dramática fue la emigración de caraqueños patriotas al Oriente venezolano en julio de 1814. Se calcula que salieron alrededor de 20 000 personas de la ciudad en un éxodo que conducía

117 José Félix Blanco y Ramón Azpúrua, *Documentos para la vida pública del Libertador*, tomo 6, p. 616 y José Rafael Fortique, *John Robertson, cirujano del ejército Libertador*, p. 161.
118 Pedro Urquinaona y Pardo, *Memorias de Urquinaona*, Madrid, Editorial América, s/f, pp. 89-90.

a la muerte, tal como lo describe Francisco Javier Yanes en su *Relación documentada de los principales sucesos ocurridos en Venezuela desde que se declaró estado independiente hasta el año de 1821*:

> el 7 de julio de 1814 se emprendió una emigración general en Caracas a virtud de una orden del general Bolívar expedida en el momento en que todos estaban desprevenidos para semejante empresa, y así es que poniéndose en camino de esta ciudad y La Guaira sobre veinte mil almas sin haber tomado las providencias que hubieran hecho soportable el camino, resultó al fin que perecieron las tres cuartas partes a impulso del hambre, de la sed, del cansancio y de la fiebre intermitente, pues en las barriadas de la montaña de Capaya, en los ardientes arenales de Unare y Tacarigua, y en los climas mal sanos de Barcelona tuvieron sepultura tanto el hombre más robusto como la persona más delicada del bello sexo.

En estas huidas, donde «la gente corría cada cual por sí», sin planificación ni control, las ciudades quedaban desiertas, lo que hacía fácil el saqueo de almacenes, bodegas, casas, comercios, iglesias, etc. Como ya hemos dicho, estos movimientos masivos se originaban en los días en que las tropas de uno u otro bando avanzaban, lo que comprometía a amplios sectores de la población. Un buen ejemplo de estas movilizaciones –que más parecen estampidas– lo encontramos en un documento que varias personas notables de Caracas dirigieron al Libertador el 16 de junio de 1819.

> A la ocupación de Caracas, por el General Bermúdez, el 14 de mayo emigraron los unos; a los 13 días tuvo que retirarse el general Bermúdez y ocupó la capital el general Morales y emigraron los otros; de manera que a la entrada del Presidente encontró la ciudad casi desierta, porque habían tenido que emigrar, los unos por desafectos al sistema, los otros por adictos a él: los unos por europeos, los otros por el temor de perecer en la borrasca, como ha sucedido muchas veces que han sacrificado los mismos adictos a un sistema por sus mismos compañeros por una

equivocación; y otros en fin han emigrado maquinalmente, y llevados del torrente general sin que se hayan distinguido ni por su patriotismo ni por su godismo.

Fueron muchas las migraciones forzadas ocurridas durante la guerra. Entre las más dramáticas se encuentran la de Barquisimeto hacia San Carlos, en 1812 y 1814; la de Barinas y la que siguió al Libertador en su retirada del centro, en 1818. Por otro lado, acompañaba al ejército, como peregrinos en busca de salvación, multitud de personas que lo habían perdido todo. Una larga fila de miserables seguía las huellas de la tropa, alimentándose de sus migajas y de algo de protección. Cuenta Robertson este horrible espectáculo, en el que la gente huía con el ejército formando un cuadro de espanto:

Ahora se presentaban a nuestra vista las personas que huían con el ejército, formando un espectáculo horrible. Mujeres y hombres ancianos, encorvados por los años, por el hambre y los pasados tiempos de irritante opresión; mujeres con uno o dos niños en sus brazos; y niños de dos, cuatro o cinco años, llorando al seguir a sus infelices padres, se veían hacia donde uno dirigiera la mirada. Muchas de estas miserables criaturas, estoy seguro, no podrían continuar ni aun por pocas horas esta fatigosa marcha en tal región, expuestos a las privaciones y a penalidades de toda clase. Aquellos que no pudieran seguir serían hechos prisioneros y probablemente ejecutados por los españoles; y de los que proseguían, con seguridad la noche encontraría a muchos de ellos muertos entre la hierba.

Estas marchas forzadas estampadas por la cruel resignación, eran la consecuencia de la guerra de exterminio cuyo resultado inexorable era la devastación. Las medidas tomadas por ambos bandos estaban orientadas a la destrucción de todo, tal como lo indica la instrucción que ordenó Páez de no dejar sobre pueblos y ciudades «piedra sobre piedra».

El teniente coronel don Francisco Jiménez, comandante del batallón de Clarines, en 1817 recibió la siguiente instrucción de parte de su superior, el jefe español Pablo Morillo: «si se hallase en el caso de abandonar el país, destruirá los cafetales, cacaguales, haciendas y todo cuanto pueda ser útil a los enemigos». Otras instrucciones especificaban talar los bosques, destruir las «labores de los campos» y quemar la población. Nada frenó la vorágine de este espectáculo de sangre, ni siquiera el tratado de regularización de la guerra, firmado en Trujillo, el 26 de noviembre de 1820, por los comisionados del Libertador y el general Morillo, donde se fijaron normas para el trato a los prisioneros y militares heridos, a los espías, a la población civil y a «los honores que por cada bando debían rendirse a los miembros del ejército contrario caídos en el campo de batalla». Es paradójico leer en este acuerdo que la guerra entre «España y Colombia» debía realizarse como la hacen los «pueblos civilizados». Formalmente terminaba el régimen de la guerra a muerte y de exterminio, sin embargo, el furor continuó alimentando la turbulencia de destrucción de grupos que se odiaban a muerte, y que a través del tratado encontraron la fórmula de negociar sus cadáveres.

Los acuerdos de armisticio evidencian el valor que tenía la persona para los mandos militares. Incluso antes de firmarse los acuerdos, al finalizar la batalla de Boyacá, el Libertador envió una nota, fechada el 9 de septiembre de 1819, al jefe realista Juan Sámano, en donde señala algunas condiciones para aceptar un intercambio de prisioneros. Acordó Bolívar que el canje se haría «conforme a las reglas de la guerra entre las naciones civilizadas, individuo por individuo, grado por grado, empleo por empleo». Tenían prioridad «la oficialidad y tropa inglesa», no obstante, «no habiendo, como no hay, suficiente número de militares prisioneros para canjear los que están en mi poder, admito dos paisanos por un soldado; tres por un sargento; cuatro por un subteniente; cinco por un teniente; seis por un capitán; siete por un mayor; ocho por un teniente coronel; nueve por un coronel y por el general Barreiro, exijo doce por lo menos»[119].

Este sistema de destrucción necesitaba dinero, mucho dinero. La guerra es una consumidora insaciable parecida a una serpiente que asfixia y engulle a su presa. En la búsqueda de dinero se utilizaron todas las fórmulas imaginables en las que prevaleció el engaño, el insulto, la extorsión, la violencia y la amenaza, que siempre precedió al desastre para poder calmar el hambre de gloria y de pan.

Hambre de gloria y de pan

El 23 de enero de 1817 Simón Bolívar se encontraba en Barcelona sin poder movilizar sus tropas. Estaba sin alimento y a punto de ser atacado por el ejército enemigo que en tan solo cuatro días asaltaría su cuartel general. Ante esta amenaza envió cartas a los generales Pedro Zaraza, José Tadeo Monagas; al general Infante, a Manuel Piar, al general Santiago Mariño, al general Juan Bautista Arismendi y al comandante del Chaparro.

No tenía comida ni medios de transporte, solo armas y municiones que podían ser empleadas en la defensa de la ciudad. Toda su artillería estaba ahí: tenía hachas, fusiles, espadas, pólvora, lanzas, cachiporras, balas, machetes, azadas, zapapicos, palas, entre otras cosas. No podía abandonar su arsenal, pues de hacerlo «quedaría condenado a vagar por los llanos desarmado y hambriento». Las armas no podían caer en manos del enemigo porque perderlas era «perder la República», por eso tenía que defender la ciudad sin que importaran los costos.

Ordenó a sus generales atacar al ejército realista mientras se defendía en Barcelona convertida en su fortaleza. Había fortificado el hospicio y estaba dispuesto a morir antes que perder la plaza

---

119 *Memorias del general O'Leary*, tomo 16, p. 176.

considerada estratégica, pues desde allí podía recibir la comida que ansiosamente esperaba del exterior. Estaba resuelto a «sepultarse en aquella plaza» antes que abandonarla, y a falta de alimento amenazó con comerse a las «mujeres y a los niños» en espera de la llegada de los auxilios demandados. Entre las órdenes que giró exigió el envío de «todo el ganado posible y todos los caballos y mulas que pueda [...] pues sin él no puedo alimentar mi ejército que carece absolutamente de víveres»[120].

La alimentación del soldado fundamentalmente estaba basada en plátanos y carne, sin embargo, en ocasiones comían arroz, maíz, frijoles; pan, galletas, casabe, cebada y sal. La falta de alimento fue constante y en muchas ocasiones los generales se quejaban de la escasez de víveres y de las dificultades de adquirir los alimentos para la subsistencia de la tropa. Por ejemplo, el 23 de abril de 1813, el mayor Santander acusaba la falta de arroz, dinero y principalmente sal, y estaba dispuesto a «cortar los platanales de la costa» para alimentar sus tropas. En 1819, Carlos Soublette decía que no le encontraba «remedio a la falta de subsistencias». Estaba desesperado, pues contaba con 54 reses y su ejército se comía 16 al día, es decir, que tenía comida para tres días. Se encontraba en un punto crítico donde la «cruel necesidad» lo obligaba a «huir» de hambre por la falta de víveres. Para poder subsistir, Soublette tuvo que vender sus propios muebles «para comer mal en estos últimos días»[121].

La falta de alimentos la podemos constatar en el diario que llevaba el oficial inglés Georges Woodberry. A finales de 1820, en el preámbulo de la batalla de Carabobo, las cuentas de su batallón eran las siguientes: martes 28 de noviembre pan, carne, sal y leña; 8 de diciembre una libra de carne, una de pan, sal y menestra; 14 de diciembre, pan, carne, sal y plátanos; el 23 de diciembre el

120 José Félix Blanco y Ramón Azpúrua, *Documentos para la vida pública del Libertador*, tomo 5, p. 587-588.
121 *Memorias del general O'Leary*, tomo 8, p. 109.

batallón se encontraba sin alimentos de ningún tipo; para el 6 de febrero se acordó un racionamiento para la tropa que consistía en una libra de pan, otra de carne y cuatro onzas de menestra o, a falta de pan, plátanos, y «que cuando las circunstancias sean tales que se haga imposible dar la libra de pan, se dará sólo media»; para el 15 de abril se contaba con «carne del norte», es decir, la importada y galletas; para el 2 de mayo tan solo pan con unas pocas cabras[122].

Según testimonios de la época, la carne de res era el principal y a veces único alimento. Se comía carne de res «a toda hora», en «el desayuno, en el almuerzo y en la cena». Se conocía como «tasajo» a la carne seca o carne conservada, cuya preparación consistía en separar en forma tosca la carne, en grandes trozos, del hueso, luego se bañaba con sal para, finalmente, colgarla sobre estacas al aire libre para que el sol se encargara de secarla. Debido al apuro y, sobre todo, a la falta de condiciones e infraestructura para realizar este procedimiento, muchas reses se desperdiciaban. Como ejemplo presentamos un testimonio recogido por Juan Manuel Cajigal de lo ocurrido con la salazón de carne para el abastecimiento de las tropas realistas en su camino hacia Santafé:

> llegaron en efecto los ganados pero como el hacer tasajo necesita tiempo y gentes que están acostumbradas a este manejo, se empezó a experimentar la pérdida de las carnes, además del gran número de ganado que moría en las sabanas de Valencia, [...] a esto se añade que infinidad de mujeres que se pidieron a los pueblos inmediatos, para moler la sal, la mayor parte enfermaron y más de la mitad murieron sin el menor auxilio de hospitales... Hablo como testigo ocular de este suceso espantoso, que hacía huir mi vista de los parajes en que existían en grupos de cuatro a seis embargados sus sentidos de la fiebre de la que expiraban sin auxilio humano ni divino; en fin, sobre este ramo de provisiones, no creo equivocarme, si digo que para sacar dos mil quinientos quintales de tasajo, que creo fue

---

122 Arturo Santana, *La Campaña de Carabobo 1821. Relación histórica militar*, Caracas, Litografía del Comercio, 1921, p. 392.

lo que se llevó el convoy y ejército, se consumieron más de ocho mil reses vacunas, daño que a la larga han experimentado los habitantes y ejércitos de Venezuela...[123]

Como puede imaginarse, además del fuerte olor a carne descompuesta, bandadas de samuros «de apariencia desagradable» se presentaban por miles en estos lugares.

A ellos les toca la tarea de picotear los huesos y remover los desperdicios, que de otra manera, con la indolencia de los habitantes, podrían en este clima hacerse pronto intolerables.

Según el británico Richard L. Vowell, una de las comidas favoritas del soldado era la «carne al cuero». Para preparar este plato comenzaban «por abrir la res en dos o en cuatro partes, sin quitarle la piel». Luego se quemaban los pelos del animal, lo que «hace que el cuero se torne duro e impermeable». La carne era introducida en un hoyo cavado en la tierra del tamaño de la pieza que se iba a cocinar y luego se cubría con piedras lisas. Sobre este improvisado horno «se quema una cantidad suficiente de leña para calentarlo bien, después de lo cual se limpia y, atravesada en palos, con el cuerpo para abajo, se coloca la carne, tapándose la boca del pozo con una piedra grande». El dato culinario es que «el cuero forma una especie de gran recipiente donde se conservan muy bien el jugo que la carne va largando». Pero esta exquisitez no era frecuente y en algunas ocasiones solo se contaba con unos pedazos de carne de «burro salado». Comer pan, legumbres, maíz era inusual, «en tanto el agua era apenas espesa y de sabor espantoso».

La ingesta exclusiva de carne, la mayoría de las veces sin sal, enfermaba a la tropa. Asi lo hizo ver Morillo cuando en 1819 reclamaba «arroz y aguardiente», ya que «con la carnita sola y

---

123 Juan Manuel Cajigal, *Memorias del mariscal de campo don Juan Manuel de Cajigal sobre la Revolución de Venezuela*, Caracas, Ministerio de Justicia, 1960, pp. 164-165.

muchas veces sin sal, caen muchos soldados enfermos». Simón Bolívar también denunciaba los estragos que producía este menú fijo en los soldados. En oficio presentado el 28 de marzo de 1819, manifestaba que:

> La calidad de los alimentos que se han suministrado a las tropas en toda esta campaña, reducidos a carne sola, ha producido algunas enfermedades, especialmente en el batallón inglés, que temo se destruya si continúa la campaña sin variar de alimento.

En esta ocasión, el Libertador exigía que le enviaran «volando, volando» harina, ron y galletas, también le apremiaban «algunos efectos de la botica» y vestuarios. «Si no hubiere vestuarios», le decía al vicepresidente Francisco Antonio Zea, enviará «siquiera algunos géneros para hacer guayucos a los soldados que están desnudos del todo».

La escasez y la demanda de alimentos generó un muy visible comercio paralelo dominado por militares de alto rango. Eran verdaderas mafias que manejaban los hilos de una economía falsa. Se denunció la costumbre que tenían algunos oficiales criollos de vender a sus «soldados ron, queso, etc.» En ocasiones, los generales mandaban acuñar monedas para poder cancelar las deudas de la tropa y las de los habitantes de las zonas ocupadas. Cuenta Richard L. Vowell que, en 1818, el general José Antonio Páez mandó a fabricar monedas, «prometiendo a los particulares que les serían canjeadas cuando estuviesen en estado más próspero los asuntos de la república». Había reunido una considerable cantidad de plata vieja suministrada por estribos, vainas de sables y otros artículos del equipo militar tomado por sus tropas al enemigo, a particulares y, sobre todo, a las iglesias. En el proceso de fundición añadía una cuarta parte de cobre para rendir la heterogénea mezcla, cuyo resultado era una aleación opaca pero con valor, pues «tenía curso en toda la extensión de los llanos de Barinas, por la mucha confianza de los habitantes de estas comarcas en la palabra de Páez».

En 1819 el general Santander hizo lo mismo. En carta enviada a Bolívar le comunicó su decisión de «establecer un cuño para una moneda provincial solamente», que se fabricaría con «un poco de plata que aún restaba de las Iglesias». Santander estaba consciente de que este tipo de prácticas perjudicaba a la nación por ser muy «peligrosa la variación de su valor intrínseco», pero también sabía que era «absolutamente imposible levantar un ejército y conservarlo sin numerario alguno». Las razones eran más que justificadas para fabricar su moneda, en vista de la miserable condición de sus oficiales y de sus tropas, que se encontraban «desnudas absolutamente», infestadas de espías y sin víveres.

En un ambiente así los robos eran frecuentes. El 7 de mayo de 1813 Simón Bolívar hablaba de grandes desórdenes en Cúcuta, donde soldados y civiles habían robado más de 200 000 pesos.

> Los comerciantes y mercaderes huyeron en el momento mismo que entraban mis tropas en esta Villa, dejando sus almacenes y tiendas abiertas. Los vecinos que andaban por las calles y los que desde sus casas observaban la proporción de aprovecharse sin riesgo de los intereses de sus opresores, fueron los primeros en tomar cuanto pudieron. Diseminados mis soldados por las calles persiguiendo a los enemigos fugitivos, encontraban tiendas y casas abiertas ya comenzadas a robar, y era muy difícil por no decir imposible, impedir que cogiesen cuanto se les presentaba a las manos.

El robo era tan descarado que en una oportunidad Juan Germán Roscio comentó que el general Arismendi había comprado unas resmas de papel para fabricar cartuchos. Cada resma la pagó Arismendi a 10 pesos y «entregadas a la artillería, un oficial robó dos y las vendió a un mercader en 14 pesos».

Para mantener el orden y la disciplina de las tropas el robo fue castigado con severidad. Por ejemplo, un soldado que se cogió

10 pesos fue castigado con dos carreras de baquetas. Pero cuando el delito era mayor, determinado por el monto del botín, la pena de muerte era el castigo por excelencia, usualmente en la forma de decapitación. John Robertson en su obra ya citada dejó registro de este fatal castigo, el cual se realizaba de la siguiente manera:

> En tal o parecidas ocasiones, observan pocas ceremonias; el sujeto de inmediato fue llevado lejos para ser decapitado. El prisionero está de pie, aunque en ciertas ocasiones le permiten arrodillarse; en seguida viene un individuo con una espada, probablemente con un cigarro en los labios, y le asesta una tajada certera en la nuca que siempre mata, y con frecuencia separa enteramente la cabeza del cuerpo...

Con respecto al robo, el general Mariño estableció en 1821 que todo individuo que indebidamente se apoderara de «medio real hacia arriba» sería «fusilado en el acto por el mismo comandante del cuerpo». Lo único que hacía falta para probar el delito eran dos declaraciones de testigos o ser capturado «infraganti». Cuando el robo era cometido por varias personas, el castigo variaba. Por ejemplo, el 15 de junio de 1821 los soldados José Sánchez, José Betancourt y José María Martínez fueron castigados por haber «robado en los caminos». La orden la firmó el presidente Libertador Simón Bolívar, quien dispuso sortear entre los tres el castigo de 200 palos en «presencia de toda la tropa y que a éstos se le apliquen en el acto al que le tocase en suerte poniéndose los otros dos en libertad».

Medidas como estas, sumadas a la falta de alimentos, vestidos, armas, dinero, etc., animaban a los soldados a abandonar las filas y desertar. En los inicios de la lucha armada –marzo de 1813–, las tropas de Cartagena y La Unión se encontraban al mando de Simón Bolívar; en la vanguardia del ejército estaba Atanasio Girardot, Rafael Urdaneta era el mayor, Pedro Briceño Méndez el secretario y José Félix Ribas cuidaba la retaguardia. La tropa estaba mal vestida y hambrienta. Nada tenían, faltaba ganado, arroz, sal, harina y principalmente dinero. Era una situación dramática que generaba descontento y muchos soldados desertaron, pues era imposible «contenerlos en el deber sin prest o ración».

En la relación de las marchas del ejército del general José Antonio Páez, entre el 13 de diciembre de 1819 y el 4 de enero de 1820, encontramos un buen ejemplo de la frecuencia con que los soldados abandonaban la causa. Esta relación ocurre cuando el general tomó el poblado de Achaguas, luego de haber realizado una incursión por la provincia de Barinas y ocupado su capital.

Al amanecer del día 13 Páez formó todos los cuerpos del ejército por compañías. A los soldados les esperaba un escarmiento, una arenga dura que sirviera de muestra de lo que les esperaba si trataban de fugarse. Frente a la formación se encontraban tres soldados de los «Cazadores Valientes» que habían planeado fugarse la noche anterior, pero fueron delatados por un cabo de su propia compañía. Los soldados fueron condenados a recibir «50 palos». El soldado bocón recibió como premio, de «las propias manos del general», 100 pesos en oro de recompensa. Los «50 palos» era un castigo muy «considerado», lo que hace pensar en que Páez solo quería escarmentar a su tropa, pues esta falta se pagaba con la muerte. El 19 de enero marchó todo el batallón de Apure y todo lo restante del «Regimiento de Honor» hasta llegar a la población de Obispos. Al pasar lista esa tarde «faltaban cuarenta soldados de la segunda columna». A las 11 de la noche se dio la alarma, pues 29 más habían desertado entre los que se encontraban un capitán del batallón Boyacá, tres tenientes, dos subtenientes y un aspirante a instructor del «Regimiento de Honor». El ejército se activó de inmediato; el batallón Boyacá se formó frente al cuartel y el batallón de Tiradores tomó la plaza. Por medio de «un denuncio que hubo» se arrestaron dos capitanes y un subteniente porque eran sospechosos, además de «todos los sargentos y soldados españoles que habían en esos cuerpos». El 22 de enero el ejército avanzaba hacia la ciudad de Nutrias. A las dos de la tarde acamparon en una sabana llamada «Reveronena», desde donde se fugaron «tres soldados de Tiradores y dos del Boyacá». Al día siguiente desertaron trece soldados de Tiradores, cinco de Boyacá y dos ingleses con «un corneta español». El 24 de enero, al «levantar el campo» se contaron nueve hombres menos de la segunda columna. Continuó su marcha el ejército y el 25 acampó en «el paso de la Soledad de Masparro», faltaban doce soldados de la segunda columna y dos soldados de los cazadores de los Bravos de Apure. Los días siguientes la deserción aumentó, primero fueron cuatro, luego ocho del batallón Apure y doce de la segunda columna. El 29 de enero desertó un sargento y dos soldados del batallón Apure junto a dos soldados de la segunda columna. El 30, nuevamente, los batallones fueron formados. Eran las cinco y media de la mañana y, antes de emprender la marcha, se pasó por las armas a un desertor del regimiento de Valientes. La noche anterior habían desertado 17 soldados y tres oficiales de ese mismo cuerpo[124].

En relación con esta marcha, Simón Bolívar contabilizó 500 deserciones de las filas de Páez. Así lo hizo saber al general Francisco de Paula Santander en un comunicado enviado el 11 de enero de 1820:

> El general Páez ha vuelto de regreso de Barinas sin haber combatido con nadie, porque los enemigos le dejaron libre la provincia, pero sufría deserciones considerables, y algunas de ellas al enemigo, causadas por algunos de los oficiales prisioneros a quienes dimos servicio en el Nuevo Reino de Granada, además sufrieron las tropas de Páez muchas enfermedades, carencia de víveres y falla de caballos.

---

124 *Memorias del General O'Leary*, tomo 17, pp. 17-22. La relación recoge las marchas del ejército de José Antonio Páez entre el 13 de diciembre de 1819 y el 4 de enero de 1820, desde el sitio de Bolaños hasta las inmediaciones de Achaguas, luego de haber realizado una incursión por la Provincia de Barinas y ocupado su capital.

En abril de ese mismo año Santander también acusaba el mal de la deserción, que reducía considerablemente los batallones de infantería. Esto se debía a «el hambre que han padecido sus tropas» que no dudó de calificarla de «increíble», pues «la mayor ración que recibía el soldado era de dos onzas de carne», y de lo único que eran dueños era del «terreno que ocupaban sus columnas».

El 6 de mayo el jefe del estado mayor, Carlos Soublette, informó al Libertador de la aprensión de «seis desertores, tres del batallón de Rifles y tres del batallón Páez». Estos soldados formaban parte de un grupo que había desertado; los hombres huían despavoridos, conscientes de que los perseguían para asesinarlos. Los soldados sabían que la «ordenanza del ejército» contemplaba que, para los casos simples, los desertores de un mismo regimiento serían juzgados a la vez y se ejecutaría a 1 de cada 5. La ley preveía como «simple deserción» a la realizada por primera vez «del cuartel, guarnición, u otro destino», pero en este caso, los soldados habían desertado en «tiempo de guerra, en el ejército de operaciones, y puede decirse al frente del enemigo». A pesar de la gravedad del hecho, Soublette estaba «determinado, si el Consejo condenara a muerte a los seis desertores referidos, hacerles participar de la gracia del sorteo», es decir, «que de los tres de cada batallón muera uno, y los otros dos sufran tres carreras de baquetas por doscientos hombres», de esta manera se asentaba un precedente en el que «si se juzga uno en un batallón muera, si se juzgan cinco, muera uno; hasta nueve uno, de diez dos, etc., porque de lo contrario nos veríamos en el caso de matar un número crecido de hombres que con fuertes castigos pueden contenerse y servir».

En ocasiones la deserción llegó a un extremo intolerable, como ocurrió en marzo de 1813 en el ejército de Santa Marta. En un comunicado enviado al corregidor de los departamentos de Mompox y Simití se informó que «con motivo de las frecuentes deserciones» que se habían producido, se había reducido en «número tan considerablemente, de soldados», que el pueblo «se sublevó el día de ayer» y «se apoderó de las baterías, dispersó nuestras tropas y los oficiales y comandante general tuvieron que embarcarse en la corbeta de guerra apresada anteriormente». El firmante de la carta estaba consciente de la gravedad de la situación y anotó lo complicado de llevar adelante una «revolución» en la que «es muy fácil se prevalgan los malcontentos, y trastornen enteramente la opinión» de los pueblos.

Entre las prácticas que realizaban los soldados para abandonar el ejército o, simplemente, pedir la baja se encuentra la costumbre de comer yuca morada en vista de que «esta planta también era consumida por reclutas para enfermarse y ser enviados al hospital». Los problemas que generaba el consumo de la yuca morada fueron graves, así lo evidencia una orden firmada por Santiago Mariño en Agua Blanca, en mayo de 1821, en donde «se manda expresamente que a todo individuo de tropa que se le encuentre yuca se le den por el comandante de su respectivo cuerpo veinte y cinco palos; y condena a la pena de muerte a cualquiera que se enferme por haberla comido, luego que se restablezca», además se preveía con una pena de «25 palos al que comiere yuca amarga o dulce y el que se emborrache o enfermare de haberla comido será fusilado»[125].

Como vemos, la disciplina militar era severa y obtener la baja era muy difícil. Así lo podemos constatar en la petición que dirigió un soldado al Libertador el 17 de abril de 1819. El soldado solicitaba un «pasaporte para Angostura» en vista de las «privaciones que sufre y a las que no puede acostumbrarse». Bolívar negó la solicitud en los siguientes términos:

Me es bien sensible tener que contestar a Usted negativamente, para no dar al ejército un ejemplo escandaloso y que sería la ruina y disolución

125 Arturo Santana, *La Campaña de Carabobo 1821. Relación histórica militar*, p. 392.

de él. Si todos los que sufren las mismas privaciones que usted solicitasen también su licencia, el ejército desaparecería y no habría quien continuase la campaña[126].

Explicaba el Libertador que los sufrimientos de la guerra eran «inevitables» y que «no hay nación que no los haya previsto en sus ordenanzas para animar al soldado a soportarlos con resignación y para forzarlos a que la tengan». Nuestras leyes militares, decía, «no solamente prohíben con severas penas que un oficial en campaña pida su licencia, sino que castigan al que lo hace». Abandonar las armas era un acto deshonroso y el rigor era imprescindible, pues sin él «no habría ejércitos ni disciplina».

No puedo yo dispensar a Usted ni a ningún individuo del ejército, cualquiera que sea la causa que se me alegue. El que está enfermo se retira a un hospital hasta que se restablece pero no se separa del servicio.

Para motivar a los soldados a permanecer en el ejército los generales permitían saquear los pueblos.

Este ejemplo de aparente desorden no es singular, sino tan general en el orden de la guerra que las mismas tropas francesas que son las más disciplinadas de la Europa ejecutan en todas partes, porque es de derecho y sirve de estímulo a los soldados para obligarlos a semejantes atrevidas y peligrosas empresas.[127]

Para Bolívar la ausencia de estado de derecho se debía a que el gobierno de un «país en Revolución» debía «caminar por rutas muy diferentes de las ordinarias», lo que le dio un «título justo» al saqueo y a la extorsión.

---

126 *Memorias del General O'Leary*, tomo 16, pp. 319-320.
127 *Memorias del General O'Leary*, tomo 13, pp. 207-208.

Un título justo

Un estuche de cartón forrado en piel granosa protegía un largavista ordinario, cubierto en madera color caoba claro, con la inscripción «Simón Bolívar Jefe Supremo 1817». Entre las señas particulares, el lente estaba maltratado sobre el borde y tenía una «burbujita de aire» producida por un defecto de fundición. El cuerpo del largavista estaba formado por cuatro «tubuladuras que embuten unas en otras». La longitud del tubo del anteojo, en toda su abertura, era de 70 centímetros y la capacidad de aumento era de veinte veces. Según el uso que se le diera se podía mirar veinte veces más cerca al enemigo o, por el contrario, 20 veces más adentro del propio ejército.

En 1813, Bolívar soñaba con un ejército al estilo francés, pulcramente uniformado, ordenado y disciplinado. Diseñó la vestimenta «para que el ejército de Venezuela se distinga de las tropas españolas, en el uniforme, divisas y orden de grados»[128]. Idealizó a los generales en jefe vistiendo «casaca azul, vuelta collarín y solapa encarnada, botón de oro, y una palma de laurel de lo mismo», con dos «charreteras de oro, con tres estrellas en la pala, pantalón chupa y banda encarnada con borlas de oro». Igualmente engalanados se presentaban los generales de división, de brigada y los edecanes, estos últimos, dependiendo del grado, vestirían «banda anteada» con borlas de oro o de seda, según fuera el caso. El uniforme general del ejército estaba compuesto por una «casaca y pantalón azul de paño, vuelta y collarín encarnada, una sola botonadura por el centro y vivo encarnado». Incluso la «infantería de línea» se enfrentaría al enemigo ostentando «botones de oro» y botines. Y la caballería resaltaría gracias a una «chaqueta con cabos de oro y botas altas».

---

128 *Memorias del General O'Leary*, tomo 13, pp. 338-339.

A diferencia de lo que soñaba Bolívar, el ejército nunca estuvo completamente uniformado, no se ven por ninguna parte las borlas, los botones, los laureles ni las bandas de oro y plata. El viajero y cirujano inglés que ya hemos mencionado en líneas arriba, sir John Robertson, quedó impresionado al ver la estampa de los soldados que integraban las filas del ejército en Angostura. En 1818 vio a unos «600 soldados casi desnudos», que al recibir una prenda, de cualquier tipo, desertaban. No estaban acostumbrados a vestirse y, cuando lo hacían, se asombraban como niños frente al «enorme cambio que se operaba en sus personas».

> Muchos al ser surtidos de ropas no sabían cómo usarlas; algunos pasaban las piernas por las mangas de la casaca, mientras llevaban los faldones de ella hacia arriba abotonándola alrededor de sus lomos. Otros ataban las mangas de las casacas alrededor de sus espaldas, dejando colgar los faldones por delante como un delantal; aún había otros que se ataban los pantalones alrededor de las espaldas y dejaban la parte superior que colgara adelante como si fuera el faldón de la casaca.

El aspecto de los que no tenían ropas, o de aquellos cuyas ropas se habían gastado, era «espantoso». «Coroneles sin zapatos ni medias y llevando escasamente un trapo sobre las espaldas, se veían en gran número». En resumidas cuentas, dice Robertson, «creo firmemente que tales escenas de miseria nunca se vieron en ningún otro país o entre ningún pueblo». Paradójicamente, la «gran mayoría de los sometidos a tales padecimientos los aceptaban sin mayores sometimientos, porque nunca habían conocido algo mejor». El uniforme de algunos soldados era una «soga de cerdas atada a la cintura de la cual pendía un trozo de tela que pasan entre sus muslos y sacan por detrás amarrándola de nuevo a dicha soga, y a esto lo llaman Yayuco o Guayuco». Otros tenían «una chaqueta», algunos «llevaban una especie de pantalones hechos de burdo lienzo», otros «una gorra», otros «un viejo sombrero», otros un «sombrero de paja», pero lo que sí los uniformaba a todos era que llevaban fusiles, dagas y «cuchillos escondidos en alguna parte de sus cuerpos».

La imagen del general José Tadeo Monagas, expuesta por el mismo Robertson, revela las miserables condiciones de los soldados. Cuenta el inglés que lo vio en 1818 cerca de las orillas del río Orinoco; su descripción es la siguiente:

> vestía chaqueta azul, chaleco, pantalones blancos y un gorro hecho con piel de leopardo, un zapato completo –¡ni pensar que tuviera medias!– y el otro tan roto que había tenido que atarlo alrededor del tobillo para evitar que se le cayera.

Por su parte, el general Páez iba «sin zapatos o medias, teniendo por toda vestimenta unos pantalones de burda tela y una chaqueta del mismo material»[129]. Sus tropas se vestían mejor que las otras, lo que no significa «que sus hombres fueran uniformemente vestidos». Algunos iban desprovistos de «botas, zapatos y de cualquier abrigo para el cuerpo, excepto por una cobija». Muchos de los hombres de Páez «andan vestidos con los despojos del enemigo», algunos cargaban «cascos hechos de latón y metal niquelado, largos sables con empuñadura de oro, sillas y frenos adornados con puntas de plata, hasta las hebillas».

Los soldados de las divisiones de infantería, como la llamada de los «Dragones», estaban «tan desnudos como cuando llegaron al mundo». Algunos, sin embargo, usaban «una cobija o manta con un agujero en el centro y un par de pantalones hechos de burdo lienzo», que les llegaba a las rodillas «dejando las piernas y los pies al descubierto». De los que usaban mantas algunos llevaban «sombreros de paja o gorros hechos de piel de animales», lo que significaba que eran oficiales de cierto rango.

---

129 Este y los otros testimonios sobre Páez y sus tropas los hemos tomado de libro de Edgardo Mondolfi Gudat, *Páez visto por los ingleses*, Caracas, Academia Nacional de la Historia, 2005, p. 249.

La Legión Británica también se encontraba completamente arruinada, algunas descripciones muestran a oficiales y soldados exhibiendo un «vestuario horrorosamente deteriorado», en un marco «verdaderamente desolador». La mayoría no tenía un par de zapatos, y muchos oficiales estaban en un «estado de completa desnudez», «como los indios mismos».

> La mayoría ingresó en el ejército bien provisto de ropas de las que pronto fueron despojados por los criollos. Ni el más antiguo y curtido soldado inglés podía poner a salvo de éstos, durante mucho tiempo, el menor artículo aparte de lo que llevara puesto encima. Al dormirse, corrían el riesgo de verse despojados de algo, especialmente de los zapatos, como tampoco era posible que obtuviesen alguna satisfacción por ello.

La falta de uniformes se sumó a la crisis de las armas, ya que durante la guerra era común que escaseara pólvora, balas, cartuchos, fusiles, caballos, escopetas, sables, lanzas, machetes, cuchillos, etc. En cuanto al plomo, las quejas de Bolívar eran frecuentes, constantemente repetía que «el plomo es uno de los artículos de que más carecemos en el ejército»[130].

El control de las armas y de los llamados «elementos de guerra» eran indispensables para quien soñara con el poder y, al igual que con los alimentos, las intrincadas mafias internas hicieron de las suyas. En 1820, Juan Germán Roscio denunció una de estas mafias, formada por un grupo de artilleros del Ejército Libertador que tenía el control de la pólvora. Decía el firmante del Acta de la Independencia que los artilleros se las «ingeniaban» para sacar la pólvora del «parque de Estado», para luego venderla «a provecho de ellos».

Era tanta la corrupción entre las filas del ejército que «los artilleros, por terceras manos, vendían al Estado hasta fusiles que

---

130 *Memorias del General O'Leary*, tomo 13, p. 602.

ellos mismos robaban del almacén». Para combatir el latrocinio se aplicaron algunas medidas de control, como la ejecutada por Roscio, que limitaba el uso de la pólvora «en vista de su escasez». Se quejaba de que a partir de la celebración del Congreso de Angostura «ha seguido y crecido el consumo superfluo de pólvora», sobre todo «en fiestas de iglesias, en banquetes particulares de tierra, o a bordo de las embarcaciones de particulares». Como ejemplo señaló la forma en que «un grupo de franceses» habían realizado un banquete fastuoso en ocasión del «cumpleaños de Napoleón», acompañado con una innecesaria «salva de más de 50 cañonazos». Otro despilfarro de pólvora ocurrió durante las celebraciones de la «víspera de la patrona de esta capital», donde se malgastó «mucha pólvora en fuegos artificiales, saludos indebidos, en borracheras de particulares, en fiestas y velorios». Bolívar estaba consciente de la importancia de esta medida y de lo indispensable de tener suficientes armas, pólvora, municiones y «otros muchos objetos militares, sin los cuales», decía, «no haremos nada, pues la guerra no se hace con comer y montar a caballo que es lo único que nos suministran los Llanos»[131].

La manera más frecuente en que el ejército se abastecía de armas era la fabricación propia, el reciclaje y la importación directa. En ocasiones se mandaba a fabricar en los pueblos ocupados lanzas, cartuchos, espadas, etc., pero la falta de mano de obra impedía satisfacer la demanda del ejército. Los artesanos huían al saber de la cercanía de los soldados, independientemente del bando que representaban. Por ejemplo, en un comunicado enviado por Bolívar, en 1813, se instruía en forma expresa al teniente Luis Marquí que hiciera «volver a los maestros armeros» para que repararan las armas «teniéndolos en seguridad para que no se escapen».

La calidad de la mano de obra era muy deficiente y ponía en serios aprietos a los ejércitos en conflicto, tal como le sucedió

131 José Félix Blanco y Ramón Azpúrua, *Documentos para la vida pública del Libertador*, tomo 5, p. 573.

a Ramón García de Sena, que se encontró en serios apuros por la falta de armeros. Sus fuerzas las componían 295 o 300 fusiles, 160 hombres a caballo, todos «flacos y heridos, parecían cadáveres», 7000 cartuchos de bala y no tenía piedras de chispa. Según sus cálculos tenía 395 fusiles, pero 95 estaban malos, «vinieron descompuestos». Al ocupar la ciudad de Barinas buscó un armero para que reparara los fusiles, pero no lo encontró. No había armeros en Barinas, tan solo halló a «un mal herrero», que al tratar de arreglarlos «acabó por descomponerlos».

El reciclaje era la forma más rápida de proveerse de armamento. Esto se hacía después del combate, en el propio campo de batalla. Por ejemplo, en 1813 la división del coronel Villapol «fue destinada a recorrer el campo de batalla que quedó cubierto de cadáveres, artillería, pertrechos». Entre restos de cuerpos humanos recogió «10 cañones de bronce de diferentes calibres, 19 cargas de pertrechos, 30 000 cartuchos de fusil, 6 sacos de plata ($ 9000) varias cargas de acero, lanzas, víveres, 40 cajas de guerra, más de 1000 fusiles, 500 cartucheras, 4 banderas, entre ellas la de Numancia y 300 prisioneros»[132]. También Carlos Soublette ordenó en 1819 «recoger los fusiles, municiones, caballos, mulas y cualquiera otro objeto que haya dejado el ejército en el páramo», y en última instancia «ver si se pueden socorrer los soldados que quedaron emparamados», ya que «muchos días después de emparamado un hombre ha vuelto a la vida por medio del calor y de los alimentos»[133].

La compra de armamento dependía del dinero que se tuviera disponible, lo que obligó a implementar fuertes medidas que obligaban a la población a costear los gastos del ejército. En abril de 1813, Simón Bolívar le dirigió una comunicación a los alcaldes de San Cristóbal donde les ponía un ultimátum. Amenazó con que si «a las cuatro de la tarde de este día no está en este cuartel

132 *Memorias del General O'Leary*, tomo 13, p. 407.
133 *Memorias del General O'Leary*, tomo 16, pp. 409-410.

general el dinero y demás objetos que he exigido de ese mal pueblo, responderán UU con la confiscación general de sus bienes y prisión de sus personas, y el lugar será dado al saqueo de las tropas, como lo merece por su perversidad»[134].

También los habitantes de Trujillo fueron amenazados por el Libertador en vista de la poca colaboración prestada al ejército patriota.

> Yo no veo que esta ciudad haga nada a favor de sus libertadores; y sí veo una apatía y una indiferencia por la causa que defendemos que me hace sospechar que nuestros enemigos habrían sido mejor recibidos que nosotros, o a lo menos más atendidos en sus necesidades.

Necesitaba «trescientas caballerías para transportar bagajes a Guanare», «diez mil pesos de plata para pagar las tropas» y «el completo de 100 reclutas», de no obtenerlos la «provincia de Trujillo» sería considerada como «país enemigo», lo que significaba su completa destrucción. «Yo espero que este caso no llegará pero si llegare la culpa solo deberá imputarse a los que tan indignamente han tratado a los libertadores de Venezuela»[135].

Ese mismo año Barinas también se resistió a entregar a la causa bolivariana el dinero que demandaba. En un comunicado firmado por Bolívar dirigido al gobernador de la ciudad se hacía saber que «no era esta la conducta que yo esperaba de Barinas, ni es este el modo con que debe obrar», pues

> Cuando todos a porfía debíamos trabajar en engrosar el ejército y aumentar el número de sus armas, para ver si conseguimos libertar el resto de la Confederación de Venezuela, es bien extraño que haya un solo venezolano que trate de obstruir los medios únicos que tenemos de lograrlo; si los pueblos que se han rescatado no mandan sus hombres y las armas que

134 *Memorias del General O'Leary*, tomo 13, p. 155.
135 *Memorias del General O'Leary*, tomo 13, p. 278.

se toman del enemigo, para ir a salvar a los otros, yo no sé cómo podamos llevar a cabo la destrucción de los españoles[136].

Como último ejemplo, en noviembre de 1814 Bolívar fue comisionado por el gobierno central de la Nueva Granada a comandar las acciones destinadas a aplacar los ánimos de la recién sublevada Cundinamarca. Su primera misión fue recuperar la ciudad de Santafé y estaba decidido a no dejar de aplicar «medio alguno que pueda contribuir al mejor éxito de la empresa». No obstante, Bolívar sabía que el ejército patriota no contaba con la simpatía de la gente del lugar, sus comisionados informaban que los habitantes de la ciudad «lejos de presentarse a tomar las armas y lejos de prestar los auxilios huyen a esconderse en los bosques y a ocultar los efectos». Pese a la aversión que le tenían, llamó a los habitantes de Santafé a que se rindieran y así evitar la destrucción de la ciudad. Santafé estaba a punto de sufrir «una catástrofe espantosa», comparable con «lo más horroroso de nuestra presente guerra en que centenares de pueblos han quedado reducidos a escombros, cenizas, y en fin, a una soledad horrible». El espectáculo anunciado era de desolación y muerte. Bolívar estaba dispuesto a quemar la ciudad como Nerón a Roma. «Las casas serán reducidas a cenizas» y para esto «llevaré dos mil teas encendidas para reducir a pavesas una ciudad, que quiere ser el sepulcro de sus libertadores. Me nombran Nerón, yo seré pues, su Nerón ya que me fuerzan a serlo»[137].

La respuesta de los santafereños fue resistirse al ataque y se atrincheraron en el centro de la ciudad para rechazar a las fuerzas invasoras que los amenazaban. Las paredes de las casas fueron taladradas para abrir un «fuego alevoso» contra las tropas del general en jefe y se comentaba que tenían «cantidad de armas arrojadizas para el uso de las mujeres y sacerdotes». Los habitantes pensaban

---

136 *Memorias del General O'Leary*, tomo 13, p. 309.
137 *Memorias del General O'Leary*, tomo 13, pp. 564-565.

que Bolívar iba a «destruirlo todo», a «violarlo todo», y, en palabras del propio Libertador, «a profanar impíamente la religión que amo y respeto».

El 10 de diciembre, a las 9 de la mañana, el ejército marchó hacia la ciudad de Santafé y a las 3 de la tarde las barricadas fueron vencidas. El ataque se hizo «casa por casa», y, afirma un informe, que «se ha usado de la mayor clemencia con los prisioneros». Esa misma tarde ya se hablaba de capitulación. Santafé se rendía, pero la violencia apenas empezaba. Ocupada la plaza, las tropas de La Unión se dedicaron al saqueo de los bienes. Hacían fuego por las calles y forzaban «algunas puertas de tiendas de mercaderías». Denunciaban los habitantes «el saqueo que están haciendo las tropas de la Unión en el terreno que ocupan».

Muchos testimonios indican que desde el principio hasta el final de la guerra se repitieron escenas de destrucción y muerte. En esta guerra de exterminio la población cargó con todos los gastos del conflicto, no se salvó «ni el rico, ni el pobre», todos por igual fueron forzados a entregar sus bienes y no se admitió «ninguna causa o pretexto al que pretenda excusarse». Todos estaban obligados a colaborar, sin que «una sola persona que deje de contribuir, aunque sean diez pesos». Interesaba de cualquier forma el «metálico sonante» y «cuantos artículos sean necesarios para la guerra». La extorsión y el ahogo económico de la población era absoluta, la mayoría lo perdió todo. El país se encontraba en ruinas, quebrado, sin dinero.

En 1820, el general Páez estaba desesperado por la gravedad de la quiebra del país. «Yo no sé qué hacerme», decía, «por una parte oigo los reclamos de los comerciantes, por otra parte veo como inevitable la censura por el retardo de los contratos; y por otra estoy palpando la imposibilidad de hacer valer cualquiera providencia de las que he tomado para satisfacer deudas».

No obstante, el Libertador continuó exigiendo más dinero, alimentos, soldados para la guerra y presionaba a sus generales para que, sin importar costos, proveyeran al ejército de todos los elementos de guerra que necesitaba. En agosto de 1820, Carlos Soublette reclamaba por las duras exigencias impuestas por el Libertador.

> En qué conflicto me ha puesto Usted con el asunto de los vestidos y fornituras! Yo me he cansado de inventar arbitrios y nada he adelantado, y al fin he vuelto al principio de donde partí, que de Guayana no se puede sacar nada, nada, nada.
>
> … Este comercio es muy ratero, no hay un solo capitalista, y además esta plaza está muerta. El embargo de todas las mulas en Apure le ha dado el último golpe. Los buques salen sin carga, y no pueden hacer especulaciones sobre cargamentos para el verano. En los almacenes nada se vende, hay día que todos juntos no venden 100 pesos, y si como es natural, la cosa sigue bajo este pie, la situación de esta ciudad dentro de algunos meses será horrorosa, y por consiguiente las dificultades del Gobierno inmensas.

Para Soublette, reunir 6 000 pesos era «más difícil que saltar el Orinoco». «Yo creo que u se va a incomodar conmigo», le escribió a Bolívar con acento de reclamo, «pero será muy injustamente, porque yo no puedo persuadirme que u. esperase que iba yo a encontrar la piedra filosofal». El blanco criollo se encontraba tan empobrecido que «hay día que a las once de la mañana tengo que ocurrir a un amigo por 10 o 20 pesos; imagínese cómo estará el Estado»[138].

El 21 de noviembre de 1821 Bolívar le envió otra carta al general Soublette, donde pedía armas, dinero, alimentos, caballos, pólvora, etc., para continuar la guerra hasta Perú. Eran sus últimas demandas a una tierra exhausta. Es elocuente la respuesta de Soublette, pues evidencia el estado de quiebra en que se encontraba el

---

138 *Memorias del General O'Leary*, tomo 8, pp. 19-20.

país, y la imposibilidad de continuar exprimiéndolo para financiar la Guerra de Independencia.

> Mi querido general… no irán equipos, porque no los tengo, no irán vestuarios porque el país está sin géneros, y de ninguna parte vienen, no irá dinero, porque no puedo hacerlo…

Estas exigencias, señalaba Soublette, «son las últimas demandas que hará U a Venezuela», y le insistía en la dramática situación en que se encontraba el país, y que por encontrarse en este lamentable estado le decía al Libertador: «que aunque yo fuera un Dios no podría satisfacerlo»[139].

No se trataba de asuntos que pudiesen resolverse recurriendo al Altísimo, como bien le señala Soublette al Libertador, se trataba de un drama, absolutamente terrenal: el de la imposibilidad material y humana de satisfacer las insaciables demandas de la guerra.

Los testimonios, oficios, cartas e informes de esos años nos muestran el espectáculo dantesco de la guerra en la trastienda del campamento, en la destrucción y abandono de pueblos y ciudades; en la gente común que acompaña a los ejércitos o huye despavorida de la saña y violencia de los soldados; en las mujeres famélicas y en los niños sin infancia; en las casas destruidas, en las plazas llenas de monte, en las cenizas y en los escombros que va dejando a su paso.

En los relatos de quienes estuvieron aquí, en las líneas de cada uno de los informes, en las cartas de los oficiales, en las órdenes impartidas, en las respuestas a las exigencias del Libertador está el rostro oculto de nuestra gesta independentista: carencias, deserción, robo, muerte, violencia, víctimas, escasez y hambre, en abierto contraste con el contenido de las proclamas pomposas,

---

139 *Memorias del General O'Leary*, tomo 8, pp. 25-26.

del discurso rimbombante de la victoria, de la épica gloriosa de los libros de historia. Las descarnadas descripciones de aquellos años que se recogen aquí tampoco guardan correspondencia con la reconstrucción pictórica de las batallas, del Ejército Libertador, de cada uno de nuestros héroes; en el lujoso atavío de los cuadros no se ve la desnudez de los soldados ni los pies descalzos de los generales.

Volver la mirada hacia nuestro pasado desprovisto de tanto bronce y oropel quizá contribuya a valorar de manera más cabal lo que significaron estos años de nuestra historia, no solo para ver más de cerca a los que lo vivieron día tras día, sino para que todos los venezolanos del presente puedan conocer qué pasó aquí, en Venezuela, durante los años de la Independencia, más allá de la guerra.

Fuentes

Fuentes documentales

Con el arma en la mano

Archivo de la Academia Nacional de la Historia

«Ramón Piñero, esclavo del Doctor Don Juan de Rojas pide su libertad por haber luchado en los ejércitos reales», Caracas, *Sección Civiles-Esclavos*, 1815, anh, 1815 OP, expediente 5.

«Juan José Ledezma, esclavo de Don Pedro Ledezma, solicita su libertad por haber militado en los ejércitos realistas», San Rafael de Orituco, *Sección Civiles-Esclavos*, 1815, anh, 1815 LM, expediente 1.

«Anastasio Romero, esclavo del señor Domingo Sosa, que se le declare libre en virtud de haber servido en los ejércitos de la República», Caracas, *Sección Civiles-Esclavos*, 1825, anh, Caja 19, 1825, expediente 4.

«Expediente seguido por José Ambrosio Surruarregui, reclamando su libertad por haber servido a las tropas de la República», Caracas, *Sección Civiles-Esclavos*, 1829, anh, 1829 LRST, expediente 6.

«José de Jesús Malpica, esclavo de los herederos de Melchor Canivel sobre su libertad», Caracas, *Sección Civiles-Esclavos*, 1827, anh, 1827 cmpr, expediente 2.

«El Síndico Procurador General por el esclavo Joaquín Vivas solicita lo declaren libre por haber servido al ejército de la República», Caracas, *Sección Civiles-Esclavos*, 1830, anh, 1830 lpv, expediente 4.

Archivo General de la Nación

«El señor Antonio Leocadio Guzmán reclama el valor de sus dos esclavos José Antonio y Pedro que tomaron servicio en los ejércitos de la república», Caracas, 1832, agn, Secretaría de Interior y Justicia, tomo XLVIII, expediente 36.

Fuera de combate

Archivo de la Academia Nacional de la Historia

«Autos contra José Francisco Hernández por vago (ebrio de profesión)», *Sección Independencia*, tomo 616, expediente 3130, 4 folios.

«Contra Gregorio Velázquez por embriaguez», *Sección Independencia*, tomo 564, expediente 2837, 27 folios.

«Contra Felipe Meneses por embriaguez y vago», *Sección Independencia*, tomo 630, expediente 3222,10 folios.

«Contra Justo García por vago y ebrio», *Sección Independencia*, tomo 729, expediente 3738, 11 folios.

«Contra Dionisio Aristiguieta y Francisco García por vagos», *Sección Independencia*, tomo 693, expediente 3515, 11 folios.

«Contra Manuel Capote por vago», *Sección Independencia*, tomo 711, expediente 3615, 5 folios.

«Criminales contra Don Antonio Martel (Teniente Justicia Mayor del Río del Tocuyo) por embriaguez», *Sección Independencia*, tomo 751, expediente 3844, 9 folios.

«Contra José Abrantes por vago», *Sección Independencia*, tomo 686, expediente 3470, 7 folios.

«Asunto contra Narciso Oriola y don Antonio Olandes por embriaguez», *Sección Independencia*, tomo 762, expediente 3899, 3 folios.

«Contra José Gerónimo Acosta por vago», *Sección Independencia*, tomo 686, expediente 3472, 8 folios.

«Sumaria justificación contra Pablo Noguera sobre averiguar si es vago», *Sección Independencia*, tomo 857, expediente 4429, 9 folios.

«Contra José María Guevara, pardo libre, por vago y hacerse pasar por esclavo para eludir el servicio de las armas», *Sección Independencia*, tomo 607, expediente 3069, 10 folios.

«Contra Isidoro Bolean por vago», *Sección Independencia*, tomo 583, expediente 2926, 3 folios.

Camino al altar

Archivo Arquidiocesano de Caracas

«Dispensa que solicitó Don Francisco López Guijarro para casarse con Doña Felipa Bergolla», *Sección Matrimoniales*, legajo 203, expediente 39, San Carlos, 10 de abril de 1814.

«Dispensa de proclama que solicitó el Coronel Manuel Páez para casarse con Doña Concepción Páez», *Sección Matrimoniales*, legajo 203, expediente 26, Valencia, 28 de abril de 1814.

«Dispensa que solicitó Don José Javier Álvarez, para casarse con Doña Cecilia Pérez», *Sección Matrimoniales*, legajo 209, expediente 03, Carora, 26 de abril de 1810.

«Dispensa de proclamas solicitada por Juan Elizondo para casarse con María de los Dolores Freytes», *Sección Matrimoniales*, legajo 200, expediente 45, Caracas, 26 de abril de 1813.

«Dispensa de proclamas solicitada por José Antonio Olivares en su matrimonio con Teresa Landaeta», *Sección Matrimoniales*, legajo 211, expediente 4, Caracas, 29 de marzo de 1816.

«Dispensa de proclamas solicitada por Carlos Yzaguirre para casarse con María Higuera», *Sección Matrimoniales*, legajo 194, expediente 12, Caracas, 11 de enero de 1812.

«Dispensa de proclamas solicitada por Juan Antonio González para casarse con Margarita Pérez», *Sección Matrimoniales*, legajo 201, expediente 11, San Mateo, 22 de marzo de 1813.

«Dispensa que solicitó Don Pedro Bermúdez para contraer matrimonio con María Rita Cousin», *Sección Matrimoniales*, legajo 224, expediente 7, Caracas, 25 de mayo de 1819.

«Dispensa que solicitó Luis Corrales, para casarse con Josefa María Corrales su consanguínea», *Sección Matrimoniales*, legajo 224, expediente 62, San Casimiro de Güiripa, 29 de noviembre de 1819.

«Dispensa que solicitó Don Juan José Delgado para contraer matrimonio con Doña María de Jesús del Castillo», *Sección Matrimoniales*, legajo 215, expediente 16, Tucupido, 15 de julio de l817.

Archivo de la Academia Nacional de la Historia

«Contra Don Pedro José García y Doña Ana Antonia Carreño por matrimonio Clandestino», *Sección Independencia*, tomo 612, documento 3102, Caracas, 1818.

«Don Enrique Rodríguez quejándose en contra de José María Rebolledo por el rapto que le hizo de su hija Doña Rosa Rodríguez y providencia que ha dado el Alcalde ordinario y Teniente de Justicia Mayor interino de la ciudad de San Sebastián», *Sección Independencia*, tomo 781, documento 3980, Camino de Güiripa, 1819.

«Don Blas Romero, solicitando se le conceda licencia y habitación por ser menor de edad Doña María González para poder celebrar el matrimonio que tienen contratado», *Sección Independencia*, tomo 435, documento 2157, Caracas, 1816.

«Justificación sumaria sobre averiguar el matrimonio doble, de María Josefa Ovalde, primera mujer de don Rufino Cabricez», *Sección Independencia*, tomo 638, documento 3268, Caracas, 1819.

Biblioteca Nacional

Biblioteca Nacional, *Sección Manuscritos Históricos Venezolanos Siglo XIX*, caja II, manuscrito 41, Caracas, 14 de abril de 1812, sin asunto.

Biblioteca Nacional, *Sección Manuscritos Históricos Venezolanos Siglo XIX*, caja II, manuscrito 11, Caracas, 10 de abril de 1812, sin asunto.

Biblioteca Nacional, *Sección Manuscritos Históricos Venezolanos Siglo XIX*, caja II, manuscrito 35, Caracas, 29 de marzo de 1812, sin asunto.

Biblioteca Nacional, *Sección Manuscritos Históricos Venezolanos Siglo XIX*, caja II, manuscrito 37, Caracas, 11 de abril de 1812, sin asunto.

Amores contrariados

Archivo de la Academia Nacional de la Historia

«Don José Francisco Argote por doña Vicenta Amado en su defensa ante injurias de su conducta», Caracas, *Sección Civiles*, agosto de 1816, documento 1588, tomo 343, A-5-5, 3 folios.

Archivo General de la Nación

«Disenso interpuesto en el matrimonio que Manuel Coronado pretende contraer con María del Carmen Medina», Coro, 2 de diciembre de 1813, *Sección Disensos y Matrimonios*, tomo XCII, folios 246-278.

«Disenso interpuesto en el matrimonio que José Antonio Díaz pretende contraer con María Romualda Colina», Coro, 16 de agosto de 1816, *Sección Disensos y Matrimonios*, tomo XCIII, folios 1-24.

«Doña María Josefa Mijares de Solórzano se opone al matrimonio de su hija Doña María del Rosario Ustáriz con Don Juan Evangelista Caballero», Caracas, 12 de septiembre de 1815, *Sección Disensos y Matrimonios*, tomo LXIX, folios 1-50.

«Expediente formado por la ciudadana Florentina Doarza, pretendiendo impedir y anular el matrimonio que contrajo su hija Merced Alza con el capitán Felipe Domínguez, vecinos de Angostura», 24 de diciembre de 1818, *Sección Disensos y Matrimonios*, tomo LXXXI-XXIV, folios 315-324.

«Expediente promovido por José Tomás Villanueva, Alcalde del cabildo de Naturales del Pueblo de Cagua sobre matrimonio con Doña Isabel Perdomo y disenso puesto por el padre de esta», octubre de 1818, *Sección Disenso y Matrimonios*, tomo LXX, folios 269-307.

Tiempo para rezar

Archivo Arquidiocesano de Caracas

«Licencia concedida a don José Antonio Pérez», *Sección Oratorios*, Caracas, 18 de abril de 1810, carpeta 1.

«Licencia concedida a don Francisco Javier Mijares de Solórzano», *Sección Oratorios*, Caracas, 29 de mayo de 1818, carpeta 2.

«Licencia concedida a don Miguel Mijares de Solórzano», *Sección Oratorios*, Caracas, 22 de diciembre de 1820, carpeta 2.

«Licencia concedida a don Juan Álvarez», *Sección Oratorios*, Caracas, 17 de abril de 1812, carpeta 1.

«Licencia concedida a don Isidoro Antonio López Méndez», *Sección Oratorios*, Caracas, 4 de abril de 1812, carpeta 1.

«Licencia concedida a doña María de Jesús Frías», *Sección Oratorios*, Caracas, 2 de abril de 1812, carpeta 2.

«Licencia concedida a don José Ambrosio de las Llamosas», *Sección Oratorios*, Caracas, 8 de abril de 1812, carpeta 2.

«Licencia concedida a don José Joaquín de Argos», *Sección Oratorios*, Caracas, 21 de abril de 1812, carpeta 4.

«Licencia concedida a don Esteban de Ponte y Blanco», *Sección Oratorios*, Caracas, 4 de enero de 1813, carpeta 2.

«Licencia concedida a Eustaquio Machado», *Sección Oratorios*, Caracas, 14 de julio de 1815, carpeta 3.

«Licencia concedida a don Miguel Tejera», *Sección Oratorios*, Caracas, 8 de febrero de 1819, carpeta 1.

«Licencia concedida a don Vicente Sandoval», *Sección Oratorios*, Caracas, 24 de julio de 1815, carpeta 3.

«Licencia concedida a don Fernando de Monteverde y Molina», *Sección Oratorios*, Caracas, 23 de octubre de 1816, carpeta 4.

«Licencia concedida a don Francisco Vicente Sandoval», *Sección Oratorios*, Caracas, 3 de diciembre de 1819, carpeta 2.

«Licencia concedida a don Ramón de Ibarrolaburu», *Sección Oratorios*, Caracas, 10 de enero de 1820, carpeta 3.

«Licencia concedida a don Santiago Machado», *Sección Oratorios*, Caracas, 7 de febrero de 1815, carpeta 4.

«Licencia concedida a don Miguel Martínez», *Sección Oratorios*, Las Palmas, 17 de septiembre de 1819, carpeta 2.

«Licencia concedida a don Juan Javier Mijares de Solórzano». *Sección Oratorios*, Caracas, 17 de julio de 1800, carpeta 3.

Desorden en la casa del señor

Archivo Arquidiocesano de Caracas

«Carta de los Presbíteros Manuel Antonio Figuera y Juan José Horta a Antonio Perenal presentando su fidelidad al Gobierno establecido», fechada el 1 de noviembre de 1815 en el Castillo de San Felipe, *Sección Episcopales*, legajo 39, folio 399.

«Informe sobre el estado de salud del presbítero Sebastián Gallegos por el Dr. Carlos Arvelo», fechado en 5 de mayo de 1815, *Sección Episcopales*, legajo 39.

«Carta de Mateo Brizón a José Joaquín Altolaguirre», fechada en 7 de marzo de 1814, *Sección Judiciales*, legajo 168.

«Oficio de Juan Manuel Cagijal a Juan José Bustillos», 13 de enero de 1815, *Sección Judiciales*, legajo 168.

«Comunicación del Teniente Justicia Mayor José Joaquín Altolaguirre a Salvador de Moxó», fechado en 6 de marzo de 1816, *Sección Judiciales*, legajo 168.

«Representación de José de la Trinidad Camacho al Capitán General Salvador de Moxó», fechada en 16 de octubre de 1816, *Sección Judiciales*, legajo 168.

Archivo de la Academia Nacional de la Historia

«Lista de presos de Puerto Cabello», *Sección Civiles*, tomo 314, 1817.

«Causa contra Sebastián Gallegos», *Sección Civiles*, tomo 608, 1818.

«Causa contra José Félix Roscio», *Sección Civiles*, tomo 782, 1819.

«Información sobre la conducta política del presbítero José Félix Roscio», fechado en 8 de agosto de 1819, *Sección Civiles.*

«Oficio de la Real Audiencia al fiscal», fechado en 16 de abril de 1818, *Sección Civiles*, legajo 809.

«Pedimento de Doña Juana Tadino a la Real Audiencia», fechado en 17 de abril de 1818, *Sección Civile*s, legajo 809.

Entre dos fuegos

Archivo Histórico de la Universidad Central de Venezuela

Actas del Claustro Universitario Pleno, tomo v, 1799-1843. B.72-d, en *Cedulario de la Universidad de Caracas (1721-1820)*, Ildefonso Leal (introducción y compilación), Caracas, Universidad Central de Venezuela, 1965.

Fuentes documentales impresas

BLANCO, José Félix y Ramón Azpúrua, *Documentos para la historia de la vida pública del Libertador*, Caracas, Ediciones de la Presidencia de la República, 1983, xv tomos.

BOLÍVAR, Simón, *Escritos fundamentales*, Caracas, Monte Ávila Editores, 1997, pp. 308.

BOLÍVAR, Simón, *Obras completas*, México, Editorial Cumbre, 1976, vol. viii.

Causas de infidencia. Caracas, Publicaciones de la Academia Nacional de la Historia, 1961, ii tomos.

Cedulario de la Universidad de Caracas (1721-1820). Ildefonso Leal (introducción y compilación), Caracas, Universidad Central de Venezuela, 1965.

Congreso Constituyente de 1811-1812. Caracas, Congreso de la República de Venezuela, 1983, 2 tomos.

El Publicista de Venezuela. Caracas, Academia Nacional de la Historia, 1959.

Epistolario de la Primera República. Caracas, anh, 1960, 2 tomos.

Gaceta de Caracas, Caracas, Academia Nacional de la Historia, 1983, x tomos.

GUTIÉRREZ DE ARCE, Manuel. *Apéndices a El Sínodo Diocesano de Santiago de León de Caracas de 1687* (valoración canónica del Regio Placet a las constituciones sinodales indianas). Caracas, Biblioteca de la Academia Nacional de la Historia, Fuentes para la Historia Colonial de Venezuela, 1975, 2 tomos.

KONETZKE, Richard. *Colección de documentos para la historia de la formación social de Hispanoamérica.* Madrid, Consejo Superior de Investigaciones Científicas, 1962, iii volúmenes.

La Constitución Federal de Venezuela de 1811 y documentos afines. Caracas, anh, 1969.

La Universidad de Caracas en los años de Bolívar (Actas del Claustro Universitario). Ildefonso Leal (compilador), Caracas, Universidad Central de Venezuela, 1983, ii tomos.

Las Fuerzas Armadas de Venezuela en el siglo xix. Textos para su estudio. La Independencia, 1810-1830. Caracas, Ediciones de la Presidencia de la República, 1963, 16 tomos.

Materiales para el estudio de la cuestión agraria (1810-1865). Mano de obra: Legislación y administración. Caracas, Ediciones de la Facultad de Humanidades y Educación, 1979, vol. i, pp. 736.

Memorias del general O'Leary. Caracas, Ministerio de la Defensa, 1981, 43 tomos.

Mercurio Venezolano. Caracas, anh, 1960.

QUINTANA, Juan Nepomuceno. La intolerancia político-religiosa vindicada o refutada del discurso que a favor de la tolerancia religiosas, publicó Burke, en la *Gaceta de Caracas* del martes 19 de febrero de 1811, Nº 20, por la Real y Pontificia Universidad de Caracas, en J.F. Blanco y R. Azpúrua, *Documentos para la historia de la vida pública del Libertador.* Caracas, Ediciones de la Presidencia de la República, 1983, tomo III, pp. 61-102.

Pensamiento político de la emancipación venezolana. Caracas, Biblioteca Ayacucho, 1988.

Recopilación de leyes de los Reinos de las Indias. Madrid: s/d, 1791, 4 tomos.

Semanario de Caracas. Caracas, anh, 1959.

Testimonios de la época emancipadora. Caracas, Academia Nacional de la Historia, 1959.

Textos oficiales de la Primera República. Caracas, Ediciones de la Presidencia de la República, 1983, 2 vol.

Fuentes testimoniales

AUSTRIA, José de. *Bosquejo de la historia militar de Venezuela.* Caracas, Academia Nacional de la Historia, 1960.

BLANCO, José Félix. *Bosquejo histórico de la revolución de Venezuela.* Caracas, anh, 1965.

CAJIGAL, Juan Manuel. *Memorias del mariscal de campo don Juan Manuel de Cajigal sobre la Revolución de Venezuela.* Caracas, Ministerio de Justicia, 1960.

COLL Y PRAT, Narciso. *Memoriales sobre la Independencia de Venezuela.* Caracas, Academia Nacional de la Historia, 1960.

DEPONS, Francisco. *Viaje a la parte oriental de tierra firme en la América meridional.* Caracas, Academia Nacional de la Historia, 1930.

DÍAZ, José Domingo. *Recuerdos sobre la rebelión de Caracas.* Caracas, Academia Nacional de la Historia, 1961.

DUANE, William. *Viaje a la Gran Colombia en los años 1822-1823*. Caracas, Instituto Nacional de Hipódromos, 2 tomos.

HACKETT, James y Charles Brown. *Narraciones de dos expedicionarios británicos de la independencia*. Caracas, Instituto Nacional de Hipódromos, 1966, pp. 236.

HEREDIA, José Francisco. *Memorias del Regente Heredia*. Caracas, Academia Nacional de la Historia, 1986.

HUMBOLDT, Alejandro de. *Viaje a las regiones equinocciales del nuevo continente*. Caracas, Monte Ávila Editores, 1985.

PORTER, Robert Ker. *Diario de un diplomático británico en Venezuela, 1825-1842*. Caracas, Fundación Polar, 1997.

SEMPLE, Robert. *Bosquejo de Caracas, 1810-1811*. Caracas, Grupo Montana, 1964.

SEMPLE, Robert, Luis Delpech y H. Poudenx. *Tres testigos europeos de la Primera República (1808-1814)*. Caracas, Ediciones de la Presidencia de la República, 1974.

URQUINAONA Y PARDO, Pedro de. *Relación documentada del origen y progresos del trastorno de las provincias de Venezuela hasta la exoneración del Capitán General Domingo de Monteverde*. Madrid, 1820.

YANES, Francisco Javier. *Relación documentada de los principales sucesos ocurridos en Venezuela desde que se declararon estado independiente hasta el año de 1821*. Caracas, Academia Nacional de la Historia, 1943, 2 vol.

Bibliografía

ACOSTA SAIGNES, Miguel. *Vida de los esclavos negros en Venezuela*. Valencia, Editorial Vadell Hermanos, 1984, pp. 404.

ALTEZ, Rogelio. *El desastre de 1812 en Venezuela. Sismos, vulnerabilidades y una patria no tan boba*. Caracas, Universidad Católica Andrés Bello, Fundación Polar, 2006.

CARRERA DAMAS, Germán (dir.). *La crisis estructural de las sociedades implantadas.* Madrid, Unesco, MAPFRE, 2003 (Historia General de América Latina, v).

——————— (ed.). *Crisis del régimen colonial e independencia.* Quito, Libresa, Universidad Andina Simón Bolívar, 2003 (Historia de América Andina, 4).

———————. *Boves: aspectos socioeconómicos de la guerra de independencia.* Caracas, Monte Ávila Editores, 1991.

———————. *El culto a Bolívar: esbozo para un estudio de la historia de las ideas en Venezuela.* Caracas, Alfadil, 2003.

———————. *La crisis de la sociedad colonial.* Caracas, Imprenta Municipal, 1976, pp. 101.

CUNILL GRAU, Pedro. *Cambios en el paisaje geográfico venezolano en la época de la emancipación.* Santiago de Chile, Boletín de la Academia Chilena de la Historia, N° 86, 1972.

DUARTE, Carlos Federico. *Museo de Arte Colonial de Caracas «Quinta de Anauco».* Caracas, Ediciones de la Asociación Venezolana Amigos del Arte Colonial, 1979.

———————. *Quinta de Anauco 1797-1997, Bicentenario.* Caracas, Asociación Venezolana Amigos del Arte Colonial, Fundación Cultural Chacao, 1997.

———————. *Vida cotidiana en Venezuela durante el período hispánico.* Caracas, Fundación Cisneros, 2001, 2 tomos.

FERRERO MICO, Remedios. «Financiación de la Universidad de Caracas», en *Estudios de Historia Social y Económica de América.* Alcalá de Henares, N° 15, 1997, pp. 329-340.

———————. «Una universidad en apuros: Caracas en la transición al XIX», en *Estudios de Historia Social y Económica de América.* Revista de la Universidad de Alcalá, Alcalá, N° 9, 1992, pp. 395-422.

FORTIQUE, José Rafael. *John Robertson, cirujano del Ejército de Bolívar.* Maracaibo, Editorial Puentes, 1972.

FUNDACIÓN POLAR. *Diccionario de Historia de Venezuela.* Caracas, 1997, 4 tomos.

301

GASPARINI, Graziano. *La arquitectura colonial en Venezuela.* Caracas, Ernesto Armitano, 1985.

GIL FORTOUL, José. *Historia constitucional de Venezuela.* Caracas, Librería Piñango, 1967, 3 volúmenes.

GONZÁLEZ, Eloy G. *La Ración del Boa.* Caracas, Empresa El Cojo, 1908.

GRIFFIN, Charles C. *Los temas sociales y económicos en la época de la independencia.* Caracas, Facultad de Humanidades y Educación, 1969, pp. 286.

GUERRA, François-Xavier. *Modernidad e independencia.* México D.F., Fondo de Cultura Económico, MAPFRE, 2000.

LEAL CURIEL, Carole. «El árbol de la discordia», en *Anuario de Estudios Bolivarianos.* año VI, 6, 1997, Caracas, Instituto de Investigaciones Históricas Bolivarium, USB, pp. 133-187.

_____. «Tensiones republicanas: de patriotas, aristócratas y demócratas. El club de la Sociedad Patriótica de Caracas», en Guillermo Palacios (coord.), *Ensayos sobre la nueva historia política en América Latina.* México, Colegio de México, 2007.

_____. «Tertulia de dos ciudades», en François-Xavier Guerra, Annick Lemperiere (coord.), *Los espacios públicos en Iberoamérica.* México, FCE-Centro Francés de Estudios Mexicanos y Centroamericanos, pp. 168-195.

LEAL, Ildefonso. *Historia de la Universidad de Caracas (1721-1827).* Caracas, Ediciones de la Biblioteca Central UCV, 1963.

_____. *La Universidad de Caracas, 237 años de historia.* Caracas, Ediciones de la Biblioteca Central, 1963.

LOMBARDI, John V. *Decadencia y abolición de la esclavitud en Venezuela.* Caracas, Imprenta Universitaria, 1974, pp. 269.

LÓPEZ PÉREZ, María del Pilar. «El oratorio: espacio doméstico en la casa urbana de Santa Fe durante los siglos XVII y XVIII», en *Ensayos. Historia y Teoría del Arte* (vol. 8, N° 8).

Bogotá, Universidad Nacional de Colombia, 2003, pp. 161-276.

_____. «Las salas y su dotación en las casas de Santafé de Bogotá», en *Anuario Colombiano de Historia Social y de la Cultura*, Nº 24, 1997, pp. 5-45. Disponible en http:// www. lablaa.org/blaavirtual/revanuario/indice.htm

LYNCH, John. *Las revoluciones hispanoamericanas 1808-1826*. España, Editorial Ariel Historia, 1980.

MONDOLFI GUDAT, Edgardo. *Páez visto por los ingleses*. Caracas, Academia Nacional de la Historia, 2005.

PARRA-PÉREZ, Caracciolo. *Historia de la Primera República de Venezuela*. Caracas, Biblioteca Ayacucho, 1992.

PELLICER, Luis Felipe e Inés Quintero. «Matrimonio, familia y género en la sociedad venezolana», en Pablo Rodríguez (coord.), *La familia en Iberoamérica*. Bogotá, Edición del Convenio Andrés Bello Unidad Editorial, 2004, p. 229.

PINO ITURRIETA, Elias. *La mentalidad de la emancipación venezolana 1810-1812*. Caracas, Instituto de Estudios Hispanoamericanos, UCV, 1971.

_____ (coordinador). *La Independencia de Venezuela. Historia mínima*. Caracas, Funtrapet, 2004.

PLAZA, María Luis. «La Universidad de Caracas en los últimos tiempos de la época colonial», en *Boletín de la Academia Nacional de la Historia*. Caracas, Nº 132, oct-dic, 1950, pp. 441-444.

PONTE, Andrés. *La Revolución de Caracas y sus próceres*. Caracas, Concejo Municipal del Distrito Federal, 1960.

QUINTERO, Inés. *El último marqués. Francisco Rodríguez del Toro (1761-1851)*. Caracas, Fundación Bigott, 2005.

_____. *La criolla principal. María Antonia Bolívar, hermana del Libertador*. Caracas, Fundación Bigott, 2003.

_____. *Antonio José de Sucre. Biografía política*. Caracas, Academia Nacional de la Historia, 1998.

RODRÍGUEZ O. y Jaime E., *La independencia de la México*. FCE, 1998.

ROUGEMONT, Denis. *El amor y Occidente*. Barcelona, Editorial Kairós, 1986, pp. 314.

SANTANA, Arturo. *La campaña de Carabobo 1821. Relación histórica militar*. Caracas, Litografía del Comercio, 1921.

STRAKA, Tomás. *La voz de los vencidos, ideas del partido realista de Caracas, 1810-1821*. Comisión de Estudios de Postgrado, Facultad de Humanidades y Educación, Universidad Central de Venezuela, Caracas, 2000.

SUÁREZ, Santiago Gerardo. *El ordenamiento militar de Indias*. Caracas, Biblioteca de la Academia Nacional de la Historia, Fuentes para la Historia Colonial de Venezuela, Nº 107, 1971, pp. 348.

SURÍA, Vicente. *Iglesia y Estado*. Caracas, Ediciones del Cuatricentenario de Caracas, 1967.

SOBRE LOS AUTORES

Ángel Rafael Almarza

Licenciado en Historia (2005) y magíster en Historia republicana (2009) por la Universidad Central de Venezuela, y doctor en Historia por la Universidad Nacional Autónoma de México (2015). Es profesor-investigador de la Universidad Michoacana de San Nicolás de Hidalgo. Obtuvo el Premio Nacional de Historia «Rafael María Baralt» (2011) y mención honorífica Mejor Tesis de Doctorado del Premio Francisco Javier Clavijero del Instituto Nacional de Antropología e Historia (2016).

José Bifano

Licenciado en Historia por la Universidad Central de Venezuela (2000) y magíster en Historia del Mundo Hispánico (Madrid, 2004). Es profesor de Historia de la Ciencia y de la Técnica en la Escuela de Historia y profesor de Historia de la Ciencia y de la Farmacia en la Escuela de Farmacia, ambas en la Universidad Central de Venezuela.

Inés Quintero

Estudió en la Universidad Central de Venezuela y obtuvo los títulos de licenciada, magíster y doctora en Historia. Fue investigadora en el Instituto de Estudios Hispanoamericanos de la UCV, en el cual se inició como preparadora hasta alcanzar la categoría de profesora titular, el más alto escalafón universitario. Obtuvo una beca Fulbright para investigar en la Biblioteca del Congreso en Washington; estuvo un año en la Universidad de Oxford, en la Cátedra Andrés Bello, y es individuo de número y directora de la Academia Nacional de la Historia.

Lionel Muñoz

Licenciado en Historia por la Universidad Central de Venezuela (1998) con estudios de maestría en Historia republicana de Venezuela y en Literatura venezolana en la misma Universidad. Es director del Instituto de Estudios Hispanoamericanos (UCV) y en 2012 obtuvo el Premio Nacional de Literatura Stefanía Mosca. Fue vicepresidente de la Asociación de Historiadores para la América Latina y el Caribe (ADHILAC).

Enrique Ramírez-Ovalles

Licenciado en Historia (2005) y magíster en Historia republicana de Venezuela (2010) por la Universidad Central de Venezuela. Fue profesor de la Escuela de Historia de la UCV (2005-2015). Obtuvo el segundo lugar del Premio Nacional de Historia «Rafael María Baralt» (2009-2010). Actualmente cursa el doctorado en Historia en la Universidad de Buenos Aires.

Lourdes Rosángel Vargas

Licenciada en Historia (2005) y magíster en Artes Plásticas Historia y Teoría (2009) por la Universidad Central de Venezuela (2009), maestra en Historia por El Colegio de México (2014) y doctoranda por El Colegio de México.

Ana Johana Vergara Sierra

Licenciada en Historia por la Universidad Central de Venezuela (2007), cursó el Diplomado en Conservación Preventiva del Patrimonio Documental del Instituto de Estudios Avanzados IDEA (2007), es magíster en Historia de las Américas por la Universidad Católica Andrés Bello (2014) e investigadora del Instituto de Investigaciones Históricas Bolivarium de la Universidad Simón Bolívar.

Alexander Zambrano

Licenciado en Historia por la Universidad Central de Venezuela (2007), cursó el Diplomado en Conservación Preventiva del Patrimonio Documental del Instituto de Estudios Avanzados IDEA (2007), y es tesista de la Maestría de Historia de Venezuela de la Universidad Católica Andrés Bello.

* 9 7 8 9 8 0 3 5 4 4 1 3 3 *